유령 연구

유령 연구

비밀에 부쳐진 말들, 삭제된 존재의 배회, 트라우마의 체현

초판 1쇄 펴낸날 2025년 12월 22일
초판 2쇄 펴낸날 2026년 1월 20일

지은이 그레이스 M. 조   **편집** 김현정 김혜윤 이심지 이정신 이지원 홍주은
옮긴이 성원   **디자인** 김태호
해제 김은주   **마케팅** 신연경 임세현
펴낸이 이건복   **관리** 서숙희 이주원
펴낸곳 도서출판 동녘

만든 사람들
편집 홍주은   **디자인** 김태호   **교정·교열** 신원제

인쇄·제본 영신사   **라미네이팅** 북웨어   **종이** 한서지업사

등록 제311-1980-01호 1980년 3월 25일
주소 (10881) 경기도 파주시 회동길 77-26
전화 영업 031-955-3000 편집 031-955-3005 **팩스** 031-955-3009
홈페이지 www.dongnyok.com **전자우편** editor@dongnyok.com
페이스북·인스타그램 @dongnyokpub

ISBN 978-89-7297-192-4 (03330)

- 잘못 만들어진 책은 구입처에서 바꿔 드립니다.
- 책값은 뒤표지에 쓰여 있습니다.

유령 연구

비밀에 부쳐진 말들,
삭제된 존재의 배회,
트라우마의 체현

Haunting
the Korean
Diaspora

Shame,
Secrecy,
and the
Forgotten War

그레이스 M. 조 지음
성원 옮김
김은주 해제

동녘

추천의 말

저자는 1941년생으로 오사카와 부산을 거쳐 '군인 신부'로 미국에 정착한
어머니의 유령 같은 삶에 살을 입히려, 무에서 출발한 글쓰기를 시도한다.
'해방군' 미군이 저지른 양민 대학살과 남한 정부의 묵인 내지 공조를
가시화하는 엄밀한 사회학적 논문으로 학계에 수용된 이 책은, 미국 내 한인
디아스포라를 초세대적으로 배회하는 트라우마에 관한 정신분석학적이고
문학적인 텍스트이기도 하다. 사랑하는 어머니의 기지촌에서의 삶은
저자가 스물세 살에야 '양공주'란 이름을 처음 알게 됐을 정도로
철저한 비밀이었지만, 어머니의 조현병은 트라우마의 퍼포먼스로 혹은
디아스포라적 비전을 체현한 역량으로 천명된다.

　　지식-권력을 소유하려는 기존의 공부를 '소수자로서의 나'를 긍정하고
확장하는 공부가 대체하고 있다. 그 흐름 속에 있는 이 책은 동시대
페미니즘·퀴어·장애학의 실천으로 부상 중인 자기이론의 전범이고, 내게는
올해의 책이다. 내 과거가 내 미래라고, "미래에서 온 목소리"가 유령이라고
긍정하는 이 책의 문장들은 한결같이 온기와 물기를 머금고 있다. 배회하는
유령의 슬픔과 고통을 어루만지는 글은 그렇게 되어가기 때문이다.

양효실　미학자,《대화 비평》저자

개인적인 것은 정치적인 것인가? 사실 더 정확한 표현은, 이 책이 증명하듯 개인적인 것은 본디 국제/정치적인 것이다. 이 책은 지난 세기 유산流産된 세계사를 '복원'하는 대대적인 프로젝트이다. 이 과정에서 저자는 듣기와 읽기의 억압을 경험하며, 쓰는 행위가 무엇인가를 묻는다. 그리하여 이 책은 자신의 삶을 연구 도구로 삼는 모범적인 연구 방법이 되었다. 그레이스 M. 조에게 공부와 글쓰기는 극복re·covery의 서사를 새로운 발견dis·covery으로 전환시키는 과정이다. 우리는 비밀의 덮개를 벗어던지는 그의 작업에 동참하면서 심장의 세찬 박동을 느낀다.

정희진 서평가, 《다시 페미니즘의 도전》 저자

이 책은 학술적 연구이자 기억의 행위이며, 문화사이자 글쓰기와 지적 정치학의 실험이다. 트라우마에 잠식된 역사 속에 매듭진 침묵을 풀어내기 위한, 가장 긍정적인 의미에서의 대담하고도 시적인 시도이다.

재키 오어 Jackie Orr 시러큐스대학교 사회학 교수

이 놀라운 책은 어떤 범주에도 가둘 수 없다. 저자는 한국의 분단과 디아스포라에 드리운 부정된 혈연과 숨겨진 슬픔의 응축된 역사를 소환한다. 이 빛나는 디아스포라적 비전은 유령의 트라우마적 지형 위에서 펼쳐지며, 그들의 침묵의 경로를 따라, 인정받지 못한 군사적·정치적 폭력의 역사뿐 아니라 사회과학 분야에서 이루어지는 일상적 지식 생산의 과정까지도 함께 연루시킨다.

데이비드 L. 엥 David L. Eng 펜실베이니아대학교 영문학 교수

일러두기

1. 본문에서 지은이가 강조한 부분은 고딕체로 표시했다.
2. 독자의 이해를 돕기 위해 옮긴이가 본문에 보탠 내용은 대괄호([ ])로 표기했다.
3. 본문에 언급된 단행본, 정기간행물, 신문은 겹화살괄호(《 》)를, 논문, 영화, 미술작품 등은 홑화살괄호(〈 〉)를 사용해 표기했다.
4. 본문에서 인명, 지명 등 고유명사의 외래어는 관행상 굳어진 표기를 제외하고는 국립국어원의 외래어 표기법 및 용례를 따랐다.

어머니에게

1941~2008

2023년 말 도서출판 동녘이 이 책을 한국어로 출간하는 데
관심이 있다는 소식을 듣고 나는 놀라지 않을 수 없었다.
미국에서 이 책이 출간된 건 15년 전이었고, 내가 사회학과에서
박사과정을 밟으며 이 책의 모태가 된 논문을 준비하기 시작한
건 25년 전인 시점이었다. 25년이 흐르는 동안 많은 변화가
있었을 텐데 한국에서 이 책이 여전히 유의미할까 싶었다.

이후 '한인 디아스포라를 배회하는 유령 Haunting the
Korean Diaspora'이라는 제목의 책으로 결실을 맺게 될 연구를
처음 시작하던 1998년, 한국은 수십 년의 독재에서 벗어나
이제 막 민주주의의 첫발을 떼는 중이었던 반면, 미국은
아프가니스탄과 이라크 전쟁을 목전에 두고 군사적 제국주의
건설의 정점을 향해 치닫는 중이었다. 2007년 내가 원고를
마쳤을 무렵 아프가니스탄은 이미 미국의 새로운 '잊힌 전쟁'이
되어 있었다. 미국의 전 세계 미군 배치 현황과 전략을 담은
공식 문서인 〈글로벌 대응 태세 기술서 Global Posture Statement〉는
"새로운 적과 싸울 것"에 관해 이야기했고, 이를 위해 미국은

한국 내 미군 기지를 통합하여 평택의 캠프 험프리스를 세계 최대 규모의 해외 미군 기지로 만들었다. 평택의 도두리와 대추리는 땅과 주권을 지키기 위해 1년간 투쟁하다 결국 흔적 없이 사라져버렸다. 그러는 동안 수백 건에 달하는 민간인 학살을 조사하던 제1기 진실화해위원회는 미군의 방관 속에서 한국군이 저지른 수천 명의 민간인 집단 학살 장소를 발굴하는 작업에 착수했다. 그 끝나지 않은 전쟁은 한국에서는 여전히 너무도 건재했고 미국에서는 여전히 잊힌 상태였다. 오늘날의 독자는 이런 역사적 배경을 염두에 두고 이 책을 지난 역사의 순간을 포착한 사진처럼 여길 수 있을 것이다.

이 책은 한편으로 지정학적 상황의 영향을 받아 쓰였지만 다른 한편으로는 내 내면의 격변에 더 큰 영향을 받은 게 사실이다. 1998년 한국계 미국인 페미니스트 학자들의 연구에서 '양공주'라는 단어를 처음으로 접했을 때는, 나의 어머니가 한때 기지촌에서 일했고, 기지촌 클럽을 드나들 수 있는 미군 상선 선원이던 나의 아버지가 어머니의 고객이었다는 비밀을 알고 몇 년이 흐른 뒤였고, 나는 아직 그 충격에서 헤어나지 못하던 중이었다. 침묵이 깨어지던 그 순간까지 나는 한국에서는 미군을 위해 국가가 매춘을 승인해준다는 사실도, 남한 내 미군 주둔지가 얼마나 큰지도 알지 못했다. 스물세 살의 나는, 나라는 사람을 있게 한 폭력의 역사와 난데없이 마주쳤고 그 마주침은 내가 내 가족과 내 나라에 대해 안다고 생각했던 모든 것을 의심하게 만들었다. 나의 정체성이 한순간에 무너져 내렸다.

이런 해체의 경험은 나를 정신적으로, 지적으로 재구성하게 만들었다. 그 순간 이후로 쭉 내 목표는 가족에 관한, 그리고 내가 태어난 나라와 나를 받아준 나라, 그리고 나의 관계에 관한 새로운 서사를 만들어내는 것, 그 하나뿐이었다. 하지만 나는 비밀의 영역에서, 가족의 비밀과 정부의 비밀, 그리고 집단의 트라우마이자 개인의 트라우마 속에서 길을 찾아야 했기에 이 작업은 결코 호락호락하지 않았다. 이 트라우마들은 입 밖에 내기 너무 고통스럽거나 너무 위험할 때가 많았다. 내가 이 책에서 썼듯 가족 내부의 수치는 '사생활'이라는 가면을 쓰고 지정학적 폭력을 숨김으로써 국가에 봉사할 수도 있다.

가족의 비밀을 알게 되고 몇 년 뒤, 나는 나로부터 감춰진 과거를 공부하기 위해 대학원에 진학했지만 조리 있는 서사를 구성할 수 없는 상태라는 것을 곧바로 직시해야 했다. 겹겹이 삭제된 층들이 셀 수 없이 많은 상황에서 과연 어떻게 진실을 알아낼 수 있을 것인가라는 질문이 떠나지 않았다. 내가 알아낼 수 있는 건 한국에 살던 시절 어머니의 사회적 조건, 아니 어머니라는 고유한 개인이 아니라 어머니와 비슷한 사람이 처했던 사회적 조건이 전부였다. 일제강점기에 일본에서 태어나 한국으로 돌아왔지만, 전쟁으로 가족이 풍비박산 나서 가족의 생계를 짊어지게 된 어린 여자. 이 기본 윤곽을 길잡이 삼아 나는 어머니가 어떤 경험을 했을지 상상하려 노력했다.

불확실한 게 너무 많은 프로젝트였기에—나의 가족이 말하지 않은 것들, 에두른 표현, 침묵과 암호, 거기다가 진실을

한국어판 서문

사라지게 만드는 미군의 막강한 힘까지—나는 해석과 투사
작업에 크게 의지했다.

　나의 꿈과 어머니의 환청이라는 무의식의 텍스트와 내가
알고 있는 몇 안 되는 가족사의 단편이 사회적·문학적·
정신분석학적 해석의 대상이 되었다. 내가 알지 못하는 것의 틈
속에는 연구 과정에서 떠오른 궁금증, 환상, 두려움을 투사했다.
그러므로 이 책은 학술적인 작업인 만큼 창의적인 작업이기도
하다.

　나는 새로운 서사 쓰기라는 목적을 달성했지만 그건
절대적인 진실이라기보다는 불확실하지만 진실에 가까운
역사다. 고통스럽고 추잡하고 말할 수 없는 것을, 감추기보다는
드러내고 있기 때문이다. 불확실성 속에는 모든 버전의 과거가
현재 속에 살아 있게 하는, 그리하여 다른 종류의 진실에 가까운
역사—침묵당한 자들이 목소리를 찾고 지워진 자들이 가시성을
획득하게 되는 역사—로 이어지는 급진적인 개방성이 있다.
우리가 인정하든 인정하지 않든, 사회 세계social world는 유령에
의해 세대를 가로질러 대물림되는 말해지지 않은 강력한 기억을
통해 움직임을 얻는다.

　내가 대학원생이던 시절 주류 사회학자들은 "경험적
근거가 전무하다"며 내 프로젝트를 일축했지만, 그로부터
수십 년이 흘러 과학자들은 후성유전학 연구를 통해
트라우마는 우리의 DNA 안에 부호화되어 있다는 말로 내
주장을 뒷받침했다. 우리의 몸은 부모와 조부모들이 말할 수

없었던 것을 물려받는다. 과거는 물질적인 방식으로 우리를 빚어낸다. 대학원생 시절 나는 가족의 트라우마가 정확히 무엇인지 확신하지 못했지만 트라우마가 내 몸의 모든 세포 속에 살아 있다는 것은 확신했다. 이 책을 쓰는 과정은 너무도 고통스러웠다. 한국 내 미군 점령지에 물리적으로 가까이 가는 게 힘들 정도로 고통스러웠다. 그 뒤에 나는 고통과 친구가 되었고 이후 작업을 하는 동안 그 고통을 길잡이 삼아 수차례 한국을 방문해서 내 정신과 DNA 속에 살아 있는 역사에 경의를 표했다. 어쩌면 오늘날의 독자들 역시 우리의 집단 DNA를 통해 이 책을 현재의 한순간으로 받아들일 수도 있을 것이다.

지금의 한국은 전 세계 대중문화의 선두주자이자 지난 10년 동안 민중의 힘으로 두 명의 대통령을 끌어낸 민주주의의 기수이지만, 내가 미국에서 이 책을 처음 출간한 이후로 지금까지도 한국 사회에서 한국전쟁이 갖는 존재감은 전혀 줄어들지 않았다. 민간인 학살지 발굴 작업이 이어지고 있고, 오폭 사고는 미군 기지 인근 주민들의 삶을 여전히 참혹하게 짓밟고 있으며, 이 전쟁에서 비롯되어 현재 진행형인 느린 폭력의 피해자들은 지금도 사과와 배상을 요구하고 있다. 가령 2025년 봄, 진실화해위원회는 한국전쟁 시기에 출현한 초국적인 입양 산업이 광범위한 사기와 학대를 자행했고 수십만 명의 아동이 "짐짝처럼 보내졌다"고 판정했다. 한국에서 혼혈아를 근절하겠다는 이승만의 정책에 발맞추어 성황을 이룬 입양 산업에는 기지촌의 역사가 연결되어 있다. 기지촌에서 일했던

한국어판 서문

여성들은 자기 아이를 지키기 힘들어 입양에 굴복하는 경우가 많았다. 물론 지금도 그런 구조적 폭력의 위세는 등등하지만 작은 승리의 사례도 일부 있다.

2022년 대법원은 한국 정부가 미군의 포주 역할을 하며 여성들을 성병 '치료 시설'에 가두고 강제로 고용량의 페니실린을 주사하여 때로는 쇼크, 심지어는 사망에 이르게 함으로써 인권을 심각하게 침해했다고 주장한 전직 기지촌 노동자들의 손을 들어주었다. 여성들은 짐승처럼 수용되었고 소위 치료를 받고 나면 두 팔이 원숭이처럼 옆으로 늘어졌기 때문에 이 장소는 사람들 사이에서 '몽키 하우스'라는 이름으로 통했다. 2024년 여름, 활동가들은 한국에 마지막으로 남은 '몽키 하우스'를 한미 동맹이라는 미명하에 학대당한 여성들을 기리는 기념물로 보존하기 위해 동두천에서 천막 농성에 들어갔다. 나는 천막 농성이 78일째 되던 날과 313일째 되던 날 그곳을 방문했다. 이 글을 쓰고 있는 시점을 기준으로 활동가들은 343일째 최전선에서 몸을 던지고 있다. 이는 한국전쟁과 그 후과가 20~30년 전만큼이나 오늘날에도 건재함을 상기시킨다.

트라우마로 얼룩진 자신들의 역사를 용기 있게 이야기한 옛 기지촌 여성들에게, 동두천의 활동가들에게, 그리고 배회당하는 우리의 과거를 기리기 위해 연대하는 모든 공동체에 이 책을 바친다.

감사의 말

이 책은 무의식적 뒤얽힘에 관한 글쓰기 프로젝트이고 보니 책이 세상에 나올 수 있게 해준 모든 마음과 몸들을 거명하는 일은 도전인 동시에 즐거움이다. 이 책이 만들어지기 전 퍼트리샤 클러프는 사고가 펼쳐질 수 있는 정동적-교육적 공간을 만들어주었고, 그 이후로 줄곧 흔들림 없이 이 프로젝트에 열과 성을 다했다. 클러프의 공간 안에서 집을 발견할 수 있었던 나는 복받은 사람이다. 고마워요, 클러프.

제프리 부솔리니, 미셸 듀니에르, 헤스터 아이젠스타인, 미셸 파인, 진 할리, 그레이스 홍, 데이비드 카잔지언, 대니얼 김, 로즈 김, 칼라 마르칸토니오, 리사 진 무어, 아나냐 무케르지아, 론 네리오, 재키 오어, 로절린드 페체스키, 살바도르 비달-오르티스, 조너선 윈, 육성희, 그리고 《정동적 전환The Affective Turn》의 공저자들과 함께하는 책 모임의 모두가 이 작업의 다양한 단계에서 원고를 읽었고, 그 원고를 통해 내가 하고자 하는 말에 귀를 기울이거나 내가 그것들을 공연하는 모습을 지켜보았다. 이들은 내게 다른 방향으로 생각해보라는 도전 과제를 던지기도

감사의 말

하고, 나의 지적인 선택에 용기를 불어넣기도 했다. 온갖 종류의
지원을 제공하고, 여러 챕터의 원고를 모든 단계에서 읽어준
라파엘 드 라 데헤사와 김호수에게 각별한 감사의 마음을
전한다. 특히 라파엘은 관대하게도 시간과 정신을 무제한으로
베풀고, 내가 이 책을 쓰면서 에너지를 과하게 생성할 때면, 그
에너지를 흡수해서 내가 충분한 일관성을 유지하며 이 책을
끝마칠 수 있게 해주었다. 호수는 수년간 나의 지적 동반자가
되어주고, 한국어 자료를 영어로 번역해주고, 나에게 한국어를
공부하도록 용기를 북돋아주었다. 또한 이 책의 일부를
발표하고 공연할 수 있는 기회를 열어주고, 이로써 새로운
사고의 네트워크에 눈뜨게 해준 앨런 셸턴과 나얀 샤에게도,
나에게 차학경을 소개해준 벨 훅스에게도 고마움을 전하고
싶다. 에이프릴 번스, 질리언 치, 그리고 에밀리아노 발레리오는
내 뉴욕 가족의 일원으로서 내 일과 삶에 오랫동안 감정적
자원을 투여해왔다. 내가 사랑과 공감에 힘 입어 위험도 무릅쓸
수 있게 해주는 이 공동체의 일원이라는 사실에 감사할 뿐이다.
　나는 필연적으로 '나의' 프로젝트에 영향을 미친
집합체들에게도 신세를 졌다. 나의 창의적인 잠재력을
알아봐주고, 자신의 잠재력을 나와 나눠준 〈어제 안에
오늘: 한국계 미국인과 '잊힌 전쟁'〉의 모든 예술가와
코디네이터들에게 감사의 마음을 전한다. 내가 이 책 작업을
하는 동안 쏟아낸 셀 수 없이 많은 질문에 대답해준 램지 림과
디안 볼셰이 림에게, 자신의 시각예술 작품을 이 책에 실을 수

있도록 허락해준 임율산, 황인주, 유지영에게, 사적인 슬픔을 공적 담론으로 전환할 용기를 준, 이 프로젝트의 모태였던 구술사 참가자들에게 감사의 마음을 전한다. 원고 수정에 큰 영향을 미친 방대한 정보와 영감을 제공해준 한국사회교육및 체험 프로그램Korea Education and Exposure Program[민간단체인 국제전략센터가 미국 거주 한인들이 2주간 한국을 방문하여 한국의 사회운동과 투쟁을 체험할 수 있도록 마련한 프로그램]에도, 안식처를 제공해주고 내게 고마움의 의미를 일깨워준 파크슬로프재단 프로그램Park Slope Foundation Program에도 감사의 마음을 전한다.

혈연으로 맺어진 나의 가족이 없었더라면 나는 아마 책을 쓰겠다는 동기를 얻지 못했으리라. 나에게 나아갈 길을 인도해주신 나의 어머니에게, 나와 한반도 사이에서 살아 있는 연결 고리가 되어준 이모에게, 그리고 책임을 다한 나의 아버지에게 가장 깊은 고마움을 전한다. 나의 어머니와 그 혈육들은 내가 아직 완전히는 이해하지 못한 방식으로 나와 함께 이 책을 만들어냈다. 내가 계속 침묵을 지키는 쪽을 더 좋아했을 그들이 이 책을 공감의 눈으로 읽어주기를 바랄 뿐이다.

마지막으로 내가 받은 다양한 제도적 지원에도 감사를 표한다. 이 연구 작업의 일부에 재정적 지원을 해준 뉴욕시립대학교의 전문인력의회에, 그리고 스태튼아일랜드대학의 연구 보조원으로 이 책의 많은 부분에서 사실 확인을 맡아준 아말 오스먼에게 감사를

감사의 말

전한다. 미네소타대학교 출판부에서는 제이슨 웨이드먼이
편집 과정에서 지극히 관대하게 피드백을 해주었다. 어쩌면
이보다 더 중요한 점은 그가 나의 프로젝트에 변함없는 열정을
보여주었다는 점일 것이다. 애덤 브루너는 내가 바랄 수 있는
가장 신속하고, 참을성 있으며, 마음을 진정시키는 도움을
주었다. 마지막 단계에서는 매릴린 마틴과 낸시 사우로가
꼼꼼하게 교열을 맡아주었다. 보이지 않는 곳에서 맡은 역할을
다해준 출판사의 모든 직원들에게 감사를 전한다. 이보다 더
나은 선택을 하지는 못했으리라.

차례

삭제의 짜임

배회하는 것은 망자가 아니라, 타인들의 비밀에 의해 (…) 발화할 수 없는 사실의 매장에 의해 (…) 복화술사처럼, 내면의 이방인처럼 (…) 우리 내부에 남겨진 틈이다.

· 니콜라 아브라함Nicolas Abraham과 마리아 토록Maria Torok,
《껍데기와 알맹이The Shell and the Kernel》

내 삶은 주변 다른 아이들과 많이 비슷해 보였지만 늘 이런 긴장과 불안이 있는 듯했고, 그것은 불운한 바람처럼 우리 가족 사이를 흘러 다녔다. 침묵은 우리 일상의 짜임에서 일부를 차지하게 되었다.

· 케빈 류Kevin Ryu, 〈어제 안에 오늘Still Present Pasts〉

너에게 이야기를 들려주고 싶어, 내 가족 안에서 일어난 어떤 특정한 일이 아니라, 침묵이 어떻게 내 일상의 짜임을 규정하게 됐는지에 대해서 말이야.[1] 이 이야기가 언제, 또는 어떻게 시작하는지는 나도 잘 몰라. 다만 그중 한 가지 버전은 미국의 작은 시골 마을에서 시작해.

대부분의 밤, 나의 아버지가 멀리 떨어진 어딘가에 주둔하지 않았을 때 우린 '가족으로서' 함께 저녁을 먹었지. 아버지는 매끼 식사 전에 꼭 식전 기도를 올리셨어. 밥상에 차려진 풍요로운 음식에 감사드려야 한다면서. 이 풍요는 당신의 유년시절에는 있을 수 없는 일이었거든. 많은 면에서 우린 운이 좋은 사람들이었어. 아버지는 가난에서 벗어나려고 열심히 일한 덕에 궁핍한 동네에서 부자가 됐지. 아버지는 당신 노동의 결실을 상대적으로 거의 누리지 못했지만 대신 다음 세대를 위해 일하셨어. 그리고 계층의 사다리에 올라 아이비리그에서 교육을 받고 부모님의 아메리칸 드림에 잘 녹아들어갈 준비를 마친 내가 있었지. 그래서 아버지는 가족끼리 저녁 식사를 할 때마다 감사 기도를 올렸고, 그러고 난 뒤에 우린 함께 말없이 앉아 어머니가 요리한 저녁을 먹었지. 어머니가 식탁에 있었다는 건 알고 있지만, 그와 동시에 어머니가 거기 있지 않고 배경 어딘가에 존재한 것 같은 묘한 기억이 남아 있어.

어머니가 말없이 저녁을 먹는 가족들 속에서 왜 존재하지 않는 사람처럼 느껴졌는지 완전히 살을 붙여 이해하는 데는 시간이 걸렸어. 시간이 갈수록 나는 어디나 이런 식은 아니라는 걸 알게 되고, 나의 호기심은 쌓이고 쌓이다 그 자체로 역동성을 가지고 굴러가게 돼. 우리 가족의 비정상성은 거의 감지되지도 않던 침묵에 있었어. 때때로 우리 집 구석구석을 휘젓고 다니다가 종내는 배경으로 자리를 잡은 그 침묵. 하지만 우리의 바람wind에는 특별한 성질도 있었지. 그게 어머니가 거기에 있지만 동시에 거기에 없다는 그 감각과 어째선지 관련이 있다는 걸 이제 난 알아. 결국 내 귀는 배경의 잡음에 맞춰 조율되지. 그리고 심지어, 아니 어쩌면 특히나 조용히 하라는, 질문을 너무 많이 하지 말라는 소리를 노골적으로 들을수록 친숙한 침묵의 가닥을 잡아당기지 않을 도리가 없어. 그 짜임의 끄트머리가 해지기 시작한 뒤부터는 더더욱.

1973년, 오크빌은 지금과 별반 다르지 않았어. 근면한 백인 가족들이 사는 동네였지. 아버지가 아들에게 집과 가게와 농장을 물려주며 여러 대에 걸쳐 그곳에 사는 집안이 많았어. 1973년 오크빌에는 한국인이 아무도 없었지. 우리가 그곳에 도착했을 당시에는 말이야. 어른들은 목소리를 낮춰서 우리가 어떤 경위로 이 마을에 오게 됐을지 수근거렸어. 하지만 아이들은 노골적이었지. 애들은 나의 어머니가

프롤로그 삭제의 짜임

전쟁 신부냐고, 나의 아버지가 내 생부가 맞냐고 물었어.
어머니는 우리가 어디서 왔는지, 어째서 거기 있는지 같은
질문을 무시하라고 가르치셨지. 어머니는 직접 대답하지
않는 방식으로 본보기를 보이며 내게 그걸 가르치셨어. 당신
자식이 질문을 할 때마저도 말이야. 내가 어머니가 한국에
있을 때 어떻게 살았는지를 궁금해 하면 어머니는 벽에
있는 한 지점을 말없이 응시하곤 하셨지. 그 시선이 어찌나
강렬한지 나 역시 입을 다물지 않으면 안 될 것 같을 때까지.
말을 하지 않으면 우리는 덜 이상한 사람이 된다는 듯이.
아버지는 우리 가족 중에서 유일하게 오크빌의 이방인이
아니었어. 아버지의 뿌리는 오래 전부터 그 마을에 내려져
있었지.
몇 년이 흐르고, 우리처럼 다른 가족들이 조금씩 흘러들어
와 정착했어. 한국 아내와 자식을 둔 미국 남자들, 고립된
생활을 하면서 동네의 가십거리가 된 한국 아내들. 어머니의
삶도 외로웠지. 어머니의 가족들이 한 명, 한 명 그곳으로
오기 전까지는 말이야. 지금 내가 기억하는 건 아버지가 우리
집이 한국인으로 넘쳐나도 크게 개의치 않았다는 점이야.
내 유년기에는 어머니의 가족들이 큰 존재감을 가지는 데도
어머니의 가족에 관한, 어머니의 한국 시절 삶에 관한, 우리가
미국으로 옮겨 오게 된 사정에 관한 이야기에는 여전히
공백이 있었어.
그리고 우리 집에는 발화되지 않는 단어, 내가 성인이 되고 몇

년이 지나서야 알게 된 단어, 나의 어머니가 최근 들어서야
"누가 너한테 그 뜻을 알려주던?"하고 물으신 그 단어들이
있었어.

양공주. 양키 갈보. 서양 공주. 미군 색시. 양갈보. 양색시.
미군 노리개. UN 숙녀. 술집 여자. 유흥업소 여자. 위안부. 신세
망친 여자. 위안부였던 여자. 한때 위안부라고 불렸던 여자.
위안부의 딸. 기지촌 매춘부. 군인 신부.

니콜라 아브라함과 마리아 토록에 따르면 "이런 것들은
종종 한 가족 전체의 역사를 지배하는 단어들"; "유령에
자양분을 제공하는" 언급 불가능한 단어들이다.[2] 문자 그대로
'서양 공주'를 의미하는 양공주는 미국인과 성적인 관계를
맺는 한국 여성을 포괄적으로 지칭한다. 대개의 경우 이는
미군을 상대하는 매춘 여성을 일컫는 멸칭으로 사용된다.
다양한 방식으로 번역되는 이 용어는 특정한 역사적·정치적
맥락에 따라 그 의미가 변화해왔다.[3] 너무 많은 의미로 가득한
이 단어는 그와 동시에 한인 디아스포라에게는 발화할 수 없는
'유령 같은phantomogenic' 단어다.[4] 수치심과 비밀을 통해 유령을
길러내는 그 과정은 내가 하고자 하는 이야기 안에서 양공주를
중심적이면서도 동시에 예속적인 상태로 만들었다.

미군에게 성노동을 제공하는 여성은 반도의 한국인들에게
혐오와 욕망을 자아내는 과잉 가시적인 대상인 동시에 한인

디아스포라의 집단 정서 안에 감춰진 그늘진 인물이다. 미군 기지 근처의 술집에서 일하는 이 서구화된 여성은 공식적으로는 한국과 미국 정부 모두에게 멸시당하지만 비공식적으로는 미군에게 휴식과 오락거리를 제공하고 한국 경제에는 달러를 제공한다는 이유로 격려받는다. 그들은 미국의 이해관계를 묶어둠으로써 자국을 위해 봉사하는 애국자인 동시에 반미 정치의 화염에 기름을 끼얹는 미 제국주의의 비극적인 피해자다. 이 여성들은 한국의 예속 상태에 공모한다는 이유로 동포들의 증오를 자아내는 동시에 아메리칸 드림의 손길이 닿는 곳에 있다는 이유로 동포들의 질투를 유발한다. 그들은 자신을 피하는 바로 그 가족들을 부양하기 위해 노동하는 착실한 딸이자, 가족의 희망찬 미래를 짊어진 군인의 아내이며, 자신의 과거를 자식들에게 숨기며 자식을 보호하려는 어머니이다. 그들은 미군을 상대로 매춘 일을 했던 100만여 한인 여성의, 그리고 미군과 결혼한 10만여 한인 여성의 상징이다. 그들은 이처럼 실재하는 한인 여성의 상징이지만 그럼에도 여전히 집단 트라우마와 판타지에 겹겹이 둘러싸여 탄생한 인물이다. 결혼을 통해서든 매춘을 통해서든, 미국인에게 성노동을 제공하는 한인 여성은 역설적이게도 모든 것이 삭제된 유령 같은 인물로 출현한다.

　나는 이 이야기가 어디에서 시작하는지 또는 논리적인 시작점이 존재하기는 하는지 확신하지 못함에도, 이 인물에 대한 이야기를 당신에게 들려주고 싶다. 연대기적 사건은 어느 정도 존재한다. 누군가는 1950년부터 1953년 사이에 치러진 한국전쟁과 함께 시작된다고 이야기할 것이다. 하지만 누군가는 그들의 이야기가 미군이 한반도에 발을 들인 1945년에 시작되었다고 주장할 것이다. 또 어떤 사람들은 그들의 이야기는 그보다 더 일찍, 일본군 위안부 징발과 함께 시작된다고 지적할 것이다. 염두에 둘 만한 유용한 연대기적 사건들은 존재하지만 내가 하고자 하는 이야기는 양공주라는 인물이 어떻게 트라우마의 효과로부터 그 생명력을 얻게 되는가에 관한 것이다. 그리고 트라우마의 시간성은 절대 선형적인 시간의 흐름을 따르지 않는다.

도입 지점

어딘가에서, 언제쯤에, 무언가가 상실되었다, 하지만 거기에 대해 그 어떤 이야기도 할 수 없다. 그 어떤 기억도 그것을 복원하지 못한다.

· 주디스 버틀러 Judith Butler,
〈상실 이후, 그 뒤에는 어떻게 되는가? After Loss, What Then?〉

한국의 식민주의적·포스트식민주의적 역사의 상실—일제 치하 토착 언어와 문화의 말살, 1945년 이후 미 군정 치하 자율성의 상실, 한국전쟁 기간 동안 초토화된 한반도와 그

거주민들, 그리고 종전의 유예—을 온몸으로 구현한 존재인 양공주는 이런 사건에서 비롯된, 종종 인정받지 못하는 슬픔의 누적을 상징한다. 트라우마를 남긴 이런 사건들 하나하나는 해야 할 이야기들을 아래에 깔고 있지만, 양공주는 손쉬운 서사를 허락하지 않는다. 한미 관계의 역사에서 너무나도 큰 존재감을 갖지만 동시에 종종 감춰진 여성의 이야기를, 그것도 특히나 그 인물이 기억되기를 거부하는 트라우마를 구현하고 있는 상황에서 어떻게 꺼낸단 말인가? 그리고 그런 불확실한 발화는 어떤 결과물을 내놓을까? 데이비드 엥David Eng과 데이비드 카잔지언David Kazanjian의 말대로 "상실된 것이 그것의 잔해로써만, 그 잔해가 생산, 독해, 유지되는 방식에 의해서만 파악된다면" 이런 인물을 연구하는 작업은 새로운 읽기와 글쓰기 실천에 발을 담그고 그것을 개발할 기회이기도 하다.[5] 트라우마의 잔해를 발굴하고 조각조각 맞추어 양공주라는 상실과 창조성을 상징하는 인물에 관한 이야기를 구성하려는 이 프로젝트에는 여러 진입 지점이 있지만 나는 세 가지 진입로를 제시한다. 이어질 글에서 나는 앞으로 나아가는 서사를 구축하기보다는 이 세 맹아적 순간으로 계속 회귀할 것이다.

　이 이야기의 가장 최신 도입부는 한국 성노동 여성이 처한 암담한 현실이 전례 없는 가시성을 획득한 1990년대 초에 시작되었다. 그리고 이 시작점은 아마 과거에 관해, 특히 그 과거가 끌려 나와 어떻게 현재와 관계 맺게 되었는가에 관해 가장 많은 시사점을 제공할 것이다. 1991년 12월, 하군자를 비롯한 고령의 세 여성은 과거 일본 제국 군대를 위해 위안부로 일했던 사실을 폭로함으로써 자신의 나라와 식민지 통치자와 자기 자신에게 공개적인 수모를 안겼다.[6] 하군자의 입에서 쏟아져 나온 비밀은 하군자 자신의 것이었지만 그를 둘러싼 여러 사람들 주위를 배회했는데, 거기에는 "일제가 대대적으로 아시아 여성들을 노예로 삼은 사실을 집단적으로 망각한 이 세상을 흔들어 깨우기 위해, 과거 50년 전으로 (…) 여행을 떠나도록" 하군자와 다른 여성들을 설득한 활동가들도 포함된다. 또한 이들은 세 여성에게 군인을 대상으로 성노동을 시키려고 한국 여성들을 조직적으로 징발하고 납치한 일본 정부에 소송을 제기할 것을 설득하기도 했다.[7] 이는 이들 여성의 경험이 공개적으로 인정을 받은 최초의 사례였다. 이들의 발언이 공적인 성격을 띠면서 다른 옛 위안부 여성들도 모습을 드러내기 시작했고, 세계 언론이 이 여성들의 이야기를 더 널리 퍼뜨렸다. 이들의 발화보다 더 흥미로운 점은 이들이 1991년 12월 전까지 50년 동안 침묵했다는 사실이다. 과거의 트라우마로 보이던 것이 한국의 국가적 의식에서 존재감을 갖게 되었다. 일본 정부를 상대로 소송을 제기한 여성들은 한국사에서 은폐되었던 잔혹 행위를 폭로하는 데는 성공했지만 일본 정부는 공식적인 사과를 거부하거나 그런 터무니없는 행위가 일어났음을 노골적으로 부정했다. 이는 옛 위안부 여성의 침묵에 더욱 부채질을 했고, 이와 함께 이런 트라우마가 수면 위로 떠오른 지 수년이 지났음에도 왜 여전히 해결되지

않고 있는지를 보여주었다.[8]

공개적으로 목소리를 낼 정도로 충분히 용감했던 여성들은 일본의 성노동자로 징발된 여성 중 극히 일부에 불과하다. 그외 나머지는 침묵을 유지하고 있고, 세상을 떠난 이들은 아마 자신의 비밀이 자신과 함께 영원히 잠들게 되리라 믿었을 것이다. 최명선의 증언은 공개적으로 알려진 사람들 사이에서도 이런 비밀 유지의 욕망이 존재한다는 사실을 보여준다. "난 죽을 날만 기다리면서 살았어, 내 얘긴 아무한테도 안 하면서. 내 고생은 가슴 깊이 묻어 두었지. (⋯) 내 얘긴 주변 사람들은 모르는 채로 내 무덤까지 따라올 거야."[9]

'초세대적인 배회transgenerational haunting'에 관한 아브라함과 토록의 연구가 시사하듯, 발화 불가능한 트라우마는 그것을 처음 경험한 사람과 함께 사멸하지 않는다. 그보다 그것은 자체적인 생명력을 얻어서 비밀이 감춰진 그 장소에 출현한다. "되돌아와 배회하는 유령은 타인 안에 매장된 망자의 존재를 증언한다."[10] 한국 위안부들이 성 노예로 살았던 자신의 과거에 관해 침묵을 유지하려고 애쓴 그 50년 동안 그들의 비밀은 이미 그다음 세대로 전달되었고, 이 가운데 일부는 똑같은 성적 예속의 길을 따르게 된다(또는 그에 이끌린다). 일부 연구는 초기 세대의 기지촌 성노동자들이 강요된 성노동을 했던 다른 가족의 역사에 관한 비밀을 물려받은 위안부의 딸들임을 시사한다. 위안부는 양공주의 유령이다.

생존 위안부에 의한 이 '침묵 깨기' 직후에는 죽은 양공주의 배회하는 존재감이 그 뒤를 잇는다. 양공주는 미군의 지배라는 진행형의 트라우마를 가시화한 유령 같은 힘이 될 것이므로. 1992년 10월 윤금이라고 하는 한국의 성노동자가 그의 손님이었던 미군에 의해 살해당했고, 이 기지촌 성노동자의 특정 살인 사건은 한반도뿐만 아니라 초국적인 활동가 집단 사이에서 반미 운동에 다시 불을 지폈다. 이 사건의 남다른 점은 윤금이가 한국인들이 쉬쉬하는 무언가에 관한 수치심에 짓눌려 편히 잠들지도 못했고, 그와 같은 처지의 여성들을 사라지게 하는 미군의 권력에 굴복하지도 않았다는 것이다. 윤금이 살인 사건은 한반도 남쪽에서 대대적인 반미 운동에 불을 붙였고, 그리하여 살인범은 한국 법정에서 처음으로 재판을 받는 미군이 되었다. 분명 기지촌 성노동자가 살해당하는 일은 1992년 10월이 처음이 아니었지만 일반 대중이 양공주라는 인물을 중심에 놓고 집회에 참석하기는 처음이었다. 죽은 양공주는 정치적 저항의 물결을 일으켰을 뿐만 아니라 한국 학자와 한국계 미국인 학자들 사이에서 구체적으로는 윤금이, 좀 더 일반적으로는 양공주에 관한 글들이 양산되게 만들었다.[11] 1990년대에 한국 여성의 성노동을 드러내는 작업은 단순히 어떤 지저분한 비밀을 폭로하는 것이 아니었다. 그것은 한인 디아스포라의 무의식에 50년 동안 켜켜이 누적된 피식민 경험과 전쟁의 트라우마 효과를 풀어놓았다. 유령이 수면 위로 떠오르면서 배회가 격화되고, 양공주에게는 슬픔, 희망, 수치심, 분노와 같은 상충되는 감정들이 과잉 투사되었다. 많은 생존

위안부들과 그들을 지원하는 사람들은 위안부를 양공주와
분리시키고 싶어 하지만, 두 인물은 모두 군사화된 성폭력과
제국주의 지배가 유사하게 배회하는 역사적·정치적 맥락에서
출현했다. 두 번째 진입 지점은 위안부와 양공주 사이의
연속성에 대해 더 많은 이야기를 들려준다.

이 이야기의 두 번째 판본은 1945년에 시작한다. 2차
세계대전의 종식은 미국이 군사주의와 자본주의의 기술들을
개발함으로써 글로벌 권력으로 부상하는 역사적 과정의
중대한 전환점이자, 동시에 바로 그 권력의 쇠퇴가 시작되는
시점이기도 하다. 1945년 이후로 서구의 메타 서사가 서서히
무너져 내리기 시작했기 때문이다. 한반도는 지배의 기술들을
테스트하는 살아 있는 실험실이자, 구세주의 나라라는 미국
스스로의 환상을 놓고 벌인 경합의 현장으로도 기능하게
된다. 1945년 9월 8일, 미군의 한국 점령이 시작되었고 이는
공식적으로는 1948년 남한 정부가 들어서고 종료되나, 군대는
그 이후에도 계속 주둔한다. 한국인에게 1945년 9월은 35년간의
야만적인 일제 식민 통치가 막을 내린 해방의 순간이었지만
이는 며칠을 가지 못했고, 오늘날까지 이어진 남한의 미군 지배
시대가 시작됨을 알리는 서막이기도 했다. 그 시기는 두 전쟁
사이의 심리적 공간인데, 그 전쟁 중 하나는 잊히게 된다. 양공주
만들기라는 맥락에서 1945년 9월은 일본 제국 군대를 위해
마련된 성 노예 시스템(위안소)이 미군을 위해 마련된 기지 매춘
시스템(기지촌)으로 전환됨을 알렸다.[12] 그것은 과거로부터의

트라우마가 미래로부터의 트라우마와 조우하는 순간이었다. 일본을 위해 해외에서 강제 노역을 해야 했던 한국인들에게 1945년 9월은 이미 분단되어 곧 있으면 다시 비탄에 빠지게 될, 멀어졌던 고향으로 돌아가는 순간이었다. 양공주는 자신의 트라우마를 시간과 공간의 경계를 가로질러 전달하는 배회의 주체이자 객체로서 이 비탄의 흔적을 간직한다. 1945년 9월과 그 이후, 한국전쟁과 그 이후는 과거 속에 자리하지만 종결되지 않았다. 이 이야기로 진입하는 방식은 한없이 많지만 나는 당신에게 하나의 시작점만 더 들려줄 것이다.

1950년 6월 25일, 나의 아버지는 서른한 번째 생일을 맞았어. 아버지는 검약과 근면을 중요하게 여기고 가정을 일구고 싶어 하는 남자였지. 아버지는 인생의 대부분을 오크빌이라고 하는 시골 동네에서 보냈어. 걸음마를 할 수 있을 때부터 농장 일을 했고, 그래서 서른한 살 무렵에는 작은 정육점을 개업한 상태였어.[13] 아버지는 고향이 속한 주 밖으로 나가본 적이 거의 없었으니까 이날 아마 동네 사람들 대부분이 들어본 적도 없는 어떤 나라에서 벌어지고 있는 전투에 대해서는 생각해보지도 않았을 거야. 대부분의 미국인들은 한국이 어디에 있는지 안다고 해도 일본이나 중국의 일부라고 생각했어.[14] 아버지는 이미 2차 세계대전 기간 동안 해군에서 복무했고, 군인으로 살아갈 야망 같은 건

프롤로그 삭제의 짜임

전혀 없었기 때문에 복무가 끝난 뒤에는 나라 밖 일에 신경
쓰지 않았어. 그 전쟁 이후 아버지는 동네 생활에만 관심을
뒀지. 돼지를 키우고, 가게를 운영하고, 자신의 성을 물려받을
자식이 태어날 날을 계획하고. 아버지의 서른한 번째 생일은
아마 별다를 게 없었을 거야. 평소처럼 그날 분의 노동을 하고
나중에 아내와 함께 집에서 저녁 식사를 즐겼을 가능성이
가장 높아. 다른 날과 별 차이 없어 보였던 이 특별한 생일날
일어난 사건들의 의미를 상상도 못 했겠지. 지구 반대편에서
일어난 그 전쟁이 욕망과 필연의 느린 모터를 가동시켜
아버지를 그 미지의 나라로, 아내가 아닌 여자에게로 끌고
들어가게 되리라고는.

1950년 6월 25일, 그날은 공식적인 한국전쟁 발발 일이다.
물론 근 2년 전부터 남과 북의 전투원들은 38선을 가운데 두고
주거니 받거니 총격을 벌이고 있었다. 1950년 6월 25일, 그날은
한반도 내 전쟁이 게릴라에 의한 내전을 넘어 냉전을 이끄는
초강대국들 사이의 갈등으로 비화한 날이었다. 그리고 미국에게
이는 장기적인 전쟁에 돌입하는 중요한 전환점이 되었다.
미군과 UN군이 38선 북쪽을 향해 폭격을 시작했지만 몇 주만에
북한군과 동맹군 모두가 남쪽의 도시와 마을을 표적으로 삼게
되었다. 한국전쟁으로 인해 수백만 명이 안전한 곳을 찾아
대대적인 이주를 감행했다. 이들은 아직 표적이 되지 않은 작은

촌락으로 들어가거나 터널, 폐가의 지하실 같은 곳에 몸을
숨겼다.

어머니와 어머니의 가족들이 어떤 시점에 집과 세간과
존재와 관련된 기록을 놓고 떠나야 했는지 나는 정확하게
알지 못해. 어머니 가족의 사진들은 다른 모든 것과 함께
불타버렸고, 그건 마치 어머니의 기억들이 전소된 것과
비슷했지. 어머니는 피난을 떠났고 그 전쟁의 다큐멘터리적
설명에 포착된 피난민 무리의 일원이 되었지만 여기에
대해서는 이야기하지 않아. 끝없이 흘러가는 피난민 행렬
속에서 수백만 명이 가족들과 생이별을 했고, 대다수가 다시는
만나지 못하게 돼. 1953년에 서로가 38선 이쪽과 저쪽에
있었다는 이유로. 하지만 또 다른 수백만 명은 안전한 장소를
찾아다니다가 죽음을 맞았지. 강을 건너다가 물에 빠져 죽고,
질병과 굶주림으로 죽고, 군사 공격의 표적이 되어 죽고.
실종된 일부는 그냥 사라지거나 아니면 집단 매장지에 파묻힌
연고를 알 수 없는 시신 수백만 구에 합류했지. 그 망자와
실종자 중에 어머니의 오빠도 있고, 어쩌면 전쟁 중에 상실된
것에 관한 서사를 통해 기려지지 않은 다른 가족들도 있을
거야. 하지만 어머니는 전쟁에 대해, 또는 미국에 오기 전 당신
삶의 세부 사항에 대해 거의 말하는 일이 없어.

프롤로그   삭제의 짜임

원조를 기다리는 사람들: 1만 2500명의 피난민

디아스포라의 조건

한국전쟁 생존자와 그 자녀들이 참여한 램지 림Ramsay Liem의
획기적인 구술사 프로젝트〈어제 안에 오늘〉은 아동기와 초기
청년기에 직접 전쟁을 경험한 1세대에게 전쟁의 기억은 여전히
너무나도 생생하지만, 미국에서 살아가는 내내 그 기억을 침묵
속에 묻어두었다는 것을 드러냈다. 하지만 부모가 이야기를
들려주지도 않고 한국전쟁에 관한 공적인 담론 역시 부재한
상황하에 미국에서 자라난 2세대들은 그들이 어떤 불분명한
존재감에 영향을 받았고 그것이 자신들의 평범해 보이는
일상생활에 또렷한 각인을 남겼다고 입을 모았다. 한 남성은

부모가 인생 경험을 이야기하기를 거부한 탓에 부모의 과거가 자신의 현재에 영향을 미쳤다고 했다. 그는 말했다. "나에게 그건 과거가 아니었어요. 그게 내 삶 속으로 밀려 들어오거든요. 그게 내 누이들의 삶 속으로 (…) 구멍처럼 밀려 들어와요."[15] 한국전쟁 생존자들의 자녀가 말하는 이런 경험—"불운한 바람", "구멍", 또는 어떤 손에 잡히지 않거나 보이지 않는 힘의 형태를 하고 있는 침묵이 배회하는 것 같은—은 해소되지 않은 트라우마가 무의식을 통해 한 세대에서 그다음 세대로 전달된다는 개념을 뒷받침한다. 초세대적인 배회에 관한 아브라함과 토록의 이론은 홀로코스트 생존자들의 성인 자녀, 그리고 집단 차원에서 트라우마적인 역사를 가지고 있는 여러 사람들을 대상으로 1960년대에 실시한 연구를 바탕으로 한다. 이들의 내담자들이 가족 내의 침묵에 집착하거나 직접적으로 경험한 적 없는 트라우마를 터트리는 모습은 그들 주위에 타인들의 무의식이 배회하고 있다는 증거였다. 여기서 짚고 넘어가야 할 부분은 그 배회의 효과는 원래의 트라우마가 아니라 그것이 감춰지고 있다는 사실에 의해 생성된다는 점이다. 비밀은 가족의 역사에 관한 의식적인 앎의 틈 안에서 유령으로 몸을 바꾼다.

　　아브라함과 토록의 연구에서 2세대가 물려받은 트라우마는 사적이었지만, 그 트라우마들은 20세기의 전형적인 집단 트라우마인 홀로코스트의 유산 속에 있는 것이기도 했다. 나는 미국에서의 한인 디아스포라를 초세대적인 배회의 또 다른 현장으로 제시하고자 한다. 유령은 가족의 비밀이라고 하는 사적인 영역 안에서 생성되고, 이 비밀은 정치 권력의 만행과 불가분의 관계라는 점에서 한인 디아스포라는 아브라함과 토록의 연구에 나오는 현장과 유사하다. 모든 가족에게는 유령이 있지만 이 특정 인구 집단은 오늘날의 미국 사회와 미군의 새로운 증강이라는 맥락 안에서 아브라함과 토록의 이론을 검증해볼 만한 흥미로운 사례로 기능한다. 사회과학은 한국인을 20세기 후반부에 미국 토양에 정착한 가장 성공적인 이주 집단 중 하나로 구축해왔다는 사실, 그래서 이들의 눈에 띄는 성공이 트라우마의 효과를 퇴색시켰다는 사실은 특히 의미심장하다. 이주에 관한 사회학 문헌들은 한국인을 미국에서 이민자의 인종적·국가적 구성이 다각화된 1965년 이후에 등장한 인구학적 흐름의 일부로 종종 분류하지만, 한국인들이 미국에 도착하게 된 중요한 추동력은 1965년 이민법 이전에 있었다. 한국전쟁, 특히 그 속에서 미국의 역할이 한인의 이주에 동력을 제공했다는 사실은 자주 누락된다. 하지만 우리는 이 이야기를 잘 하지 않는다. 이주와 동화에 관한 사회학적 이야기에서도, 한미 관계나 군사적 관행에 관한 공적 담론에서도, 누군가가 전쟁의 참상 속에서 살아남아 우리를 이곳을 오게 한 내 가족 같은 가족 내부에서도. 미국에서 한국전쟁을 '잊힌 전쟁'으로 일컫는 것은 이 사건을 집단 기억에서 블랙홀로 남겨둔다는 의미이다. 미국의 2세대 한인들도, 일반 대중도 한국전쟁을 크게 의식하지 않는다. 이런 망각이 공식적인 지위를 가질 때, 그 결과로서 여기에 당도한 디아스포라에게 그 망각은 어떤 심리적 함의를 갖는지 질문해야 한다.

한인 디아스포라에는 우리가 앎을 허락받지 못한 것의 트라우마 효과가 배회한다. 한국전쟁이 가한 두려움과 파괴, 그것을 해결하지 못한 실패, 그리고 이 폭력적인 역사를 에워싸고 있는 복합적인 침묵이. 하지만 말해지지 않은 전쟁의 트라우마들이 한인 디아스포라에 세대를 넘어서 배회한다는 말만으로는 충분하지 않다. 한인 디아스포라는 바로 그 배회에 의해 구성된다. 만일 한인 디아스포라를 가능케 한 역사적 조건이 잊힌 전쟁이라면, 그 정신적 조건은 강요된 망각이다. 트라우마로 얼룩진 과거를 인정하는 일은 침묵의 매트릭스에 의해 체계적으로 부정된다. 그리고 그 침묵의 주요 성분으로는 미국의 글로벌 헤게모니와 관련된 제도들, 사회과학적 지식 생산, 그리고 가족의 욕망과 수치심이라는 좀 더 내밀한 힘들이 있다. 미국 내 한인 디아스포라에게 그 결과는 자기 자신의 삭제에 자신도 모르게 동참하는 일이 종종 발생한다는 것이다. 하지만 같은 이유에서 부인이라는 행위는 부정되고 있는 그 트라우마를 종종 확산시킨다. 이 골치 아픈 관계에 의해 생산된 긴장은 다른 그 어느 곳보다도 양공주, 그리고 그가 상징하는 인정받지 못한 트라우마와 디아스포라의 불확실한 친족 관계 속에서 가장 뚜렷하게 감지된다.

디아스포라를 절합하여 드러내기

이 이야기를 시작하는 데에는 헤아릴 수 없이 많은 방식이
있지만, 양공주가 어떻게 존재하게 되었는가에 관한 이야기를
펼치는 세 역사적 진입 지점은 한인 디아스포라가 초세대적인
배회라는 조건에 의해 어떻게 규정되는가를 절합articulation하여
드러내는 시작점으로도 기능한다.[16] 1945년 9월, 1950년부터
1953년까지 이어진 한국전쟁, 그리고 성노동이 목소리를
획득하게 된 1990년대 초는 한반도와, 거기서 밀려난 인구
집단과, 그들과 양공주 사이의 친족 관계를 잇는 시간적 연결
고리를 이룬다. 1945년 9월은 미군이 한반도를 점령하기
시작하고, 더 넓게는 한인의 정신이 미국과 뒤얽히기 시작한
시간대다. 미국이 파괴와 가능성을 동시에 상징하게 되면서 이
뒤얽힘은 한국전쟁 기간 동안 심화하며 날로 양가성을 띠게
되었다. 전쟁과 제국주의를 통해 한반도에 뿌리 내린 미국과의
종속적인 관계는 한인들이 아메리칸 드림에 참여할 수 있는
토대를 놓았다.

전쟁은 민간인들에게 어쩔 수 없는 이주의 조건이 되었을
뿐만 아니라, 미군과 한인 여성이 갈수록 빈번하게 성적 만남을
가질 조건을 낳았고, 이 가운데 일부는 1945년의 전쟁신부법War
Brides Act에 힘입어 결혼과 미국 이민으로 귀결되었다.[17] 하지만
이런 만남의 동기는 단순히 개인의 욕망과 로맨스에 있지만은
않았다. 그런 만남 속에는 미군 지배라는 권력의 역학, 전쟁의

물질적인 파괴, 그리고 한국 안에서 미국이 자애로운 역할을
수행한다는 서사를 통한 폭력의 미화가 철저하게 뒤얽혀
있었다. 예컨대 1950년대 초 미국은 자신이 한국의 친절한
보호자라는 미디어 이미지를 구축하는 한편, 미군이 민간인들을
아무렇지 않게 학살했다는 증거를 삭제했다. 규범적인 (백인)
미국 가정의 서사에 새롭게 삽입된 이인종 부부의 행복한
그림—한인 전쟁 신부와 그의 미군 남편—은 미국의 자애로움과
우호적인 한미 관계라는 관념을 더욱 강화했다.

　　자신을 따뜻하게 맞아주는 새 가정과 나라에 고마움을
표하는 한인 전쟁 신부, 나중에는 자신의 다른 한인 가족들을
미국으로 불러들여 그들 역시 미국이 주는 선물을 만끽할 수
있게 해주는 이 신부의 이야기는 강제 이주민과 자발적인
이주민 사이에 분명한 경계를 그을 때만, 전쟁 신부가 정도의
차이는 있어도 결국 쫓겨난 백성이라는 사실을 우리가 문제
삼지 않을 때만, 그리고 우리가 전쟁의 참혹함을 깡그리 망각할
때만 성립된다. 내가 하려는 이야기는 그런 이야기가 배제를
통해서만 성립될 수 있음을 보여주는 것이기도 하다. 한인들은
열심히 일하고 가족에 높은 가치를 둠으로써 성공을 거두는,
감사해 하는 이민자 서사를 통해 아메리칸 드림이라는 국가적인
담론 속에 편입된다. 물론 그 이면에서 이제 국민으로 간신히
통합된 한인 이민자들은 자신의 새로운 국가를 배반하지 않기
위해 비밀을 발설하지 말아야 한다. 여기에 자신의 사적인 비밀
역시 연루되어 있을 때 이 의무는 쉽게 충족된다. 양공주는

한국전쟁과 한미 관계의 트라우마에 관한, 그리고 많은 경우 자신의 과거에 관한 비밀을 간직한 인물이다. 침묵하기라는 이 특수한 양상 속에서 가족이 발휘하는 힘은 아무리 강조해도 지나치지 않다. 한국과 미국 양국의 지배 문화는 섹스와 돈을 대놓고 교환하는 행위에, 그리고 그보다 정도는 덜하지만 물질적인 재화를 손에 넣기 위해 섹스나 교제를 은밀히 교환하는 행위에 가혹한 낙인을 찍는다. 물론 이런 교환이 결혼이라는 맥락 속에서 일어나는 경우는 논외다. 결혼을 통한 미국 이주는 군인 대상 성노동에 연루된 한인 여성들에게는 자신의 성노동을 합리화함으로써 과거의 낙인을 지울 기회를 상징한다. 그렇게 되면 성노동임을 더 이상 알아보기 힘들기 때문이다. 미국 땅에 발을 들인 이 여성은 이제 자신의 한국 가족들에게 아메리칸 드림에 참여할 기회를 제공함으로써 신성한 지위를 획득한다. 전쟁 신부는 한인의 미국 이주를 개척한 다음 지정학적 폭력을 가정의 영역 속으로 사라지게 만드는 인물로 작용한다. 무엇보다 물 샐 틈 없이 보초를 서는 가정이라는 공간보다 사회적 트라우마를 파묻기에 더 좋은 곳이 있을까?

이런 정교한 삭제의 시스템이 낳은 의도치 않은 결과는 이 매장지가 유령을 생성하기에 한층 비옥한 장소가 된다는 점이다. 한국에서 군사화된 매춘에 저항하는 운동이 촉발된 1990년대에는 이미 많은 2세대 한국계 미국인들이 성인이 되어 고등교육 기관에서 눈에 띄게 많은 비중을 차지하고 있었다.

이즈음 사회학의 지식 생산 공장들은 아시아계 미국인에 관해
과잉 교육을 받은 성공한 모범 소수 인종이라는 이미지를
구축했다. 한편으로 미국에서 양공주의 자식들은 이민 성공
신화의 화신이었고, 그들의 역사적·가족적 트라우마는 이
성공 신화 속에서 사라져버렸다. 다른 한편으로 이들은 자기
자신의 삭제에 맞서는 지식 생산자가 되어 있었다. 리사 로웨Lisa
Lowe의 주장처럼 "아시아에서 미 제국주의 압제의 역사가
남긴 물질적인 유산은 아시아계 이민자들이 제국의 중심으로
'귀환'한 데서 탄생한다. (…) 일단 여기[미국]에서, 아시아
이민자에게 미국 국민으로 동화되라는 요구는 탈동일시와
소외를 만들어내며, 그 과정에서 비판적 주관성이 생겨난다"[18]
디아스포라 한인 학자들의 연구가 한국계 미국인들과 미국
사이의 복잡한 관계를 포괄적으로 문제 삼는 동안, 이 가운데
일부는 특히 한국의 군사화된 성노동 문제로 초국적 활동가들의
관심이 집중되자 구체적으로 양공주라는 인물을 직시했다.
일부 사례에서 이 연구자들은 자신들과 양공주 사이에 연결
고리가 있을 가능성을 명시적으로 문제 삼았는데, 어쩌면
그것은 어머니가 음지에서 일생을 살았던 이유를 찾으려는
시도였는지도 모른다.[19]

프롤로그   삭제의 짜임

침묵의 집중

나의 어머니는 스스로를 한반도 남쪽에서도 동남 지역인
경상도의 시골 출신이라고 밝히지만, 식민화와 전쟁과 농촌의
빈곤, 그리고 미국 이주라는 힘 때문에 일생의 대부분을 고향이
아닌 곳에서 밀려나 살았다. 내 본관은 경상도 창녕이다.
어머니는 청년기에 같은 경상도에 있는 항구 도시 부산으로
이주해 거기에서 나를 낳으셨지만 나는 최근까지도 경상도
시골 지역에는 가보지 못했다. 하지만 내가 이 프로젝트를
위해 조사를 하는 동안 경상도에 대한 기억이 내 무의식을
가득 채웠다. 나는 한국전쟁 기간 동안 미군이 저지른 민간인
학살에 관한 보고서를 읽다가 지금의 남한 지역에서 가장
많은 양민 학살이 일어난 곳이 바로 경상도라는 연구 결과를
접했다. 특히 남한의 이 지역에서는 혼불이라고 하는 현상이
일어난다는 보고가 있는데, 이는 '유령의 불'이라는 뜻으로
주로는 학살 현장의 땅에서 깜빡이는 불빛이 올라오는 현상을
말한다. 한국전쟁 이후에 만들어져 민간에서 전승되는 설명
방식은 과학과 초자연 사이 어디쯤에 위치한다. 시신이 대단히
밀도 높게 매장된 장소에서는 그 잔해가 땅의 화학적 구성을
변화시켜 토양에서 불꽃이 일게 만든다. 혼불을 통해 망자의
영혼은 슬픔과 분노를, 그들의 한을 이 세상에 풀어놓는다.
　나는 이 혼들에게 귀를 기울이기 위해 2002년 경상도로
돌아갔다. 쇼샤나 펠먼Shoshana Felman과 도리 라우브Dori Laub에

따르면 "그러므로 침묵이 가장 밀도 높은 장소, 즉 죽음이 일어난 응축의 장소는 역설적으로, 생존자의 자녀들에게는 자신들이 태어나기 전에 존재했던 삶에 접근할 수 있는 유일한 장소가 된다".[20] 경상도는 남한에서 연고를 알 수 없는 시신이 가장 많이 매장된 지역이기만 한 게 아니다. 그곳에는 삶의 탈취가 또 다른 방식으로 응축되어 있다. 경상도는 한국전쟁 기간 동안 미군에 의한 민간인 학살이 가장 빈발했을 가능성이 높을 뿐 아니라 일제 강점 기간에 일본군을 위해 성 노예로 징집된 소녀가 가장 많은 곳이라는 "미심쩍은 명성"[21]으로 악명이 높다.[22] 이 지역에는 20세기 한국의 가장 중대한 역사적 트라우마 두 가지가 배회한다. 그리고 이 두 트라우마 모두 양공주라는 인물에 의해 파묻히고 그다음에는 양공주에 의해 몸을 얻어 전달된다. 내 어머니가 자신의 기원이라고 밝히는 장소는 이런 곳이다.

무의식의 아상블라주

그래서 나는 이 불확실한 역사를, 나를 옭아매고 있는 무의식들과 내 무의식의 아상블라주[assemblage, 집성集成]를 쓰기 시작한다. 나는 국제 이주와 지정학에서 양공주의 역할에 관해, 한국에서 군사화된 매춘의 역사에 관해, 이런 이야기들이 어떤 식으로 내 가족사를 배회하는지에 관해 당신에게 이야기해주고 싶다. 하지만 이 말하기는 그 이야기를 온전하게 담아낼 수 없는 실패작이기도 하다. 불확실한 것들이 너무 많은 까닭에, 그리고 사리에 맞는 방식으로 그 이야기를 전달하는 바로 그 행위가 그 틈을 덮어버리게 되는 까닭에. 나는 이 틈들을 메우기보다는 이런 빈 공간 속에 들어가서 무엇이 발생하는지를, 침묵에 귀 기울임으로써 무엇을 배울 수 있는지를 알아내는 수밖에 없다.

미 제국주의와 군사주의, 과학적 진보의 서사, 그리고 가족의 수치라는 실들은 양공주 안에 체현된 한국전쟁의 트라우마들을 은폐하는 '삭제'라는 직물을 함께 직조하고 있긴 하지만, 그 직물의 짜임은 그 실들을 풀어낼 수 없을 정도로 빡빡하지는 않다. 침묵의 요소들을 해체하는 행위는 그 장소에서 뭔가 새로운 것이 등장하게 할 수는 있지만, 그렇다고 해서 단일한 진실이 드러난다는 말은 아니다. 이 책은 확실하게 알 수 없는 것에 관한 연구이므로, 나는 이 글이 무엇을 시도하지 않는가를 분명하게 하고자 한다. 이 책은 한미 관계에서 군사화된 폭력이 자행한 억압의 역사에 관한 문제들, 특히 그 관계의 성적인 측면들을 다루긴 하지만, 그 역사를 다시 쓰려 하거나 성노동자, 국제결혼을 한 한인 여성, 혹은 그 가족들에 관한 새로운 사회과학적 연구 결과를 제시한다고 주장하지 않는다. 사람들의 비밀을 드러내기 위해 경험을 말해달라고 요구하지도 않는다. 불확실성 안에는 진실을 아는 것만큼이나 큰 힘이 있으므로. 비밀은 그것을 품고 있는 주체가 그것을 절대 발설하지 않는 순간에도 스스로를 모종의 방법을 통해 노출시키므로. 이런 측면에서 이 글은 우리가 알고 있는 친숙한 형태의 사화과학 텍스트와는 거리가 멀다. 나는 군사적인 매춘에 관한 사회학적 서사를 지양하고 전통적인 자료 출처에 기대거나 나의 해석을 일방적으로 풀어내는 글쓰기 방식과는 거리를 둘 것이다. 대신 나는 양공주가 어떻게 다양한 무의식적 힘들과 상호작용하며 그 힘들에 기대어 움직이는 유령 같은 행위자성을 띠게 되었는가에 관해 당신에게 말하고 싶다. 그러므로 이 글은 트라우마의 효과들, 양공주라는 영적 힘을 가진 인물이 어떻게 트라우마에 의해 만들어졌는지, 그리고 바로 그 자신의 삭제를 통해 한인 디아스포라의 무의식에 어떻게 침투하게 되었는가에 관해 펼쳐 보일 것이다.

1장 '유령에 살 붙이기'에서 나는 바로 이 유령의 힘을 통해 이제까지 당연시되던 서사들이 조금씩 해체될 수 있다는 생각을 심도 깊게 다룰 것이다. 이 장에서는 무엇이 유령의 배회를 생성하는가, 그리고 다시 무엇이 배회에 의해 생성되는가를 이해하기 위한 이론적인 토대를 펼쳐 보인다. 말해지지 않은 수치스러운 가족의 비밀이 어떻게 유령을 만들어내는가를 이해하기 위해 사용하는 이론적인 핵심 개념은 초세대적 배회이긴 하지만, 기성의 지식 생산 행위 역시 그만큼 중요한 비판의 대상이다. 나는 유령들이 사회학이라는 학문에 의해, 그리고 서사 쓰기라는 좀 더 일반적인 행위에 의해 어떻게 무시되고 동시에 창조되었는가에 관한 비판적 논의를 전개한다. 그러고 나면 한 가지 문제가 떠오른다. 그 트라우마를 자아낸

프롤로그 삭제의 짜임

인식론적 폭력을 똑같이 재생산하지 않고 어떻게 개인과 집단의 모호한 역사를, 알지 못함의 공간에 자리하는 트라우마를 바라볼 것인가?

나는 양공주에 관한 이야기를 짜맞추면서 양공주가 디아스포라의 무의식 안에서 대단히 존재감이 크지만 동시에 파악되지 않는 인물이 되었음을 보여주는 작업에 착수한다. 조각조각 맞춰진 이야기조차 서사라는 점을 부정하지는 않지만, 내가 관심을 갖는 쪽은 서사의 분명한 내용보다는 그 안에 남겨진 트라우마의 흔적이다. 가령 어떻게 트라우마는 인터뷰나 역사적 기록 같은 말하는 주체가 아닌, 다른 수단을 통해 시공간을 가로질러 전달되는가? 자문화기술지, 정신분석, 픽션, 공연 같은 실험적 글쓰기와 사회학적 탐구의 대안적 방법들로 전통적인 서사를 통해서는 전달되지 않는 양공주의 정동적인 이해에 조금이라도 더 가까이 다가갈 수 있을까? 1장에서 나는 배회하는 힘을 알아차리고 글쓰기라는 실천을 통해 그것에 물성을 부여하기 위한 방법론적 토대 역시 펼쳐 보인다. 유령의 배회를 전달하는 한 가지 방법은 비선형적인 시간성, 반복, 판타지, 픽션을 사용하는 것이다. 따라서 나는 60년이 넘는 시간 동안 만들어진 양공주에 관한 다층적인, 종종 상충되는 여러 겹의 이야기를 펼쳐내는 과정에서 서사적인 방법과 비서사적인 방법 모두를 사용한다. 양공주라는 유령은 망자의 혼 또는 과거를 우울하게 연상시키는 존재일 뿐만 아니라 현재에도 활동하는 생산적이면서도 강력한 힘이다.

이것은 트라우마에 관한 기획이지만 동시에 텍스트 자체에 트라우마를 입히려는, 내가 이론을 통해 제시하고자 하는 유령 같은 흔적들과 트라우마로 인한 불안에 생명을 불어넣으려는, 그리고 그 유령을 미래에서 온 목소리로 대하고자 하는 글쓰기 실험이기도 하다.

2장 '트라우마의 계보'는 트라우마를 입은 글의 예시에 해당한다. 그것은 글쓰기 실험을 통해 학살당한 사람들의 피와 뼈와 함께 대지에 켜켜이 농축된 트라우마적인 기억들의 발굴에 착수함으로써 혼불, 즉 유령의 불꽃을 일으키는 작업이라고 할 수 있다. 2장에서는 한국전쟁 생존자들의 서사를 연결하여 초세대적인 배회가, 어떻게 비록 온전하게 표현되지는 않더라도 물질적이면서 동시에 정동적인 힘을 갖는 어지러운 기억들을 만들어내는가를 살펴본다. 이 기억은 생존자들의 몸이라는 물질 안에, 그리고 혼불이 올라오는 흙 속에 살아 있고, 시간과 장소를 가로질러 군사화된 폭력의 이질적인 현장들을 서로 연결한다. 2장은 피난민의 대대적인 피난 행렬을 전달하기 위해, 그리고 과거가 현재 안에 들어 있어서 반복적으로 트라우마적인 순간—노근리 인근의 경상도 지역에서 가장 악명 높은 민간인 학살이 일어난 1950년 7월—으로 돌아오는 시간성을 환기하기 위해 해체적인 방식으로 진행된다.[23] 전쟁 초기는 민간인의 생명을 가장 밀도 높게 빼앗고 짓밟은 시기이기도 했다. 실제로 전쟁 초기에 미군들은 이미 한국의 민간인들에게 '맹수'와 동일시되었다. 따라서 2장은 당시 살인과 강간을 자행할 수 있었던 미군의 지위와 관련해 점점 고조되던 불안 역시 펼쳐 보인다. 1950년 여름 한국의 촌락민들은 자신의 딸들을 숨기거나, 아예 반대로 미군의 욕망을 진정시키기 위해 그들에게 딸들을 바치기도 했다. 이런 이야기들은 미군이 유포한 전시 선전물의 문구에 의해 가려졌으며, 이는 한국전쟁에 관한 미국의 공식적인 서사와 디아스포라의 무의식에 살아남아 있는 비공식 서사 간의 긴장을 보여준다. 미군이 자행한 민간인 학살의 기억들은 숨은 역사를 드러내고 따라서 아메리칸 드림이라는, 그리고 우호적인 한미 관계라는 판타지에 큰 균열을 낸다. '미국은 제3세계의 구세주'라는 미국이 만들어낸 허구는 구조救助와 절멸이 혼재된 전쟁 생존자들의 기억을 만나 좌초된다.

'트라우마의 계보'는 1950년 7월의 트라우마적인 순간을 곱씹으면서, 동시에 린지 스톤브리지Lyndsey Stonebridge의 말을 빌리면 불안하게 "전방을 바라보며 두려워한다."[24] 트라우마의 시간성 가운데 하나는 미래로부터 트라우마가 곧 도착하리라고 감각되는 불안이다. 새로운 트라우마가 예전 트라우마에 방아쇠를 당겨 옛 기억을 다시 불러일으키듯, 전방을 향해 불을 비춰 미래의 배회하는 유령 속으로 현재의 스스로를 투사할 수도 있다. 1950년 7월의 트라우마를 입은 기억들은 미군의 만행을 크게 숨기지 않는, 그리고 영구 전쟁과 세계 지배를 위한 미군의 의제 역시 별로 감추려들지 않는 오늘날의 지정학적 순간과 공명한다.[25]

동시에 한국전쟁이 미국의 역사에서는 '잊힌 전쟁'으로 서술되고 있고 이는 전쟁이 오래 전에 끝났음을 의미함에도, 1950년 7월의 기억들은 1950년 이후 한반도가 영구적인 전쟁 상태에 놓여 있다는 사실을 다시 상기시킨다.[26] 38선을 중심으로 분단 상태가 지속되는 한, 한반도의 한국인들은 자신들이 여전히 전쟁 지역에 살고 있다는 것을 잊을 수 없다. 이 해소의 실패는 미국 안에서 그것을 둘러싼 침묵에 의해 증폭된다. 영구 전쟁의 트라우마는 '악의 축'의 일부이자 핵 위협이라는 북한의 현 상태가 언제든 펼쳐질 준비가 되어 있다는 파괴에 대한 불안을 자극한다는 점에서 과거와 미래를 동시에 불러내지만, 이는 분단이 입힌 치유되지 않은 상처 역시 상기시킨다.

궁극적으로 2장은 전쟁이 1953년의 물질적 유해들과, 전쟁의 일상적인 실천들이 남긴 잔류물로 구성된 유령으로 양공주를 탄생시켰다는 입장을 구축한다. 전쟁이 일상적인 삶의 양식들을 짓밟고 난 뒤 한국 민간인들은 경제적 필요에 의해 미군 기지에서 일자리를 찾을 수밖에 없었고, 이런 심리적·물질적 조건이 자리를 잡으면서 미군 대상 매춘이 제도화된 실천으로 들어설 장소가 마련되었다. 한국전쟁을 정전 상태로 만든 휴전 협정이 체결된 지 50년이 넘었음에도 평화조약은 아직 체결되지 않았다. 전쟁 해소의 지연은 미군이 한국에 계속해서 주둔하는, 그러므로 군사적인 매춘이 이어지는 지정학적 이유로 기능한다. 이런 조건에서 등장한 양공주는 반세기 동안 한국의 분단과 파괴, 그리고 미국에의 종속을 고통스럽게 상기시키는 존재이며, 따라서 그는 이 역사의 무게를 짊어지고 있다. 이 역사는 미군을 위한 매춘 제도의 요체이므로, 통일과 미군 철수를 둘러싼 전국적인 투쟁은 종종 양공주의 몸을 중심으로, 그리고 그 위에서 치러진다. 이 주제—기지촌 매춘의 역사적·정치적 조건들과 양공주의 몸이 경합의 현장이 된 과정—는 3장에서 다시 다룬다.

끝이 없는 전쟁. 한반도 인구의 3분의 1 이상을 고향과 사랑하는 이들로부터 영원히 갈라놓은 분단. 두 동강난 나라를 다시 통합하려는 시도들의 반복과 좌절. 차학경이 "한없는 수색의 움직임 속에 붙들린 망명"이라고 표현한 것.[27] 이런 것들이 1945년 이후로 양공주의 몸이라는 변화하는 지형을 구성해온 트라우마적인 힘들이다. 3장 '사라진 양공주를 찾아서'는 양공주라는 인물이 서로 상충되는 한국 민족주의의 여러 형태들을 위해 구축되고 재구축되는 기지촌 매춘의 역사를 개괄한다. 한켠에는 미국을 자애로운 보호자로 바라보는 서사의 줄기를 따라가는 민족주의, 밸러리 워커딘Valerie Walkerdine의 표현에 따르면 "그 허구를 살아 있게 만들고 싶어 하는, 그래서 그것을 구성하는 타자의 시선에 흠뻑 취하고자 하는" 민족주의가 있다.[28] 다른 한편에는 양공주를 미국에게 강간당한 민족의 상징으로 상정하는 반미 민족주의가 있다. 양 진영 모두 이 인물을 각자의 정치적 의제를 위해 사용해왔다. 한쪽은 국가 안보에 종사하는 몸으로, 다른 한쪽은 구출해야 하는 몸으로. 두 경우 모두에서 양공주는 통일과 해방을 맞이한 고국을 향한 환영에 가까운 갈망이 과잉 투여된 인물이며, 이 갈망 이면에는 화해와 통일로 가는 방안에 관한 내적인 분열뿐만 아니라 분단이 야기한 커다란 상처가 있다. 하지만 이는 고국에서 밀려난 사람들에 의해 디아스포라적인 렌즈로 전달된 이야기이다. 그 과정에서 이들 역시 양공주를 가시화하는 데, 그러므로 이야기를 전달하는 행위에 판타지의 층을 하나 더 덧씌우는 데 일조한다. 이런 욕망들이 양공주에게 투사되고, 이로써 양공주는 어떻게 한국의 민족 정체성이 민족의 반복적인 균열 위에서 구축되었는가를 명확하게 드러낸다. 차학경의 표현을 빌리면 "그는 그 자신이 경계가 될 것"이다.[29] 이제 더 이상 미군 기지촌의 어두운 골목이나 미군 클럽의 뒤편 칸막이로 쫓겨나지 않게 된 양공주는 트라우마로 얼룩진 한국사의 다른 유령들을 볼 수 있게 해주는 스크린 역할을 할 뿐만 아니라, 가시성 안팎을 드나들며 국내외의 현장에서 중앙 무대를 차지하는 인물이 된다.

한국의 미군 기지 반대 운동이 여러 공동체의 지지를 얻기 위한 수단으로 미군에게 살해당한 성노동자들의 이미지를 유포하면서, 죽은 양공주는 미래의 판타지와 과거의 공포가 동시에 펼쳐지는 디아스포라적 기억의 비유가 되었다. 죽은 양공주의 이미지들은, 한국전쟁 동안 일상적으로 민간인을 살해하고 지금은 기지촌 여성들을 죽게 방치하는 '죽음정치적 necropolitical' 실천들이 그 주변을 배회하는, 디아스포라들의 몸에 각인되어 있다.[30] 하지만 이 특수한 배회의 분포 속에서 근본적인 단절이 찾아오기도 한다. 한국 성노동자가 미군과 결혼하고 미국 이주를 통해 한국에서 탈출할 때 양공주는 과잉 가시성에서 빠져나가 다시 그늘 속에 몸을 숨긴다.

4장인 '명예 백인이라는 판타지'와 3장 사이에는 공백이, 연결 고리가 끊어졌다는 느낌이 있다. 어떻게 민족주의의 몸으로서의 양공주가 미국 내 동화의 서사에 이르는 걸까? 이 두 이야기 사이에는 그 어떤 매끄러운 전환도 존재하지 않는다. 양공주의 미국 이주는 '양갈보'로서의 역사와 단절된다는 의미이기 때문이다. 4장은 이 삭제의 시도와 그 궁극적인 실패를 보여준다. 양공주가 미국에서 존재하지 않는 사람처럼 보이는 것은 가시성의 프레임이 대중매체를 통한 시선에서 벗어나 초세대적 배회라는 무의식적인 앎으로 바뀐 결과일 뿐이다. 4장의 말미쯤 가면 균열이 일어난 국가의 몸인 양갈보가 군인 신부의 몸 안에 매장되어 있음이 분명해진다. '명예 백인이라는 판타지'는 사회학의 동화 담론 안에서 양공주가 어떻게 '통계적 인물'—국제결혼한 아시아인, 거의 백인—로 구성되었는가를 탐구한다.[31] 양공주의 역사를 비가시화한 이 추상성은 그의 자식들에게 트라우마의 흔적들을 대물림하고, 디아스포라 한인, 그중에서도 특히 백인성에 한 발짝 더 가까워진 존재로 평가받는 혼혈 한국계 미국인들의 연구 작업 안에서 양공주는 모호한 개인사와 트라우마가 깃든 집단 기억의 기표로 등장한다.

한인의 미국 이주 역사는 명예 백인이라는 사회학적 판타지에 혼란을 일으키며 한국인을 다른 아시아 집단과 차별화한다. 사회학적 기준에 따르면 한인들은 모든 아시아계 가운데 가장 동화가 잘 된 집단으로 분류되고, 이는 더 일반적인 범주에서 아시아계 미국인에게 따라붙는 '명예 백인'이라는 꼬리표를 강화한다. 군인 신부로서의 양공주와 그 자녀들은 미국 내 한민족의 약 절반을 차지하는데, 이는 이주 집단으로서의 한인이 주로 미군 지배라는 수단을 통해 미국에 도착했다는 의미이다.[32] 물론 유사한 군사적 개입 때문에 미국으로 오게 된 베트남인, 캄보디아인, 라오스인, 몽족 같은 다른 집단들도 있지만 이들이 겪은 폭력의 역사는 우리처럼 인종을 뛰어넘는 로맨스와 국제적 협력이라는 환상에 의해 50년 넘는 세월 동안 가려지지는 않았다. 말 그대로 한미 관계를 통해 탄생한 우리 같은 사람들은 차이의 선을 뛰어넘는 화합의 산 증거라기보다 군사화의 표지를 달고 있는 몸들에 더 가깝다. 한반도에서 태어나 아버지에게 인정을 받는 경우, 우리는 이민자이자 동시에 날 때부터 미국 시민이 되어 신분 증명 서류에 미군 소속으로 기입된다. 한미 간의 폭력적이면서도 친밀한 관계의 자식들인 이들에게 동화는 불가능한 동질화 프로젝트이다. 우리는 양공주에 의해 디아스포라로 전달된 트라우마를 물려받았고, 트라우마는 곧 동화 불가능한 어떤 것이기 때문이다.

5장 '디아스포라의 비전: 트라우마를 보는 방법들'에서

프롤로그　삭제의 짜임

나는 동화의 심리적 비용에 관한 질문을 제기하고, 미국을
소망하는 것은 그것이 이루어졌을 때 비극적인 결과를
초래하는 불가능한 소망임을 보여준다. 한인 군인 신부에 관한
사회복지 계열의 서사는 사회학적 기준에 따라 동화된 이들
여성 내에서 정신 질환 발병률이 이례적으로 높음을 보여주고,
실제로 나의 자문화기술지적 관찰도 이 주장에 부합한다.
나는 정신 질환과 관련된 문제들을 인정하면서도, 비이성적
지각이—그것이 유령의 형태를 취하든 조현병적 환시의
형태를 취하든—생산적인 가능성이 담긴 사고의 모델이라는
개념을 사용한다.[33] 나의 의도는 양공주가 늘 비극적인 존재일
뿐이었다는 이미지를 구체화하는 것이 아니라(사실 이 글은
양공주에게는 다양한 의미가 깃들어 있음을 보여주고자 한다) 이런 친숙한
광기의 이야기들을 출발점으로 이용하는 것이다. 환시를
정신병적 비정상성으로서만이 아니라 삭제를 독해하기 위한
수단으로 새롭게 사고할 수 있을까? 나는 이 프로젝트 전반에서
트라우마의 주체도 지각하지 못하는 트라우마를 어떻게 보고
들을 것인가라는 질문에 천착한다. 이름 붙일 수 없는 상실에
관해, 그리고 (종종 감각, 감정, 무의식적 사고를 통해) 트라우마를
유발한 사건과 아주 거리가 먼 형태로 물질화된, 제자리를
벗어난 트라우마에 관해 이야기한다는 이 역설을 어떻게
헤쳐나갈 것인가? 1장에서 나는 유령을 불러내는 방법론을
제시하는 것으로 시작하고, 5장에서는 방법에 종속되기만
하는 것이 아니라 유령을 불러내는 새로운 방법을 만들어내는

트라우마의 공연performance으로 이 책을 마무리한다.

　나는 질 들뢰즈Gilles Deleuze와 펠릭스 가타리Félix Guattari의 유포된 지각distributed perception 개념과 존 존스턴John Johnston의 기계 비전machinic vision 개념을 차용하여, 한인 디아스포라의 배회 안에서 트라우마를 보고 말하는 방법은 흩어진 이미지, 감정, 목소리들로 이루어져 있다는 이론을 제시한다. 자녀들에게 무의식적으로 대물림된 수치스러운 비밀인 동시에 자신의 역사가 삭제된 그 서사 줄기에 균열을 만드는 행위자인 양공주는 디아스포라의 여러 몸을 넘나들며 배회를 유포한다. 오늘날의 디아스포라 연구는 상실 또는 결핍이기만 한 상처에서 과잉이기도 한, 그러므로 잠재적으로 생산적인 상처로 그 초점을 이동했다.[34] 트라우마에 관한 이런 이론적 이해를 바탕으로 했을 때 양공주의 배회는 새로운 종류의 가시성을 생성한다. 그 자신의 트라우마를 보지도 말하지도 못하는 무능력은 이런 봄seeing을 정동적으로 그에게 연결된 몸들을 넘나들며 퍼뜨리고, 이로써 트라우마의 생산적 가능성과 연결된 디아스포라적 비전을 창조한다.

　존스턴이 말한 "목소리들의 조현병적 다중성"의 목적, 그리고 내가 말한 디아스포라적 비전의 목적은 하나의 이야기를 들려주는 것이 아니라 서사화가 불가능한 대상을 알아차리는 것이다.[35] 디아스포라에서 흘러다니는 양공주의 트라우마적 이미지와 트라우마 효과들, 그리고 그의 몸을 통해 울려퍼지는 환각의 목소리 모두 양공주의 트라우마가 새로운 형태의 지각을 짜맞추는 창의적인 힘이 될 수 있음을 보여준다. 이런 짜맞춤은 글쓰기의 형태 역시 서사로부터 벗어나 트라우마의 동화 불가능성을 알아차리는 다른 종류의 글쓰기를 향한다는 의미이다. 이제부터 이어질 이 책 전반에서 나는 상실에 관한 서사에서 벗어나 '상실의 상실'을 알아차리는 정동적인 표현으로 나아가고자 한다.[36] 동시에 나는 양공주가 존재하거나 부재한, 공식 서사와 대항 서사에 관한 대화에도 간여한다.

그러므로 이 책의 의도는 이중적이다. 한편으로 양공주라는 인물이 배회하는 디아스포라에 관한 이 연구는 아메리칸 드림이라는 더 포괄적인 판타지의 일부를 구성하는 구태의연한 가족, 동화, 한미 관계 서사에 도전장을 내밀고자 한다. 다른 한편 이 책의 두 번째 목표는 주체가 글이나 말을 통해 전달하는 서사와 결별하고 배회의 정동적인 잠재력을 탐구하는 것이다. 양공주가 전파한 누적된 슬픔과 분노(한국어로는 한恨)는 그 자신이 만들어낸 틈에서뿐만 아니라 서사를 넘어선 영역에서도 가능성의 장소를 창조한다. 퍼트리샤 클러프Patricia Clough는 정동으로의 이런 움직임을 아래와 같이 설명한다.

정동적 선회는 유령이 된 몸들, 그리고 삭제된 역사가 남긴 트라우마의 잔해들을 낳는 서구 산업자본주의 사회가 부정하는 것들을 되짚어서 사고하게 만든다. 또한 그것은 미래를, 그러니까 기술과 학적 실험의 생명기술들과 몸의 문제를 사고하게 만들어서 (…) 사회적인 것을 구성하는 변화들을 파악하고 그것을 우리의 몸, 우리의 주체성 속에서 흘러다니지만 개별적인 것, 개인적인 것, 심리적인 것으로 환원 불가능한 우리 내부의 변화로 탐구하게 한다.[37]

　　나는 한 가지 모델을 위해 다른 모델을 폐기하기보다는 한편으로는 트라우마에 관해 이야기하기와 주체의 입장에서 말하기라는 문제, 그리고 다른 한편으로는 탈개별화된 트라우마가 녹아 있는 디아스포라에서 발원한 기억의 양상이라는 문제를 긴장 속에서 모두 유지하고자 한다. 트라우마에 관한 이 두 사고방식은 상이하지만 대립적이지는 않다. 사실 발화하는 자아는 언제나 아상블라주이기도 하다. 들뢰즈의 표현처럼 "집단적인 아상블라주는 언제나 중얼거림과 같다. 나는 그 속에서 나의 적절한 이름을 취하고 조화롭든 그렇지 못하든, 목소리들의 배열 속에서 나의 목소리를 끄집어낸다. (⋯) 글쓰기는 어쩌면 이런 무의식의 아상블라주에 일광을 비추는 것, 속삭이는 목소리들을 선별하는 것, 내가 자아라고 부르는 무언가를 추출하는 은밀한 관용구와 패거리들을 모으는 것인지 모른다."[38]

1장　　　　　　　　　　　**유령에 살 붙이기**

그 여자의 그림자 비슷한 무언가가 (…) 말해지지 않은 비밀과 의혹 속에서 (…) 빈 공간을 통해 숨을 쉬었다.

· 노라 옥자 켈러, 《여우 소녀》

그 여자의 그림자 비슷한 무언가가 빈 공간을 통해 숨을 쉬었지만, 그건 그림자가 아니었어. 여자의 물리적인 몸은 제자리를 잃은 채 어딘가에 있었지. 몇 년이 흘러가는 동안 집안에서 불어대는 바람은 점점 여자의 그림자 호흡과 비슷해졌어. 그러는 동안 여자는 몇 시간이나 줄곧 시간이 흘러가는 모습을 바라보면서 소파에 앉아 있었고 여자의 몸은 그렇게 점점 붙박히게 됐지. 어떤 순간이면 여자는 위를 올려다보고는 시계가 가리키는 시간을 읽었고, 시계바늘이 완전히 한 바퀴를 도는 순간에 시계가 가리키는 시간을 되뇌었어. 그림자 같은 존재의 호흡이 집안에서 불어대다가 목소리를 획득한 뒤 곧 말해지지 않은 것들에 관한 단서들을 읊조리기 시작했지. 여자는 시계가 가리키는 시간과 같은 숫자의 날짜를 되뇌었어. 시간이 미래를 향해 째깍째깍 흘러가는 모습을 지켜보다가 떠오른 역사 속의 순간들을. 현재에 남겨진 역사적 흔적들은 여자의 그림자와 비슷한 그것에 더 많은 숨을 불어넣는 그 단어들이었지.

앞이 보이지 않는 부상당한 한국 소녀가 미군의 부축을 받고 있다.

나는 당신에게 이 여성의 윤곽(그림자)이 어떻게 이렇게
유령 같아졌는지, 그리고 동시에 어떻게 이렇게 생생해졌는지를
말하고 싶다. 트라우마, 그리고 그것을 비밀에 부치는 함구의

상징인 양공주라는 인물은 역설적이게도 한국사와 한인 디아스포라의 현재에 관한 여러 서사에서 중심적이지만 동시에 그림자처럼 모호하다. 이 장은 양공주의 몸 안에 남은 트라우마의 흔적들이 어떻게 판독 가능해질 수 있는지, 또는 최소한 완전히 해석하지는 못해도 그 흔적들의 존재감을 어떻게 느낄 수 있는지를 연구하기 위한 이론적·방법론적 틀을 제시한다. 이 유령 같은 여성이 미국의 한인 디아스포라들 사이를 어떻게 배회하는지 이야기를 전달하기에 앞서 나는 그보다 더 근본적인 질문을 다루고 싶다. 대관절 어째서 유령을 연구하는가?

유령의 의미

이 질문은 일반적으로 사회과학적 분석의 범위를 넘어서는, 그리고 종종 사회과학의 목적과 상충하는 현상의 존재에 대한 근원적인 믿음을 전제한다. 자크 데리다Jacques Derrida의 표현에 따르면 "실제로, 그리고 학자로서 유령을 다루는 학자는 전무했다. 전통적인 학자들은 유령을, 귀기spectrality를 뿜어내는 가상공간이라고 할 만한 일체의 것을 믿지 않는다".[1] 비이성을 일축하는 사회과학의 태도에서 한 가지 주목할 만한 예외로는 에이버리 고든Avery Gordon의 역작《유령 문제 : 배회와 사회학적 상상Ghostly Matters: Haunting and the Sociological Imagination》이 있다.

책에서 고든은 사회성에서의 배회를 상세하게 설명하고 다른 사회학자들에게 얼핏 봤을 때 부재하는 것, 또는 승인받지 못한 것을 연구할 것을 촉구한다.

고든의 정의에 따르면 배회는 희귀한 초자연적 사건이 아니라 일상생활에서 음미되지 않은 변칙성일 때가 더 많다. 사회학이 사회 세계를 활성화하는 기술이라면, 유령 연구는 우리가 통상 사회 세계라고 생각하는 것을 변형하고 그 경계를 부드럽게 만든다. 빈 공간에 거주하는 그림자 같은 존재가 그렇듯, 배회는 과거가 어떻게 현재 안에 들어 있는지를, 그곳에 없는 줄 알았던 것이 어떻게 숨막히는 존재감을 가지고 당연시되는 현실에 작용하고 종종 거기에 간여하기도 하는지"를 드러내는 현상이다. "(그러므로) 유령은 배회가 일어나고 있음을 알려주는 (…) 표지 또는 경험적 근거일 뿐이다. 유령은 단순히 죽거나 사라진 사람이 아니라 사회적 존재이며, 그것을 탐구하는 행위는 역사와 주관이 사회적 삶을 만들어내는 밀도 높은 장소로 이어질 수 있다."[2] 이런 관점에서 보았을 때 유령을 연구하는 것은 사회학적으로 타당하지만, 타당하다는 것만으로는 어째서 유령을 연구해야 하는가라는 질문에 완전히 닿지 못한다.

가장 기본적으로 유령을 연구함으로써 사회와 망자의 관계, 그중에서도 특히 어떤 불의에 희생당한 사람들과의 관계를 재고할 수 있게 된다면, 유령과 그것의 배회 효과는 기억의 한 양식으로, 그리고 현재에 윤리적으로 개입할 수 있는 장소로 작동한다. 고든은 막스 호르크하이머Max Horkheimer와 테오도어 아도르노Theodor Adorno가 《계몽의 변증법》에서 쓴 〈유령에 관한 이론〉을 바탕으로 "모더니티의 '문명 속의 상처'를 애도하고 그것을 다시금 헤집고 또 헤집는 파괴적인 힘을 제거하기"가 정치적·윤리적으로 시급함을 거론한다.[3] 고든에게 있어서 유령 이야기하기의 목적은 "모더니티의 폭력이라는 혼령에게 괴롭힘당하는 사회적 총체성을 갖춘 대상이 될 경우 느낄 유사한 감정의 구조를 표현하는 것"이다.[4]

이 한인 디아스포라 연구는 부분적으로는 사회학자들이 사회적 유산에서 일어나는 배회를 진지하게 여겨야 한다는 고든의 요청에 대한 응답이자, 초세대적인 배회에 관한 아브라함과 토록의 이론을 정교하게 풀어내는 작업이다. 유령을 사고하는 이 두 가지 틀의 교차점에는 사회적 수준에서 일어난 폭력이든 가족의 수준에서 일어난 폭력이든, 인정받지 못한 폭력의 역사와 화해해야 한다는 강력한 요구가 있다. 니컬러스 랜드Nicholas Rand의 말처럼 초세대적인 배회를 연구하는 작업은 "과거의 조작, 무시 또는 경시—전체주의 국가에 의해 제도화된 것이든 (…) 부모나 조부모에 의해 자행된 것이든 —가 어떻게 수치스러운 비밀을 유령처럼 되돌아오게 만드는 온상인지를 이해할 수 있게" 해준다.[5]

초세대적인 배회라는 정신분석의 틀을 국가의 승인을 받은 대대적 폭력이라는 넓은 윤리적 사안의 맥락 속에 연결시켰을 때 이는 아파르트헤이트하의 남아프리카공화국과 2차 세계대전 당시의 일본계 미국인 강제수용소 같은 다른 정치적 트라우마의 장소들로 더욱 확장된다.[6] 가령 재클린 로즈Jacqueline Rose의 연구는 어떻게 트라우마가 홀로코스트로부터 유대인 디아스포라를 경유하여 오늘날의 이스라엘-팔레스타인으로 이동할 수 있는지를 보여주고, 이로써 무의식의 뒤얽힘을 통해 이스라엘계 유대인과 팔레스타인인들을 정동적으로 연결한다. 로즈는 나치 수용소에 관한 꿈을 꾸는 팔레스타인인들의 글 속에서 초세대적인 배회를 짚어내면서 이렇게 말한다. "이 경우 배회는 세대를 타고 아래쪽으로만 작동하지 않고 세대를 횡단하여 작동한다. 그리고 한 가족 안에 머물지 않고, 엮이고 싶지 않은 괴물 같은 가족을 만들어낸다."[7] 과거의 시간 또는 장소에 붙박혀 있기를 거부하는 집단 트라우마의 역사에는 일견 파악 불가능한 폭력의 행위들이 빼곡하다. 집합적인 무리의 초세대적인 배회에 관한 로즈의 연구는 개별 몸의 경계를 사라지게 만든 뒤 트라우마를 가족 단위 밖으로 이동시키고 가족 무의식 개념을 혈연 너머로 움직여 우리를 사회적인 것의 영역으로 데려간다.

부모들이 말하려 하지 않는 것이 2세대를 배회한다는 점에서 한인 디아스포라는 아브라함과 토록의 이론을 또 다른 측면에서 검증하는 한편, 1세대의 트라우마를 둘러싼 함구는 가족의 경계 너머로 이동해 사회 전체로 구석구석 스며든다. 하지만 홀로코스트가 유대인 디아스포라에 미친 영향과는 달리 한국전쟁의 지속적인 갈등은 대부분의 미국인들에게 분명하게 드러나지 않고 국가가 승인한 대량 살상 행위 역시 그러하다. 우리가 한국전쟁에 관해 가장 먼저 기억하는 것이 그것이 '잊힌' 전쟁이라는 사실은 그 전쟁의 잔혹함이 얼마나 인정받지 못하고 있는지를 보여준다. 하지만 이 프로젝트는 과거와의 화해를 시도하고 있는 만큼이나, 유령이 대량으로 양산되는 오늘날의 세계 질서를 탐문할 것을 요구한다. 한국전쟁이 아직 종결되지 않고 있듯 수치스러운 가족의 비밀을 유령으로 만드는 정치 권력의 만행 역시 그러하다. 미국이 군사적 확대와 영구 전쟁에 다시금 몰두하는 맥락 속에서 유령의 언어는 일상용어로 변모했다. 군 교도소에서 종적을 감춘 이라크인과 아프가니스탄인의 몸들은 공식적으로는 실존하지 않는, 합리적인 관료제의 논리에 따르면 절대 그곳에 없지만 이따금 미디어에서 '유령 수감자들'로 보도되는 존재가 되었다. 미 제국주의를 배경으로 하는 지정학적 무대에서, '유령'은 전쟁에 의한 물질적인 말살과 삭제라는 인식론적 폭력 양자에 의해 양산된 사라짐이라는 "인간 간의 그리고 초세대적인 결과를 상징한다".[8]

　　내가 특히 관심을 갖는 것은 폭력이 부재하는 것 같은 상황이 예속이나 명시적인 삭제 같은 또 다른 폭력 행위의 산물일 때 나타나는 이런 다중적인 효과이다. 이 프로젝트를 배회하는 유령은 사회의 폭력과 가족의 폭력, 정신적 폭력과 인식론적 폭력이라는 다중적인 폭력의 교차로에 자리한다. 이 중요한 접합 지점은 양공주를 생성한 과거를 탐구하도록 요청할 뿐만 아니라, 이 폭력의 연금술이 양공주로 하여금 어떤 새로운 것을 생성하게 만드는가를 고민하게 만든다.

배회의 생성

우리 주변의 유령에 관심을 기울이는 행위는 여러 층위에서 대단히 큰 동요를 일으킬 수 있고, 엄격한 실증주의적 렌즈로 세상을 바라보는 훈련을 받은 사람들에게는 비웃음마저 살 수 있다. 주류 사회과학은 이 보이지 않는 존재가 연구의 대상이 될 수 있다는 생각은 말할 것도 없고, 부재하는 것처럼 보이는 무언가가 경험적인 현실을 빚어내는 강력한 힘일 수 있다는 생각을 일축할 것이다. 하지만 고든의 말처럼 "유령 혹은 귀신은 상실된, 혹은 가시성을 갖추지 못한, 혹은 잘 훈련받았다고 생각하는 눈에는 존재하지 않는 것처럼 보이는 무언가가 우리에게 스스로를 알리거나 분명해지게 만드는 하나의 형식이다".[9]

과학자들이 관찰하는 경험적 현실은 절대 관찰의 장치들과 분리되지 않는다는 점에서 우리가 무엇을 볼 수 있고 무엇을 보지 못하는가는 늘 보기의 기술technologies of seeing이 갖는 한계들과 함수관계에 있다.[10] 이런 기술적인 한계들이 있음에도 불구하고, 보지 않음이 순수하게 이뤄지는 행위가 아니라는 것 또한 인정해야 한다. 지배적인 보기의 모델은 [대상의] 보이지 않음과 [주체의] 볼 수 없음을 모두 빚어내고, 일반적인 관찰의 틀로 파악되지 않는 것을 부정하는 태도는 유령을 묵살하는 만큼이나 유령을 생성한다. 고든이 의지하는 비판의 전통뿐만 아니라 고든의 작업에서도 상세하게 설명되는 서구식 진보의 서사는 이런 인식론적 폭력을 통해 유령을 양산하는 데 큰 역할을 수행한다.

전통적인 사회과학 연구 방법들과 마찬가지로, 연구 결과를 서사로 변형하는 행위 역시 즉각적으로 관찰하지 못하는 것을 필연적으로 배제한다. 주디스 버틀러의 말처럼 "기성의 서사들이 흔들리기 시작하면서 서사가 한때 상실을 억누르는 하나의 방편으로 기능했음을 시사할 때, 상실의 문제가 떠오른다. (…) 진보와 발전의 여러 서사들은 우발적이라는 것이 입증되었고, 그 과잉을 통해 배제의 현장들을 저항의 현장으로 생성했다".[11] 의식적으로, 또는 무의식적으로 유령을 규율하고자 하는 서사들은 아브라함과 토록에 따르면 "유령에게 양분을 제공"한다. 배제된 것이 들어설 공간이 틈을 통해 제공되기 때문이다.[12] 이런 지식 생산의 형태들은 기록으로 남아 있지 않은 것, 판독 불가능한 것, 비합리적인 것을 예속·삭제·생성한다. 이 연구와 같은 프로젝트는 유령을 양산하는 사회학의 경향에 반기를 들고 배제의 현장을 들여다봄으로써 글을 써간다. 그러므로 양공주의 배회 효과를 탐색하는 작업은 초세대적 배회 이론뿐만 아니라 과학과 이성에 관한 다양한 포스트모던 비평과 포스트식민주의 비평을 시험할 수 있는 기회이기도 하다.

전통적인 사회과학자들처럼 일부 문화비평가들 역시 감춰진 것을 드러내는 것이 이제 정치적으로 구식이고 한물 갔으며 심지어는 편집증적이라고 비난하며, 유령을 보이게 만들려는 프로젝트의 가치에 의문을 제기하는 듯하다. 가령 이브 세지윅Eve Sedgwick은 많은 폭력의 형태들이 감춰져 있지 않고 오히려 "본보기용 스펙터클로 제시된다"고, 그리고 "가시성 자체가 많은 폭력을 구성한다"고 지적한다.[13] 많은 푸코주의 비평가들이 주장하듯, 본다는 것은 리얼리즘적인 문학적 재현에서도, 관찰자가 "감시하는 타자"가 되는 경험주의적인 사회과학 실천에서도 항시 "비전vision과 슈퍼비전supervision"의 관계를 내포한다. 그리고 감시하는 타자는 지켜봄을 통해 관찰 대상인 몸들을 규율한다.[14] 하지만 고든이 관심을 갖는 유령 문제는 이런 보기의 기술들의 손아귀를 벗어난다. 고든은 비가시성 문제는 여전히 권력의 작동을 이해하는 데 있어서 핵심적이라는 사실을 강조하면서 이렇게 말한다. "과잉 가시성 기술에 의해 지배되는 것처럼 보이는 문화에서는, 부적절한 방식으로 매장된 몸들의 형태 또는 상반되는 가치나 차이의 체계라는 형태로 귀환하는, 억눌린 자들과 억압 그 자체에는 그 어떤 [분석할 만한] 유의미한 결과도 없다는 믿음을 주입당한다."[15]

양공주는 완전하게 감춰지지도, 사회적 억압의 힘에서 자유롭지도 않은 존재다. 그보다는 과잉 노출과 음지에 몸을 숨긴 상태 사이를 거칠게 오간다. 양공주의 존재 또는 부재는 어떤 맥락에서는 양공주를 전시하고 다른 맥락에서는 비가시화하는, 변덕스러운 가시성의 틀 이면에 과연 어떤 정신적·정치적 힘이 있는지 질문하게 한다. 미군이나 미디어처럼 양공주를 노출하거나 감추는 제도들의 의식적인 노력에도 불구하고, 양공주는 트라우마에 의해 구성되는 디아스포라 무의식에 내재한 귀기를 통해 가시성 안과 밖을 옮겨 다닌다.

고든의 말처럼 정신분석은 "배회를 분석의 대상으로 진지하게 여기는 유일한 인간 과학"이므로, 나는 정신분석의 트라우마 연구를 이 작업의 중심에 놓는다. 정신분석은 일반적으로 말해지지 않거나 발설할 수 없는 것에 이해 가능성을 불어넣고, 그 과정에서 트라우마의 창조적 가능성을 열어젖힐 수 있기 때문이다.[16] 보다 구체적으로 초세대적 배회 이론은 침묵당한 트라우마가 어떻게 역동성을 가진 힘이, '대항 기억', 분란, 절합, 가시성, 아상블라주, 새로운 배치의 동류 의식을 낳는 힘이 될 수 있는지를 보여준다.[17] 이제 내가 관심을 갖는 것은 삭제당하거나 말살당한 것에 무슨 일이 일어나는가, 망자의 잔해가 무엇에 불꽃을 일으키는가이다.

떠났던 모든 자들이 되돌아오지만, 일부는 배회할 수밖에 없는 운명이다. 생전에 수치를 당한 망자 또는 발설할 수 없는 비밀을 무덤까지 가져간 자들 같은. (…) 사실 어떤 형태를 하고 있든 '유령'은 (…) 개별적 혹은 집단적인 환영으로 위장하고 있다 해도, 애착 대상의 삶의 일부를 은폐함으로써 우리 내부에 생성된 틈을 객체화하려는 (…) 산 자들의 발명품에 다름 아니다.

· 니콜라 아브라함과 마리아 토록, 《껍데기와 알맹이》

전직 매춘부들을 찾아서 이야기를 들려달라고 설득하는 작업이 이 연구에서 가장 어려운 측면 중 하나였다. 이미 세상을 떠난 사람들이 많았고, 그렇지 않다 하더라도 한때 그들을 알았던 기지촌 주민과 가족들의 기억에서 지워져버렸기 때문이다. 기지촌에 아직 살고 있는 사람들 중에서는 건강이 나쁘거나 기억상실을 경험하는 경우가 많다. (…) 게다가 이 여성들은 과거를 드러내는 걸 수치스러워하기 때문에, 그리고 기지촌에서 살아남는 방편의 하나로 거짓말을 하는 데 인이 박혔기 때문에 자신의 기지촌 경험에 관해 종종 거짓말을 한다.

· 캐서린 문, 《동맹 속의 섹스》

우호적인 한미 협력 관계라는 이미지 뒤에서 2만 7000명의 여성이 남한에 있는 95곳의 시설과 기지 인근 술집과 사창가에서 미군 인력을 대상으로 성을 판매한다. 미국 학자들은 이 군사화된 매춘 시스템을 쉬쉬하며 숨겨진 것이라는 관점에서 설명해왔다. 브루스 커밍스Bruce Cummings식으로 표현하자면 그것은 "침묵이 감돌지만 치명적인," "너무 자명하지만, 아시아-미국 관계에 관한 문헌과 지식에 미미한 자국도 남기지 못할 정도로 너무 고요"한 것이다.[18] 이런 매춘의

형태는 "침묵이 감돌고" "고요"함에도 불구하고 커밍스는
그것이 "거기서 복무하는 어린 미국 남성 세대에게는 한국과의
관계 그리고 한국에 관한 일차적인 기억에서 가장 중요한
측면"이라고 믿는다.[19] 남한과 미국의 지정학적 동맹에서
가장 중요하지만 인정받지 못한 집단적 힘 중 하나였던 여성
성노동자들은 그들의 서비스를 구입하는 미군에 의해 유흥,
적대적인 공격, 로맨틱한 욕망의 대상이 된다. 군사적인 매춘을
연구하는 디아스포라 한인들은 이들을 "바깥의 여자"와
"음지의 여자"라고 부르며 이들의 주변화된 사회적 지위를
강조한다.[20] 비가시적이고 소리 없는 존재로 서사화되었지만
그럼에도 꾸준히 뚜렷한 존재감을 가졌다는 사실은 양공주가
우리의 일반적인 시각과 청각 능력을 초월하는 유령 같은
힘이라는 사실을 보여준다. 데이비드 엥과 데이비드 카잔지언이
우리에게 상기하듯 "비천하고 살 가치가 없는 몸들은 이해
가능성만 상실하는 것이 아니라 창조적인 가능성에 의해
꾸준히 배회당한다". 따라서 그들이 사라진 것처럼 보인다 해도
그들의 "의미는 그들의 끈질기고 휘발성이 강한 물질적 잔해를
해석하는 행위로부터 떠오른다".[21]
　　20세기 한국사의 트라우마에 의해 생성된 주체 가운데
하나인 양공주는 한인 디아스포라의 무의식에서 중심적인
인물이지만 한미 관계와 한국계 미국인에 관한 공식 담론에서는
사실상 부재했다. 양공주는 일제 식민주의와 한국전쟁의
말 못할 참상을 물려받았으나, 침묵과 그늘 속에서도

디아스포라의 시공간을 횡단하며 이 트라우마를 퍼뜨린다.
기지촌 여성들의 역사가 의식적으로 또는 무의식적으로
망각됨에 따라 한미 관계의 트라우마적 기원은 다시금 돌아와
양공주와 정동적으로 연결된 다른 몸들을 배회한다. 이 배회의
자장 안에 있는 사람들에게 가장 성가신 것은 양공주에 관해
입을 다무는 함구라는 현상이다.

당신은 어떤 인종으로 이루어진 혼혈인가요?
　　한국계와 백인이요. 어머니가 한국인이에요.
부모님들은 어떻게 만나셨어요?
　　정확히는 몰라요. 사실 제가 아는 건 아버지가 공군에 복무할
　　때 한국에 주둔하셨다는 게 다예요.

· **하프코리언에 공개된 인터뷰 중**

"한국계 혼혈의 고유한 사안과 투쟁"을 전문적으로
탐구하는 하프코리언이라는 웹사이트(www.halfkorean.com)는
아브라함과 토록의 내담자들을 배회하는 것과 같은 종류의
침묵의 사례를 제공한다. 인터뷰에 참여한 "뚜렷한 한국계
혼혈"에게 던지는 표준적인 질문 중 하나는 "부모님이 어떻게
만났는가?"이다. 이 대답은 늘 "모른다"가 조금씩 변주된
형태다. 하지만 우리는 우리 자신이 알지 못하는 것에 의해
배회당한다는 사실조차 모를 때가 많다. "유령에 자양분을
제공하는" 금기의 "단어들"은 발설할 수 없는 트라우마를

숨기고 있는 무의식의 공간으로부터 되돌아와서 타자의 비밀을 품고 있는 자를 배회한다.[22] 아브라함과 토록에 따르면

> 애착 대상과의 소통에 있어서 비밀이 만들어내는 틈과 장애는 상반된 이중의 효과를 창출한다. 파악할 수 없는 상황 속에서도 무의식적인 탐구를 이어가게 된다는. 그 결과 '배회당하는' 개인들은 두 가지 경향 사이에 갇힌다. 그들은 어떤 대가를 감수하고서라도 애착 대상의 비밀에 대한 무지를 유지해야 한다. 그러므로 외적으로는 그것을 몰라야 한다. 하지만 동시에 그들은 비밀의 상태를 제거해야 한다. 그러므로 무의식적인 앎의 형태로 비밀을 재구축하고자 한다.[23]

아브라함과 토록이 유령을 드러내는 방식은 틈에, 그러니까 내담자의 발화에서 암시되지만 여전히 침묵당하는 무언가에 집중하는 것이다. 그리고 배회당하는 개인들을 치료할 때는 그것을 "무대에 올림"으로써, 그리고 이를 통해 그것을 세상으로 내보냄으로써 유령화된 비밀에서 그 사람의 정신을 짓누르는 장악력을 떼어냈다. 유령 공개하기라는 정신분석의 작업은 "(망자나 사랑하는 대상의) 수치스러운 비밀을 (…) 드러냄을 내포"하지만, 초세대적인 배회의 역설은 배회당하는 사람이 그 비밀을 전송한 사람을 배신하는 위험을 무릅쓰고서라도 발설 불가능한 것을 알아내고 발설하고자 하는 충동을 무의식적으로 느낀다는 데 있다.[24] 자신의 심리적 무덤의 내용물을 발화하려는

이 노력은 아브라함과 토록이 "'유령' 축소하기"라고 묘사한 것의 예시이다. 유령 축소하기는 "다른 누군가의 비밀에 결부된 죄를 축소하고 그것을 용납 가능한 방식으로 진술함으로써 유령(과 우리)의 저항, 유령(과 우리)의 거부를 견뎌내고, 에두르거나 길들임으로써 더 높은 수준의 '진실'을 받아들이는 것"이다.[25] 배회당하는 자의 무의식 속에서 만들어진 긴장은 긍정적인 힘이 될 수 있다. 유령은 일상적인 발화의 장소뿐만 아니라 창조적인 작업을 통해서도 절합되어 형체를 명료하게 드러내기 때문이다.

디아스포라 한인들의 학문적·예술적 작업에 양공주가 등장한다는 것은, 특히 그가 감춰진 혹은 수치스러운 역사의 주체라는 점에서, 디아스포라 한인들이 다른 세대의 파묻힌 비밀들을 물려받았음을 시사한다. 특히 한국전쟁과 일본 식민지 시기의 트라우마와 관련된, 집단 과거의 침묵을 대면하기라는 주제는 이제 한국계 미국 학자들 내에서 보편적인 주제가 되었다. 그리고 양공주는 더 넓은 역사적 트라우마와 과거에 관해 침묵하기라는 트라우마 모두를 상징하는 유령이다. 디아스포라 한인들의 작업에서 양공주가 구체적인 모습을 갖추고 드러나는 것은 어떻게 이런 글쓰기와 말하기가 타자의 정신적 무덤의 내용물을 발화하고, 다른 누군가의 트라우마를 행동으로 나타내고, 그럼으로써 '유령을 축소'하려는 시도에 해당할 수 있는가를 보여준다.

양공주는 특히 미군의 개입이라는 주제를 중심으로 한

한국의 민족주의 담론(이에 대해서는 3장에서 상술할 것이다) 같은
일부 담론을 형성하는 데 있어서 강력한 힘을 가진 인물이지만,
성노동을 둘러싼 미국 중심의 페미니즘 논쟁에서도, 양국의
외교 관계사나 '한강의 기적' 같은 주제를 다루는 한국에 관한
숱한 미국의 공식적인 설명에서도 그 흔적을 찾을 수 없었다.
하지만 1990년 초 이후로 일부 비한국계 미국 학자들뿐만
아니라 디아스포라 한인들이 매춘과 미국에 관한 글과 영상을
활발하게 만들고 있다.[26] 중심 인물이 양공주인, 한국 내
군사화된 매춘에 관한 이런 최근의 지식 생산은 유령에 관한
글쓰기가 "재현의 실수를 바로잡을 뿐만 아니라 (…) 대항
기억에 닿으려는 노력"일 수 있다는 고든의 주장을 입증한다.[27]

　　미국의 많은 지배 담론에서 억눌려온 양공주는 대항
헤게모니 담론을 통해 되돌아온다. 이 현상은 학계의 지배적인
믿음에 따라, 한국에서 군인 대상 매춘에 관한 공개적 지식이
너무나도 확연하게 부재했던 까닭에 그 틈을 메우기 위해 그
주제에 관한 글쓰기가 촉발된 결과라고 손쉽게 설명할 수 있다.
1990년대는 새로운 목소리들이 등장해 과거에는 인정받지
못했던 것에 관해 이야기하는 것이 특징인 시대였지만, 새로운
담론들 역시 메워지지 않은 새로운 공백을 만들어냈다. 가령
1990년대에는 글로벌 성노동 담론과 인권으로서 여성의 권리
담론이 만개했지만 군인 대상 매춘 문제는 이런 담론에서
대체로 간과되었다.[28] 어쩌면 양공주라는 주제에 관한 새로운
작업은 백인 중산층 중심의 페미니즘이라는 학문적 식민화에

대한 대응일 뿐이었는지 모른다.

　하지만 나는 이처럼 상대적으로 새로운 연구들은
디아스포라 한인들의 초세대적인 배회를 보여주는 증거라는,
조금은 다른 독해 방식을 제시하고 싶다. 이런 학문적 작업이
생산되던 바로 그 시기에 디아스포라 한인들로 이루어진
예술 공동체는 양공주와 군사화된 매춘이라는 주제를 특히
영상과 픽션이라는 형식에 담기 시작했다. 이 가운데 많은 수가
부분적으로는 자전적 성격이었고, 작가 또는 영상 제작자의
가족사 그리고 양공주와의 불분명한 관계를 문제로 삼았다.
이런 학자와 예술가들은 사실상 모두가 미군과 한인 여성의
국제결혼이나 입양을 통해 미국으로 이주한 사람들의 자녀
세대에 속했는데, 이 두 가지 디아스포라의 경로 모두는
양공주라는 인정받지 못한 이주의 힘에 의지했다. 혹자는
디아스포라 한인들의 작업 속에서 양공주라는 인물을 드러내는
행위는 우리가 다른 누군가에게 속한 무의식적·트라우마적인
기억을 물려받았음을 나타낸다고, 상상 속의 비밀에 관한
글쓰기는 '유령 축소하기'의 일환이라고 말할지 모른다.

내가 처음으로 어머니의 과거를 상상해본 건 양공주라는
말을 듣기도 전이었어. 그때는 이 단어가 무슨 의미인지도
몰랐고, 이 단어 때문에 통째로 양공주에 할애된 책을
쓰게 되리라고는, 10년이 지나 내가 한인 디아스포라의

무의식에 자리한 이 인물에 관해 글을 쓰기 시작하리라고는, 그 지면이, 그 인물이 나 자신의 무의식으로부터 형체를 갖추는 장소가 되리라고는 알지 못했지. 내가 처음으로 어머니를 이런 식으로 상상했을 때, 가족사에서 내가 알지 못하는 모든 것들에 관한 두려움과 판타지가 중요해졌어. 그때는 사실 양공주가 한인 디아스포라의 픽션과 영상에서, 그리고 한국 내 미군 기지 반대 운동에서 존재감을 드러내기 시작한 때이기도 했지. 내가 이 인물과 뒤얽히게 된 역사는 유령이 가장 중요해지기 시작한 더 큰 역사적인 운동이라는 맥락에서 탄생한 거야. 1990년대 초 군사화된 성노동에 종사하던 여성, 그러니까 "50년 전의 과거로부터 여행"을 온 위안부 여성과 미군에 의해 학대당하거나 살해당한 기지촌 성노동자 모두는 남한의 정치 풍경에서 비탄의 대상이 되었지.

나는 1990년대에 처음으로 금기어들이 입 밖에서 거론되는 소리를 들었고 그건 내 디아스포라 역사의 트라우마들에 말을 걸었지. 그렇게 양공주는 "사회적 역사와 정신적 역사 사이의 공간"에서 등장했어.[29] 이건 어쩌면 내가 우리 가족 안에서 예전에 무슨 일이 있었는가를 유일하게 명료히 느껴본 순간이었을 거야. 하지만 내가 이런 목소리에 귀 기울이기 시작하자 무슨 일이 있었는가에 관한 이야기는 점점 정보들로 묵직해졌고 동시에 더 모호해졌지. 다른 한편으로 이런 모순적인 경향은 다양한 이야기들이

1장   유령에 살 붙이기

양공주는 트라우마가 세대의 경계와 지리적 경계
모두를 횡단하게 하는 수단이었지만, 그에 관한 대항 기억은
디아스포라 한인들 사이에 불균등하게 퍼져 있었다. 대부분의
가족 내에서 양공주는 여전히 틈 안에 숨겨져 있다. 양공주에
의해 전달된 트라우마적 기억이든 아니면 초세대적인 배회의
결과로 창출된 대항 기억이든, 기억은 분명 애매하게 산개해
있지만 어쩌면 이 불균등함 자체가 디아스포라의 특징인지
모른다. 아프리카계 디아스포라의 번역 실천에 관한 브렌트
헤이스 에드워즈Brent Hayes Edwards의 작업은 정신분석학적
틈에 유용한 대항 지점을 제공한다. 그는 디아스포라에는
필연적으로 "틈새를 연결하는 과정이, 절합이라고 부를 만한
행위, (⋯) 이질적인 사회적 요소들을 연결하는 길들일 수
없는 패턴"이 개입된다고 주장한다.[30] 이 틈들은 "어쩌면
번역에서 빠져나가는 것들의 흔적 혹은 잔해"를 상징하지만
동시에 움직임과 연결을 활성화하는 관절로도 기능한다.[31] 이
프로젝트에서 특히 유의미한 지점은 틈이 어떻게 배회를 통해
디아스포라의 지리적·정신적 공간들을 연결하는가이다. 틈은
유령이 되어버린 양공주가 서로 다른 폭력의 현장과 형태들을
가로질러 연결 부위를 절합하는 공간일 뿐만 아니라 초세대적인
유령이 등장하는 장소가 된다.

어쩌면 가장 중요한 절합은 지정학적인 요소와 가족적인 요소를 연결하는 것인지 모른다. 이 틈에서 양공주의 배회는 새로운 형태의 유대 관계와 새로운 종류의 몸들을 만들어낸다. 다시 한 번 재클린 로즈의 표현을 빌리자면 지정학적 스케일상에서 초세대적인 배회는 "엮이고 싶지 않은 괴물 같은 가족"을 만들어낸다.[32] 미국 내 한인 디아스포라를 이루는 사람들의 절반이 미군과 결혼한 여성과 혈연이나 결혼으로 관계를 맺고 있음에도 이 여성의 과거를 확실하게 알지 못한다는 점은 이 관계의 유령 같은 성질을 보여준다. 다른 경로를 통해 미국에 도착한 다른 사람들 역시 한미 관계의 숨겨진 역사에서 파생된, 발설되지 않은 더 큰 트라우마들을 통해 양공주와 정동적으로 연결될 수 있다. 한인 디아스포라를 가로지르는 연결의 패턴은 트라우마 효과의 불편한 배열이 만들어낸 결과이다. 그러므로 양공주는 절합을 통해 괴물 같은 가족을 만들어낸다. 디아스포라를 묶어내는 것은 바로 알 수 없는 무언가이다.

하지만 시공간의 경계를 횡단하여 움직이는 트라우마의 능력은 유령이 처음으로 그 트라우마를 경험한 주체나 그 비밀을 물려받은 계승자들보다 더 큰 자체적인 행위자성을 품고 있음을 시사한다. 아브라함과 토록의 작업은 배회를 개인의 영역 너머로 이동시키고, 사실 이는 억압된 것의 귀환에 관한 프로이트의 개별화된 사고에 노골적으로 도전한다. 이 유령은 주체 자신의 정신적 풍경과는 이질적이기 때문이다.

나는 배회를 또 다른 방향으로 탈개별화하여 집단 무의식뿐만 아니라 퍼트리샤 클러프가 물질과 에너지 같은 "개인보다 작은 유한한 힘들"이라고 부르는 것들까지 고려하고자 한다.[33] 만일 "기술성, 기계, 텍스트, 글쓰기"가 "무의식적 사고를 담아내는 것들"이라면 다른 어디에서 초세대적인 배회의 증거를 살필 것이며 그 배회의 행위자는 누구 또는 무엇이겠는가?[34] 여자의 형태를 취하지 않는, 개인보다 작은 유한한 배회의 힘들은 무엇이고, 배회는 인식의 미시적인 수준에서 어떻게 양공주라는 유령으로 탈바꿈하는가?

잠시 질 들뢰즈와 존 존스턴의 연구에 의거하여 배회를 들뢰즈의 기계적인 아상블라주 또는 무언가를 생성하기 위해 환경 속에 있는 이질적인 요소들을 조립한 역동적인 비유기체 개념으로 이해할 수 있음을 짚고 넘어가자. 디아스포라, 그리고 특히 한인 디아스포라의 몸들은 기억되지 못한 트라우마와 상실로 이루어져 있다. 발설할 수 없거나 불확실한 개인과 집단의 역사가 '유령'의 형태를 취할 때, 그것은 말을 토해낼 수 있는 몸들을 찾아나선다. 이런 식으로 유령은 디아스포라의 시공간을 가로질러 퍼져나간다. 나는 이 유령을 망자나 억눌린 것의 정신적 재현일 뿐만 아니라 트라우마적인 기억이나 "생산을 욕망하는" 힘을 전달하기 위해 조립된 몸으로도 재고하고자 한다.[35] 유령은 개체화된 몸이 아니라, 여러 가지 물질적·비물질적 힘들로 이루어진 허깨비 같은 행위자성이라는 점에서 아상블라주다. 가령 내가 2장에서 탐색하듯 한국전쟁의 트라우마는 학살당한 자들의 유해, 폭격당한 도시와 마을의 잔해, 생존자들의 기억, 두려움과 희망이라는 정동, 그리고 여전히 지속되고 있는 일상적인 전쟁의 실천들로 이루어진 아상블라주이며, 이 모든 것이 양공주라는 유령 안에 깃들어 있다. 유령은 아상블라주이며, 동시에 귀 기울이고 말하는 새로운 몸들, 그 유령이 스스로의 퇴마를 목격할 증인으로 요구하는 그 몸들을 만들어낸다. 이 아상블라주는 1950년 7월의 노근리 학살, 2차 세계대전 이후 강제징용당한 한국인들을 한국으로 송환시키는 최초의 해군 함대였던 우키시마호 침몰 사건 같은 승인받지 못한 트라우마의 역사들을 단단하게 에워싼 침묵들 속에서, 그리고 그 침묵을 거스르며 생성된다. 그 몸들의 목적은 직접적으로 그것을 경험한 사람들이 보거나 말하지 못하는 트라우마를 보고 말하는 것이다.

무엇보다 이 배회라는 개념 안에서는 트라우마를 전달하고 수용하는 정동적인 몸들의 배치가 이루어진다. 질 베넷Jill Bennett이 트라우마의 힘에 관해 말하듯 정동은 트라우마를 입은 주체 안에 가만히 자리를 잡기보다는 몸들을 관통하며 흘러다닌다.[36] 이와 관련한 생각은 5장에서 본격적으로 다뤄볼 테지만, 배회가 일어나는 디아스포라를 구성하는 배치의 일부는 이어지는 모든 장에서 볼 수 있다. 어쩌면 나 스스로에게 유령이 배회하는 틈이 있기 때문에 다소 이질적인 이론적 조각들―정신분석의 트라우마 개념들과 들뢰즈의 몸 개념― 을 절합의 형식으로 연결하는 것인지 모른다. 나는 이 연결 고리를 탐구하면서도 그것들이 늘 화해 가능하지는 않음을, 그러므로 때로 사고의 양상이 이 두 가지 개념 사이를 번갈아가며 바뀌기도 하고 어떨 때는 두 가지가 서로 더 가까이 다가서기도 한다는 사실을 인정해야 한다. 그 결과 완결된 도착에 이르기보다는 정신분석의 주체를 해체하는 방향으로 나아가게 된다.

방법: 꿈 작업, 픽션, 자문화기술지

제자리를 심하게 벗어나 잘디 잘게 분산된 배회는 어떻게 감지할 수 있을까? 보이지 않고 발설되지 않는 것, 유실되고 망각된 것, 타의에 의해 사라지게 된 것을 어떻게 연구할까? 완전히 알아낼 수 없는 무언가에 대해서는 어떻게 이야기할까? 유령을 연구하는 데 있어서 핵심은 그것을 파악하고 독해하고 그 효과를 소통하는 장치에 있다. 내가 이 글에서 사용하는 모든 방법론적 접근법들은 틈 안에 있는 것을 보고 듣는 데 그 목적이 있지만, 틈은 다양하고 그것을 연구하는 방법 역시 그렇다. 하지만 그렇다고 해서 이런 방법들이 서로 별개라는 말은 아니다. 외려 무의식의 방법들은 꿈의 요소들이 그러하듯 다양한 대상과 장소가 하나로 합쳐지는 응축에 가담한다.
　틈을 상대할 때는 엥이 말한 "개인적인 기억과 꿈 작업에, 보기의 무의식적인 측면들에 초점을 맞추기" 같은 "다른 무언가를 보기 위한 (…) 새로운 급진적인 보기의 방법"을 차용해야 한다.[37] 폭넓게 '꿈 작업'이라고 하는 것은 폭력적으로 억눌리거나 타의에 의해 사라지게 된 것을 다시 애써 기억해내게 한다. 틈을 바라보는 한 가지 방법이 기억이라면, 이제까지의 논의는 이미 이 방법론을 실천한 것이었다. 고든에 따르면 "아마 핵심적인 방법론적 질문은 당신의 연구를 위해 **무슨 방법을 차용했는가**가 아니라, 어떤 경로를 부정하고, 방치하고, 은폐하고, 보이지 않는 상태로 남겨두었는가일 것이다."[38] 유령에게 살을 입히는 가장 근본적인 방법은 무엇이 그 유령을 만들어냈는가를 탐구하고 사실로 당연시되는 사회학적 지식의 픽션적인 요소들을 드러내는 것이다. 트린 T. 민하Trinh T. Min-ha의 말처럼 "기록 작업의 중심에" 픽션이 있다는 가정을 따를 경우, 데이터의 허깨비 같은 성질을 인정할 여지가 생긴다.[39]

내 가족사 안의 유령들은 비록 딱히 자전적으로 보이는 부분이 존재하지 않을 때마저 이 연구에 완전히 녹아들어 있다. 질문, 데이터의 출처, 연구를 뒷받침하는 데 사용되는 이론들 모두가 양공주라는 인물이 배회하는 한인 디아스포라에 관해 글을 쓰는 한인 디아스포라 주체라는 나의 입장에서 비롯된 것이다. 하지만 나는 과학적인 객관성과 공인된 지식의 주장들을 문제 삼는 포스트실증주의적 비판이라는 맥락 속에서 이런 선택을 내렸다.[40]

고든은 사회과학에 대한 이런 비판의 전통에서 이어진 유산

중 하나는 "사회적인 소재이든 문화적인 소재이든 글쓰기, 분석,
탐구의 실천들이 과학적으로 실증주의적인 프로젝트라기보다는
위치성을 가진 탐구자가 전달하는 특정한 스토리텔링 의식을
조직하는 문화적 실천에 해당한다는 이해"라고 밝힌다.[41]
사회학과 문화비평 사이, 민족적인 탈동일시와 무의식적인
계승 사이라는 위치성을 가진 탐구자인 나는 내 실천의
일부로 판타지와 픽션을 이 프로젝트의 중심에 놓았다.
포스트모더니즘의 여러 가르침에도 불구하고 모든 지적 작업이
자기 성찰적이지는 않다. 많은 연구자들이 자신의 연구가
학계의 문화적 실천에 의해 얼마나 영향을 받는지에 관해서는
여전히 질문하지 않으며, 문화적 편견이 인정될 때마저도

탱크 앞의 소녀와 아기

무의식은 여전히 대체로 무시당한다.

가령 밸러리 워커딘Valerie Walkerdine은 사회과학이 연구자의
입장에서 권력을 향한 비뚤어진 욕망(앎에의 의지)과 관찰당하는
타자에 대한 두려움 모두에 의해 어떻게 동력을 얻는지를
들여다본다. 관찰의 대상은 늘 "타자에 환상을 덧씌운
이미지"이고, 그런 다음 그것은 진실의 판타지의 일부이자
그러므로 늘 반쯤은 픽션인 재현의 체제로 서사화된다.[42] 혹은
고든의 또 다른 표현을 빌리면 "이런 사실들은 늘 그 경계의
반대편에 있는 것으로 보이는 것에 의해 오염될 다급한 위험에
처해 있다. (…) 사회학이 사실만을 밝힌다고 고집을 부릴 때,
픽션에 가까운 것을, 자신이 제거하고자 하는 실수를 추구하지
않을 도리가 없다".[43] 하지만 그렇다고 해서 이런 비평이 "일어난
것"과 "상상된 것" 사이에 이원적인 경계를 설정한다는 말은
아니다.[44] 그보다 이런 비평들은 리얼리즘적 서사의 안정성을
흔드는데, 클러프의 글에 따르면 이 리얼리즘 서사 안에는
"사실과 픽션, 판타지와 경험의 무한한 뒤섞임이 유령에
사로잡힌 또는 배회당하는 리얼리즘이라고 할 만한 것 속에
되살아나" 있다.[45] 실제로 무엇이 사실인가에 관한 이런 혼란은
무의식이 얼마나 강력한 매개인지를 예시한다.

제니퍼 헌트Jennifer Hunt를 비롯한 여러 사회과학자들과
워커딘은 질적인 사회과학 연구에서 전이transference와 대항
전이countertransference의 '문제'를 분명하게 밝혀왔다.[46] 하지만
비판적인 사회과학 방법론에서는 최근 들어 무의식이 문제라는

이런 패러다임을 넘어서는 방향으로 변화가 일어나고 있고, 따라서 재키 오어Jackie Orr의 말처럼 "현장 연구는 절대로 욕망, 꿈, 환영 같은 지각, 강박적인 반복, 상상의 현장 바깥에서 일어나지 않는다"고 인정한다.[47] 나는 연구를 할 때 무의식을 화해해야 할 무언가로 다루기보다는 모든 연구와 글쓰기가 판타지에, 심지어는 무의식의 부정을 비판하는 것에 영향받음을 인정하면서, 무의식을 직접 나의 연구 대상으로 삼는다.

이 책의 여러 장에서 나는 픽션이 섞인 짧은 삽화揷話를 삽입하여 삭제된 역사의 흔적을 담고 있는 디아스포라적 기억의 불확실성에 형체를 부여한다. 이 짧은 삽화들은 한국전쟁 생존자, 미군과 결혼한 한인 여성의 구술사, 군인을 대상으로 성노동을 하는 한국인과 생존 위안부와의 인터뷰, 양공주가 주요한 등장인물인 대중 매체의 언설들, 디아스포라 한인들이 양공주를 다룬 픽션과 영상을 바탕으로 한다. 이 짧은 삽화 가운데는 사회과학적 서사나 인터뷰 대상자가 전달한 이야기를 내 식으로 독해한 것들도 있고, 내가 발설되지 않은 나의 가족사라고 상상하는 것과 그 여러 가지 변주에 생명을 불어넣은, 나 자신의 창조적인 작업 또는 공연 기반의 작업도 있다. 사실적인 언설들과 픽션화된 서사들을 혼합하는 이런 방법은 세이디야 하트먼Saidiya Hartman의 표현을 빌리면 "채집과 외관 훼손의 결합, 다시 말해서 다른 서사들을 엮어낼 수 있는 파편들을 모으기, 그리고 선택적인 인용과 이 연구에 관련이 있는 사안들의 증폭을 통해 증언의 외관을 훼손하고 뒤틀기”이다.[48] 하지만 이 방법은 양공주를 통계적인 인간으로 고정하는 사회과학적 데이터를 해체하고, 일인칭의 증언이 어떻게 늘 어느 정도의 픽션화를 시사하는지를 보여주는 예시들을 제공하는 데 그치지 않고 트라우마를 입은 기억 그 자체를 상연한다. 유령의 정확한 기원을 제대로 규명하는 게 언제나 힘든 일이듯 이 글에서는 한 가지 정보원과 또 다른 정보원 사이의 구분이 늘 분명하지는 않다. 마리안 허쉬Marianne Hirsch의 연구는 사실과 픽션을 뒤섞는 이런 방법이 회상이 아니라 투사, 투여, 창조라는 매개를 거쳐 그 대상 혹은 근원과 연결되기 때문에 “강력한 기억의 형태”임을 시사한다.[49] 이는 어쩌면 공식 기록에 남아 있지 않은 역사를 기록하는 유일한 방법인지도 모른다.

　유령의 배회는 역동적이기 때문에, 그리고 특히 유령이 등장하는 그 틈들은 음과 양이 공존하는 공간일 수 있기 때문에 배회에 대한 연구는 다양한 방법론을 요구한다. 그러므로 나는 그 숨겨진 픽션들을 드러내기 위해 사회적 사실을 해체하는 과정을, 공인된 지식 생산의 비판에서 직접적으로 자라난 대안적인 사회학 탐구 방법들과 결합한다. 특히 페미니즘 방법론의 전통은 오래 전부터 자아를 쓰는 행위를 지배적인 역사의 가정에 도전하는 방식으로 사용해왔고, 그러므로 자기 성찰을 비평의 한 형태로 이용한다. 이 책에서 사용되는 주요 방법 중 하나인 자문화기술지는 무의식을 다루는 수단일 뿐 아니라, 증거로 간주되는 것에 관해 질문을 던지는 동시에 주체/객체의 구분을 흐리게 함으로써 사회과학 연구에서 발설되지 않은 권력의 동학을 교란하는 수단임이 입증되고 있다. 클러프의 표현을 빌리면 그 "목적은 전통적인 사회과학 글쓰기에서는 일반적으로 부정되는, 관찰자의 위치에 관해 개인적인 설명을 하는 것이다. (…) 이것을 하기 위해 민족지학자를 관찰의 주체이자 객체로 만들어서 그 민족지학자의 삶의 내부로부터 경험을 탐구한다".[50]

　　나는 그저 내 가족사에 관한 이야기를 하는 데는 관심이 없다. 심지어 가족사를 안다고 주장하는 것도 아니다. 그보다 여기서 내가 하고자 하는 것은 자아를 다른 몸들 그리고 무의식적인 경험과 필연적으로 뒤얽힌 존재로 재개념화하는 자문화기술지의 여러 형태들을 실험하는 것이다. 여기서는 그 자전적 기술의 주체가 어디에 있는지는 파악할 수 없지만 과거의 자국들이 모든 곳에서 발견되는, 알리사 르보Alisa Lebow의 "간접 기억"과 "과도적인 자서전" 개념, 그리고 "상실의 내용을 분간할 수 없음을 인정하면서도 상실을 나타내는 증거"를 제시하는 앤 안린 쳉Ann Anlin Cheng의 "안티-다큐멘터리 자서전" 개념이 특히 유용하다.[51] 이런 종류의 탈구된 자문화기술지는 "세계와의 울적한 관계를, 이름 붙일 수 없는 무언가의 흔적을" 상연하고 있다는 점에서, 그러므로 우리로 하여금 보통은 그곳에 존재하지 않는다고 가정하는 주위의 행위자성들을 고민하지 않을 수 없게 만든다는 점에서 배회에 관한 연구에 대단히 적합하다.[52]

유령에 살을 입히는 방식은 여러 가지가 있지만 나는
그중 어떤 것도 표준적인 사회학의 실천에 대항하는 정확한
대안으로 물신화하고 싶지는 않다. 모든 방법은, 그것이
자기비판적인 방식으로 실행되지 않을 경우 내 프로젝트의
목적—무의식적인 생각과 추방당한 기억을 연구한다는, 역사의
구멍으로부터 무엇이 떠오르는지를 바라본다는, 일개의 말하는
주체라기보다는 이질적인 요소들의 아상블라주인 트라우마의
목격자가 가능한지를 탐구한다는—에 어긋날 수 있다. 그러므로
나는 다양한 꿈 작업 방법들과 실험적인 자문화기술지의
형태들을 사용하여 한인 디아스포라를 배회하는 양공주를
연구한다. 하지만 트라우마를 기억하는 이런 방법들에 생명력을
부여하려면 그것은 종이에 기록되는 데 그치지 않고 몸으로
표현되는 공연embodied performance 같은 무의식의 다른 전달
수단을 통해서도 표현되어야 한다. 가령 공연 연구 분야는 많은
문화에서 공연이 유령을 소환하는 방법 중 하나임을 보여주면서
트라우마와 공연의 관계를 탐구해왔다.[53] 또한 이는 실시간
공연에서 공연자와 관객 간의 정동의 배치를 통해 트라우마에
몸을 입히고 그것을 이동시킬 수 있음을 시사한다.[54] 트라우마가
축적되어 있긴 하나 그것을 해독하는 데 필요한 기술적 장치의
한계로 아직 출현할 수 없는 생각이거나, 몸 속에 접혀 들어가
있지만 결코 인지에 도달하지 못하는 경험이라면 공연은 그
무의식 속의 경험을 출현하게 만드는 장치라고 할 수 있다.[55] 질
베넷이 트라우마의 주체를 상대하는 공연 예술가에 대해 말하듯

"예술가는 단순히 내부의 경험을 묘사하는 데 그치지 않고 그 경험을 타자와의 관계의 본질에 관해, 그리고 폭력과 고통의 정치적 본질에 관해 이해하는 데 도움을 주는 방식으로 세상을 향해 되접어 넣게 해준다."[56] 이 프로젝트는 무의식적 경험을 몸으로 접혀 들어가게 한 다음 세상을 향해 되접어서 몸들 사이의 정동적인 회로를 만들어내는 그 반복 속에서 공연과 같은 성격을 갖는 역사와 기억 쓰기의 여러 요소들을 결합한다.

다양한 방법을 사용하는 것이 중요한 만큼이나 '다양한 초안'을 차용하는 것이 중요하다. 존스턴은 오늘날의 정신은 더 이상 의식의 흐름을 통해서가 아니라 다양한 초안을 재작업함으로써 스스로를 텍스트 안에 기입한다고 말한다.[57] 이 과정의 방법론적 부산물은 예기치 못한 병치, 반복, 폐기된 사고의 파편, 그리고 동일한 이야기가 매번 다르게 전달되는 것이다. 트라우마의 반복에 가담하려면 동일한 순간을 다시 찾아야 하고, 귀신 들린 동일한 말들을 되풀이해야 한다. 이런 행위의 결과는 유령을 생성하며 배회하게 하는 침묵을 폭로하기 위해 트라우마적 효과들을 공연하는 것―시간적·장소적 탈구, 투사, 환영―이다. 이런 효과들은 이 책 전반에서 분명하게 나타나지만 가장 두드러지게 나타나는 곳은 사회적 사실들을 해체한 조각들이 재조합·반복되고, 완전히 다른 이야기의 잔해 옆에 나란히 놓이는 마지막 장이다. 이 병치라고 하는 방법은 예상 밖의 연결 고리를 만들고 틈을 더 두드러지게 한다. 또한 한인 디아스포라에 관한, 과거의 분별 있는 이야기 안에 있는 균열을 폭로하고 이를 통해 폭력에 의해 숨겨져 있던 기억이 수면 위로 떠오를 수 있는 방법을 만들어낸다.

이는 하나 이상의 목소리로 말해야 하는 프로젝트다. 오어의 표현을 빌리면, 그것은 독자에게 "나선으로 확산하는 효과들, 한 번에 한 가지 이상의 이야기가 전달하는 불명료한 경험들 (…) 망자와의 그리고 죽음에 대한 주절대고 더듬거리는 대화에서 들리(지 않)는 것들에 다른 쪽 귀를 돌리라"고 요구한다.[58] 유령의 존재는 우리가 이런 목소리에 귀를 기울이지 않을 수 없게, 그리고 한 번에 한 가지 이상의 이야기를 듣지 않을 수 없게 한다. 그러므로 일부 장들은 사용된 목소리라는 측면에서 다소 실험적인 반면, 어떤 장들은 좀 더 '학술적인' 목소리로 제시된다. 이 목소리는 때로는 나 자신의 것이긴 하지만, 내 목소리는 권위적인 단일한 목소리의 완결성을 위협하는 무의식적인 생각의 다중성에 의해 종종 중단된다. 이 책에서 많은 목소리들이 진짜가 아니다. 차학경의 《딕테》에서처럼 이 책에는 빌려온 목소리들—아브라함과 토록, 고든과 로즈, 그리고 차학경 같은 작가들의 목소리—의 존재감이 꾸준히 이어진다.[59] 이 목소리들 옆에서, 그리고 그것들과 함께, 이와 동일한 저술가로서의 특권을 누려보지 못한 다른 빌려온 목소리들, 인쇄물을 통해 한 번도 정당성을 얻어보지 못한 그 목소리들이 이야기한다. 이 책에서 어떤 목소리들은 비합리적이다 못해 미친 것처럼 보이지만, 만일 유령이 환각으로 위장할 수 있다면 우리는 이런 목소리들이 말해야 하는 것에 귀를 기울임으로써 과연 무엇을 얻게 될까?[60]

어머니의 그림자 같은 저것이 우리 집의 빈 공간에 생명을
불어넣으면서 금기의 단어들이 조금씩 시끄럽게 입 밖으로
터져나왔어. 그 목소리는 마치 내 어머니의 목소리처럼,
아니 어쩌면 어머니에게 말을 거는 목소리들처럼 소름
끼치게 익숙했지. 난 처음으로 그 목소리들이 하는 말의
내용에 접근했어. 목소리들은 시계에 표시되는 시간에
맞춰서 강박적으로 날짜를 되뇌었지. 대체로는 우리 가족의
예전 역사에서 중요한 사건과 생일들을 나타내는 그런
날짜를. 하지만 그러다가 단박에 알아차릴 수 없는, 다른
상황이었더라면 내가 흘려들었을지도 모르는 날짜들이
등장했어. 처음에는 1990년대 초였는데, 그 어머니의 목소리
같은 무언가가 빈 공간에서 떠올라서 내 디아스포라적
역사의 트라우마에 말을 걸었어. 그때만 해도 난 내 역사가
내 미래이기도 하다는 걸 아직 몰랐지. 하지만 아직은
인지할 수 없는 무언가, 횡설수설하는 이야기에 관한 어떤
횡설수설하는 이야기의 조각들, 내가 파악할 수는 없지만
어쨌든 너에게 말하고 싶은 그런 조각들을 감각으로 느끼기
시작했어.

나는 당신에게 양공주에 관한 이야기를 하고 싶지만,
그 정치적 수준이 잃어버린 혹은 억눌린 역사의 재현에
머물러 있는 연구물을 만들려는 경향에는 저항하고 싶기도
하다. 트라우마를 말하기는 잃어버린 것을 말하기가 아니라,
쳉의 표현을 빌리면 "문화적 트라우마가 (…) 근원적으로
장소를 파악할 수 없는 사건의 형태로 재발"하는 방식들에
관한 명상이다.[61] 나는 미군이 개입한 역사적 기간 동안 한국
여성에게 실제로 무슨 일이 일어났는지 그 진실을 밝힌다거나
이런 여성들의 잃어버린 기억을 되찾는다고 주장하는 대신
이 작업이 우리 주변에 있는 배회의 흔적들을 찾아내기를
희망한다. 트라우마의 자국이 새겨진 배회의 장소들에 형체를
부여하는 것은 트라우마의 생산적 가능성에 물꼬를 틔운다.
이 프로젝트는 논증을 중심으로 조직된 연구 방법론에 특권을
부여하기보다는 연구의 초점을 내용에서 정동으로 이동시킨다.
나는 증거의 제시가 무엇을 말하는가만큼이나 그것이 무엇을
하는가에 관심이 있다. 듣는 사람들 안에서 어떤 정동이
생성되는가, 그리고 어떤 정동이 축적되어 있다가 미래에
배출되는가? 고든의 말처럼 "배회당하는 것은 때로는 우리의
의지와 반대로, 그리고 항상 조금은 마법같이, 우리가 차가운
지식이 아니라 변화의 힘을 가진 지각으로 경험하게 되는
현실의 구조 속으로 우리를 정동적으로 끌고 들어간다".[62] 나는
이 과정에서 현재에 관한 새로운 통찰을 제시할 수 있는, 그리고
버틀러의 말을 빌리면 "회복 불가능한 것을 새로운 정치적

행위자성의 조건으로 만드는" 새로운 몸들이 생성되기를 희망한다.[63] 이 프로젝트는 말들을, 클러프의 표현에 따르면 "한 명의 내가 그것을 말하기에는 몸 안에 너무 깊숙하게 자리한"[64] 트라우마들을 무대 위에 올리는 작업이다. 살과 종이가 만나고 무의식이 글로 바뀌는 곳에서 나는 이 유령들과 그 무대를 공유한다.

2장   트라우마의 계보

그래서 나는 원을 그리며 한 바퀴를 돈 거야, 중국에서 북한으로, 저 아래 오산으로, 그다음에는 서울로, 미국으로, 다시 북한으로. (…) 다 고통스러운 이야기지. 기쁜 일은 하나도 없어. 잊어버리고 싶지만 잊을 수가 없어.

· 헬렌 경숙 대니얼스
(램지 림, 〈"그래서 난 한 바퀴를 돌았어……" : 한국전쟁을 살아내기
"So I've Gone Around in Circles……": Living the Korean War〉에서 인용)

전쟁이 끝나고나서 백두산으로 돌아왔지만 (…) 아무도 없었어. 마을도, 집도, 아무것도. 집과 밭이 불에 타서 재가 됐더라고. (…) 우린 남쪽으로 내려가기로 마음 먹었어. 왠지 계속 움직이는 게 더 쉬웠거든, 계속 바쁜 게, 과거를 떠올리지 않는 게 말이야.

· 노라 옥자 켈러, 《여우 소녀》

    위의 두 인용문은 개인적·공적 기억에서 트라우마를 삭제하려는 모든 노력에 맞서 트라우마가 반복되고 있음을 드러낸다. 사실 두 화자는 완전히 다른 결말에 이르렀음에도 공통점이 많다. 한 명은 미군과 결혼하여 램지 림의 구술사 프로젝트에 참여한 인물이고, 다른 한 명은 한국계 미국 작가의 소설에 등장하는 가상의 인물로 한국전쟁 이후 미군 기지촌 성노동자로 일한다.[1] 이 중 한 명은 미국으로 이주하여 '아메리칸 드림'을 실현했지만 다른 한 명은 기지촌을 벗어나지 못했다. 한 화자는 생의 경험을 입 밖에 내는 실제 여성이고

다른 한 명은 한국계 미국 작가가 쓴 소설의 등장인물임에도
두 인용문의 유사성은 전쟁을 몸소 겪어낸 사람들과 그들이
물려준 트라우마로 얼룩진 기억을 창의적으로 표현하는
2세대들 사이에 어떤 연속성이 있음을 보여준다. 어쩌면 더
중요한 사실은 원 안에 갇힘의 언어가 이 장의 무대를 마련한
트라우마의 두 가지 중요한 측면을 환기한다는 점인지 모른다.
앞으로 나아가는 시간의 해체, 그리고 기억의 내용물이
발원하는 위치를 찾아내지 못하는(따라서 삭제하지도 못하는)
상태는 실제 인터뷰와 상상 속 이야기 사이의 차이보다는 단어
그 자체가 전달하는 트라우마 효과를 더 중요하게 만든다. 두
화자 모두 꾸준히 움직이는 상태, 장소와 시간에 터 잡고 있다는
감각을 불안하게 뒤흔드는 육체적·정신적 망명의 상태에
놓여 있고, 이 속에서는 전쟁과 그 후과가 유발한 트라우마적
사건들을 망각하는 것도, 완전히 기억하는 것도 불가능하다.
이런 조건 속에서 기억의 메커니즘은 무엇인가? 기억은 어디에
저장되는가? 주체가 기억하고 싶지 않은 것에 관해 우리는 무슨
이야기를 할 수 있을까?

　　이것은 우리가 타의에 의해 망각하게 된 것, 절대
기억하도록 허락받지 못한 것에 관한 이야기, 한국전쟁에서
미국의 역할에 관한 공식 서사에 의해 가려진 것과 어떻게
망각이 때로는 불완전하게 집행되는가에 관한 이야기이다.
사실 그 잊힌 전쟁은 지정학적 관점에서도, 정신적 효과의
측면에서도 아직 끝나지 않았으므로 완전한 망각은 불가능하다.

미국의 전쟁사에서 가장 이해가 적게 이루어진 전쟁을
꼽으라면 한국전쟁이라고 할 수 있긴 해도, 이 장의 의도는 그
역사를 재서술하는 데 있지 않다. 그보다는 기억이라는 행위를
통해 인정받지 못한 상실의 현장을 들여다보고 이로써 그
잊힌 전쟁의 잔해들—생존자들의 기억, 망자들의 몸, 미국의
초토화 정책이 검게 태운 잔해—을 조각조각 맞추고자 한다.
이런 기억의 행위는 감춰진 슬픔의 역사뿐만 아니라 오늘날
지정학과의 연속성을 드러내고, 이로써 미국이 어찌하여
민주주의라는 선물을 하사한 평화의 수호자가 아니라
신식민주의적인 권력인지에 관한 질문을 던진다. 냉전 최초의
갈등이었던 한국전쟁은 미래에 있을 전쟁을, 특히 브루스
커밍스의 표현을 빌리면 미국의 "훌륭한 반공 관리자로서의
역량"을 시험하는 현장 역할을 했다.[2] 베트남은 이미
1950년대부터 거론되고 있었고, 한국전쟁 기간 동안 개발된
전쟁 기술들은 나중에 베트남과 이라크 전쟁에서 사용되었다.
한국전쟁은 아시아에서 미국의 군사적 지배를 강화하기 위한
출발대이자, 이미 일본 식민 지배자들이 개시한 것을 지속하는
연장선이었다. 가령 2차 세계대전 이후 서방의 연합국들이
주도한 전범 재판에서 일본은 다수의 위안부 여성을 비롯한
한인 강제징용자들의 몸을 대상으로 생물학 전쟁과 고문 기술을
시험한 혐의에 대해 무죄 판결을 받았다. 셸든 해리스Sheldon
Harris에 따르면 일본은 이 기술을 미군과 공유하는 조건으로 무죄
판결을 받았다. 그리고 미국은 이후 이 기술들을 한국전쟁 기간

동안 한국인들을 대상으로 다시 적용했다.[3]

　한국전쟁은 다른 여러 전쟁들과 유사한 점이 많긴 하지만, 이를 다룬 대부분의 학술적 성과들은 이 전쟁에서 가장 두드러진 점일지 모르는 것을 소홀히 다뤄왔다. 그것은 바로 파괴의 규모와 강도가 여러 가지 면에서 20세기의 다른 어떤 전쟁보다 더 참혹했다는 것이다. 2차 세계대전이 훨씬 많은 목숨을 앗아가긴 했지만 부수적인 피해의 비중은 한국전쟁이 더 컸다. 2차 세계대전에서는 민간인 사망자가 40퍼센트였던 데 비해 한국전쟁에서는 사망자의 70퍼센트가 민간인 사망자라는 추정도 있다.[4] 베트남전쟁은 비무장 민간인을 겨냥하여 야만적인 전술을 수행한 것으로 악명이 높지만 한국전쟁에서도 동일한 전술이 민간인을 대상으로 자행되었고, 그로 인해 훨씬 단기간 동안 더 많은 사망자를 집약적으로 발생시켰다. 사르 콘웨이-란츠Sahr Conway-Lanz는 이렇게 말한다.

　베트남전쟁에 관한 글을 쓸 때와는 달리 역사학자들은 한국전쟁의 비용을 대체로 간과해왔다. 그들은 한국전쟁의 만행에, 그것이 야기한 참상에, 그 갈등이 한국인들에게는 절대 제한된 전쟁이 아니었다는 점에 관심을 기울이지 않았다. (…) 대부분의 전쟁 사학자들은 역사를 서술하면서 항공기에 의한 파괴, 대규모 민간인 사상자와 난민, 미국 참전 군인들의 외상 후 스트레스 피해, 그리고 게릴라전으로 인해 UN군에게 대두된 문제들을 각주로 남겨두었다.[5]

하지만 최근 들어 일부 학자들이 한국전쟁에서 살아남은 한국 민간인의 관점에서 전쟁의 경험을 환기하는 작업을 개시했다.[6] 특히 램지 림의 구술사 프로젝트는 한반도의 참상과 생명의 상실을 인정하는 동시에, 상실의 과잉 속에 존재하는 무언가가 들어설 자리를 만드는 그런 종류의 기억하기를 수반한다.

림은 그 잊힌 전쟁의 기억에 살을 입히기 위해 일군의 2세대 한국계 미국인 예술가, 운동가, 학자들(나를 포함해서)을 불러모아 자신의 구술사 연구를 중심으로 한 예술 전시를 마련했다. 〈어제 안에 오늘: 잊혀진 전쟁, 살아있는 기억〉이라는 제목의 이 전시는 시각 예술 작품과 공연 예술 작품을 모아서 전쟁의 트라우마 효과들을 공적 담론으로 끌어낸다. 이 작품들은 구술사를 비롯한 역사적 연구를 바탕으로 하고 있지만 역사로 간주되는 것의 경계를 밀어붙이기도 한다. 〈어제 안에 오늘〉의 많은 예술 작품들이 세이디야 하트먼의 "채집과 외관 훼손" 방법을 사용한다.[7] 이 작품들은 림이 기록한 구술사의 조각들을 가지고 거기에 예술가의 창의적인 비전을 투여하여 유실되거나 망각된 것에 활기를 불어넣고 질 베넷의 표현을 빌리자면 "과거가 재현보다는 감각으로서, 현재로 다시 스며들어가는" 방식을 파악한다.[8] 이와 유사하게 나의 관심은 한국전쟁 기간 동안 무슨 일이 있었는가에 관한 권위적인 설명을 통해서가 아니라 그 트라우마의 흔적들을 감지 가능하게 만드는 방식으로 한국전쟁의 역사를 풀어놓는 데 있다.

2장   트라우마의 계보

이 장은 베넷의 표현을 빌리면 과거가 "다시 스며들어가게" 힘을 북돋는 글쓰기 실험이다. 어느 정도 염두에 둘 만한 연대표가 있긴 하지만 나는 비선형적인 트라우마의 시간성을 통해, 망각되지도 완전히 기억되지도 않는 수위에서 작동하는 그 시간성을 통해 이 이야기를 펼친다. 거기에는 망각과 기억 사이의 역공간liminal space에서 서성대는 것이 지배의 역사와 오늘날의 실천들을 알리는 데 일조할 수 있다는 인식이 있다. 나는 한국전쟁의 잘 알려지지 않은 측면에 관한 역사적 설명들을 활용한다. 예를 들어 한국전쟁이 생존자들에게 미친 심리적 영향에 관한 림의 연구에서 드러난 것들, 그의 구술사에서 영감을 얻은 예술 작품, 민간인 학살에 관한 대중 저널리즘의 글쓰기, 전범 재판에 제출된 증언들이 그것이다. 이는 한국전쟁에서 살아남은 사람들, 그리고 이후 그 전쟁의 영향권에 놓이게 되는 사람들이 전달하는 트라우마적 감각들을 환기하기 위함이다.

특히 나는 한국전쟁의 초기에 초점을 맞추는데, 그 이유는 민간인의 삶을 가장 무참하게 짓밟은 시기가 그 첫 5개월이었기 때문이다. 나는 1950년 여름으로 자꾸만 되돌아가는 여러 층의 짧은 삽화에, 이 과거가 배회하는 미래의 순간에서 온 삽화들을 끼워넣는다. 이 짧은 삽화들은 역사 자료와 나 자신의 불확실한 가족사, 한국전쟁에 관한 내 어머니의 기억, 그중에서도 특히 터전을 잃은 어린 피난민이었던 당신의 경험에 관한 더 포괄적인 서사가 부재한 상태에서 기이하리만치 세부적인 것을

기억하는 어머니의 기억들이 그 바탕을 이루고 있다. 또한 나는
노근리 학살, 그리고 그보다는 덜 알려진 그 밖의 민간인 살상과
관련된 사건들에 대해 증언한 한국 민간인들의 이야기들을
풀어놓는다. "채집과 외관 훼손"을 통해 나는 누구의 기억이
서술되고 있는지가 모호해지는, 트라우마의 디아스포라에 관한
이야기를 잣는다.[9] 이렇게 혼합된 경험들은 몸들의 움직임과
함께 트라우마가 앞으로 이동되는, 그럼으로써 시간의 경과와
관련된 진전이라는 감각을 산개시키는 "일반화된 무의식generalized
unconscious"의 표현이다.[10] 이 장은 민간인 생존자들의 관점에서
1950년부터 1953년 사이에 한반도에서 일어난 사건들을 주로
다루지만, 나는 이질적인 시공간의 지점들을 연결함으로써 이
역사에 접근하기도 한다. 이 순간들 속의 공통점은 그것들이
유사한 배회에 의해 절합되어, 소개疏開의 장소로부터 출현한 어떤
유령에 의해 희미하게 서로 연결된다는 점이다.

　이것은 양공주라는 인물에 관한 이야기이며, 그 인물이
어떻게 대체로 전쟁의 폐허 속에서 구축되었고, 동시에 전쟁의
역사를 앞선 미래를 향해 그리고 움직임의 경로를 횡단하여
전달하는 유령이 되었는지에 관한 이야기이다. 이 과정에서
양공주는 한국전쟁과 한미 관계에 관해 당연하게 받아들여지는
서사들을 교란한다. 이 교란을 통해 양공주에 관한 어떤
이야기가, 그리고 양공주를 부정하면서도 그를 존재하게 만든
다양한 담론들이 절합된다. 내가 트라우마와 한인 디아스포라에
관한, 그리고 양공주 만들기에 관한 이 비시간적 연대기를

한국전쟁 이야기로 시작하는 이유는 그것이 한국인의 더
포괄적인 집단 트라우마와 관계가 있고, 이 해소되지 않은
갈등이 남한 내 미군 기지 주변의 현 매춘 시스템 이면에 깔린
지정학적 근거이기 때문이다. 또한 한국전쟁을 출발점으로
거론하는 것은 그 전쟁 자체가 선형적인 시간 개념을 모호하게
만드는 트라우마적인 사건이라는 점에서 다소 역설적임을
밝혀두고 싶다. 한국전쟁은 그 시작이 불확실하고 그 마지막이
아직 도착하지 않은, 냉전 최초의, 그리고 마지막 갈등이다.

잊힌 전쟁의 괴물 가족

아이들을 조용히 시켜 —

한마디도 내지 못하게

너희 아버지와 어머니는 더 이상 우리와 있지 않아

그리고 돌아오지도 않을거야

이곳의 많은 우리가 그런 운명이지

그건 비밀이야

너희 마음속에 깊이 묻어놔……

이 일들은 절대 일어나지 않았다는 걸 기억해……

눈물을 닦고 잊는 법을 배워

우린 혼자이고 겁을 먹었어

우리가 목격한 공포 때문에……

누가 믿어줄까

누가 우리를 위해 말해줄까

아이들을 조용히 시켜 — 조용히.

· 육용, 〈제주도〉, 미발표 시

　　1950년 6월 25일은 한국전쟁이 발발한 날로 역사에
기록되어 있다. 한국어로 '육이오'라고 부르는 이 날은 전쟁
전체를 가리키는 환유이며, 따라서 이 날짜는 한국의 공적
기억에서도 기원의 순간으로 고착되어 있다. 하지만 조직적인
게릴라전은 훨씬 전부터 시작되었고 미국 역시 마찬가지로
그 이전부터 반공주의 적대 행위에 가담했다. 1948년 4월 3일
제주도에서 일어난 민중 봉기, 그리고 이승만 정권이 재가하고
미군이 지원한 그 이후의 반란 진압 활동은 "(2차 세계대전) 이후
아시아 역사에서 가장 어두우면서도 가장 알려지지 않은 여러
장" 중 하나를 이룬다.[11] 반공주의의 이름으로 제주도민들을
대대적으로 살상한 사건은 1950년 6월 25일에 일어난
사건들의 전조였고, 그 가시성은 한국전쟁이 언제, 어떻게
시작되었는가에 관한 기존의 서사에 의문을 던진다.[12]
　　일반적인 설명에 따르면 전쟁은 북한군이 38선을 넘어서
한반도를 공산주의 체제로 다시 강압적으로 통일하기 위해

남한을 기습하고 남측이 북측의 침입에 대응한 1950년 6월 25일에 시작되었다.[13] 그런데 지금은 북한의 공격이 과연 기습이었는가에 관해 회의적인 시각이 존재한다. 일부 역사학자들이 미군과 남한군이 그 공격을 사전에 알았고 미국 관료들은 이미 1946년에 한국전쟁을 예상하고 있었음을 보여주고 있기 때문이다.[14] 이 전쟁의 전개 과정을 보도했던 기자들마저도 미국이 실은 북측이 무엇을 계획하고 있었는가를 알았다는 가설을 제시했다.[15] 음모론을 차치하고라도 미국은 한반도의 분단과 대대적인 파괴에 전적으로 책임이 있는 건 아니어도 최소한 연루되어 있었다. 커밍스는 이렇게 말한다.

> 한국전쟁은 1950년 6월 25일에 시작된 게 아니었다. 많은 특별 진술과 주장이 그와 반대임을 보여준다. 만일 전쟁이 그때 시작된 것이 아니라면 김일성 또한 그때 '전쟁을 개시했다'고 할 수 없을 것이다. (…) 그 시점을 반추해서 살펴보면 내전은 시작되는 게 아니라 다가온다는 진실을 서서히 더듬더듬 깨닫게 된다. 내전은 주변 모든 사람의 탓을 할 수 있을 정도로 다양한 이유에서 비롯된다. 그 비난의 대상 중에는 한국을 생각없이 분단시켜 놓고 나서 식민지적인 정부 기구를 다시 수립한 미국인들과 거기에 공조한 한국인들도 충분히 포함된다.[16]

커밍스는 여기서 사실상 미국의 개입으로 [미군이 한반도에 진주한] 1945년 9월 8일 이전에 시작된 자생적인 독립운동 세력이 무력화되고, 일본에 협력한 한국 관료들이 처벌은커녕 외려 보상을 받고, 한반도가 소련과의 권력 투쟁을 위한 경기장으로 탈바꿈하여 무장한 저항군이 세를 키울 맹아가 형성되었다는 점에서 한국전쟁으로 비화한 '내전'은 미군의 개입으로 악화되었음을 암시한다. 전쟁사학에서는 다양한 사항을 놓고 논란을 벌여왔지만 그 와중에도 문화적 트라우마가 한반도의 거의 전 인구에 직접적인 영향을 미쳤다는 점에 있어서만은 논란의 여지가 없다. 총성이 멎고 몇 십 년이 지난 뒤에도 1950~1953년에 일어난 사건들은 꾸준히 표면으로 떠올라, 마치 한국전쟁의 트라우마들이 아직 도래하지 않은 공포와 이미 뒤얽혀 있기라도 한 듯, 오늘날의 사건들과 공명한다.

* **미국의 첫 번째 베트남**

I. F. 스톤이 《한국전쟁의 숨은 역사The Hidden History of the Korean War》라는 제목으로 1952년 처음으로 발표한 단행본 길이의 탐사 보고서는 아직 전쟁이 진행 중일 때 그 전쟁의 공개되지 않은 사건들을 폭로했지만, 이 책의 출간은 "거의 완벽한 보도 통제와 보이콧을 맞닥뜨렸다".[17] 그 보고서는 등장하자마자 사라졌다. 심지어 스페인어 번역본은 주멕시코 미국 대사관이 대량으로 사들여 파기했다는 소문이 돌았다. 1970년에 출간된 2판에는 이 책의 재발간이 "베트남 평화 협상과 긴급하게 관련되어" 있다는 출판사의 논평이

첨부되어 있었다. 1970년판의 표지에는 제목 앞에 "미국의
첫 번째 베트남"이라는 표현이 달려 있다.

* 한국의 미라이

1999년 9월, 미국의 연합통신사는 훗날 퓰리처상을 안겨줄
1950년 노근리 학살 기사를 발표했다. 학살 당시 미군은
노근리라고 하는 마을 인근의 민간인 피난민들을 향해
공중과 지상에서 사격을 개시했고 그 총에 맞아 약 400명의
부락민들이 목숨을 잃은 것으로 추정된다. 언론 보도들은
노근리 학살과 1968년 베트남전의 미라이 학살의 현저한
유사성을 지적한다.[18] 다른 탐사들이 이런 보도를 좇았고,
노근리는 한반도에서 자행된 전쟁 범죄 중에서 "빙산의 일각"
일 뿐이라는 주장도 있다.[19] 북한에서 저질러진 "셀 수 없이
많은 학살"과 함께 남한에서 저질러진 37건의 다른 민간인
학살도 조명을 받았다.[20]

* 매향리, 한국의 비에스케

매향리는 아시아 최대 규모의 미국 공군 폭격 연습장인 쿠니
사격장 인근에 위치한 작은 어촌 마을이다. 그곳에서는 오폭
사고 때문에 신체의 일부가 훼손되거나 저공비행을 하는
비행기 소음 때문에 청력이 손상된 주민들을 어렵지 않게

마주칠 수 있다. 이런 의미에서 그곳은 일상적인 전쟁 행위에 의해 만들어진 몸들의 마을이다. 2000년 5월 8일 폭격 연습이 이루어지는 동안 미 공군 전투기 조종사가 자신의 비행기를 제어하지 못해서 초과하는 무게를 덜어내기 위해 매향리에 6500파운드[2948킬로그램]의 폭탄을 떨어뜨리기도 했다. 50년에 걸친 오폭의 역사 가운데 가장 최근의 이 사건으로 170채의 가옥이 피해를 입고 7명이 부상을 당했다.[21] 미 해군의 폭격장인 푸에르토리코의 비에스케에서 온 반군사주의 운동가 이스마엘 과달루페는 이 사건 직후 매향리를 방문해서 이렇게 말했다. "보지 않고서는 믿을 수 없는 상황이다. (…) 비에스케에서 (1978년에) 투쟁이 고조되기 전에 우리도 매향리와 유사한 상황이 있었다."[22]

한국을 베트남, 그리고 비에스케와 비교하는 이런 관점들은 군사화된 폭력의 트라우마가 시간과 공간의 경계를 뛰어넘을 수 있고, 그래서 군사적인 폭력 행위의 영향이 이질적으로 보이는 지리적·역사적 장소, 그러니까 2000년의 매향리와 1978년의 비에스케에서 동시에 구현될 수 있음을 보여준다. 또한 이는 한 사건이 아직 일어나지 않은 또 다른 순간을 어떻게 환기시킬 수 있는지를 예시한다. 매향리가 과거의 비에스케를 떠올리게 한다면 노근리는 미래의 미라이를 환기시킨다. 재클린 로즈에 따르면 이런 시간적 혹은 공간적 이동은 초세대적인 유령의 배회에서 트라우마가 "세대를 따라 아래쪽으로만이 아니라 세대를 횡단하여" 무의식을 통해 전달되고, "한 가족 안에 머물지 않고 엮이고 싶지 않은 괴물 같은 가족을 만들어냄"을, 그래서 과거는 미래이고 비에스케는 매향리임을 시사한다.[23] 과거와 미래가 충돌하는 시간성은 트라우마가 배회하는 무의식의 시간성이자, 트라우마적 사건이라는 정동적인 경험의 시간성이다. 거기서 현재라는 순간은 너무 재빨리 일어나 지각되지 않기 때문에 과거는 곧장 미래로 연결된다. 사건과 그 맥락들은 잠재력으로서 몸 안에 접혀 들어가고, 현재라는 순간은 오직 그 흔적을 통해서만 의식적인 경험에 접근할 수 있다.[24]

베트남과 비에스케라는 좀 더 친숙한 이야기들을 통해 절합된 한국의 역사는 지각perception에 관해서도 일련의 의문을 제기한다. 미국과 그 외 다른 지역에서는 어째서 한국사가 그렇게까지 별로 알려지지 않았을까? 어째서 한미 관계의 공식 역사에는 그렇게 많은 구멍이 있고 50년이 지나서야 들리기 시작한 침묵이 가득할까? 이런 이야기들이 베트남과 비에스케를 경유해 전달되는 것은 남한과 미국 사이 갈등의 역사가 그 자체로는 파악 불가능하기 때문일까?

한미 관계에 관한 공식적인 기록에 따르면 미국은 언제나 남한의 친구, 숱하게 한국을 구해준 친구였다. 일본 식민 통치에 의해 황폐해진 나라를 해방시켜주었고, 자유와 민주주의의 이름으로 북한 공산주의자들을 물리쳤으며, 전쟁으로 초토화된

나라를 재건했고, 이 나라의 경제를 기적적으로 성장시키고,
고아들을 구해주고, 이 나라의 여성들과 결혼을 했으며, 이들을
두 팔 벌려 환대하는 기회의 땅으로 데려가 재빨리 동화되도록
만든 친구. 두 나라의 협력이라는 이런 줄거리는 미국을 늘
지배적인 남성—한국군에게는 형, 국제결혼의 로맨스에서는
남편, 그리고 부모를 잃은 아이들에게는 아버지—으로 그리는
가족 관계 비유에 의지한다.[25] 한국전쟁은 여러가지 측면에서
베트남전쟁과 닮았지만, 베트남전쟁이 미군의 실패한 남성성의
사례였다면 성공적인 구출 작전이라는 한국에 관한 서사는
국가들로 이루어진 가부장적 가족 내에서 미국의 지배력을
회복시킨다. 필라델피아를 기반으로 활동하는 통일 운동가
박성용의 말을 빌리면 "미국인들은 전쟁에서 미군이 용맹함을
뽐낸 이야기를 듣는 데 익숙하다. 미국인들은 한국전쟁이
미군의 역사에서 가장 성공적인 작전 가운데 하나였다는
신화를, 잔혹 행위는 자국 군대가 아니라 공산주의자들에
의해 자행되었다는 신화를 믿는다. 이 신화는 미군이 진실을
감추거나 위장함으로써 탄생한 것이다".[26]

　　미국 내에서 한미 관계의 핵심을 이루는 폭력에 관한
비공식 역사는 대체로 보이지도, 발설되지도 않고 있지만
한국에서는 트라우마적인 역사의 이야기와 이미지들이 워낙
큰 가시성을 띠고 있어서 보이지 않는 상태를 빚어내기도 한다.
〈어제 안에 오늘〉에서 김호수의 작업이 시사하듯 한국전쟁의
연속적인 효과들은 한국의 일상 구조에 워낙 각인되어 있어서

교착 상태의 전시체제에서 살아가는 사람들에게는 거의
지각되지 않는다. 미국의 경우에서도 한국의 경우에서도,
우리가 바라보는 대상은 표준적인 관찰의 수단을 통해서는 항상
드러나는 게 아니므로 다양한 보기의 수단들을 요청한다. 가령
"보기의 무의식적 측면들 (…) 에 집중하기"라는 데이비드 엥의
접근법은 명확히 식별 가능한 분석 대상 자체를 보는 것에서
벗어나 시각의 영역을 넘어서 반향을 일으키는 효과를 관찰하는
방향으로의 전환을 의미한다.[27] 베넷은 이런 드러냄을 정확한
위치를 파악할 수 없는 것에 관한 "정보를 몸으로 대체"하는,
"감정 보기"로 묘사한다.[28]

가령 연합통신사의 노근리 탐사 보도팀이 이런 지각의
방법들을 채택한 것은 그 사건이 미국 안에서 은폐되어 있었기
때문이다. 이들은 민간인의 삶을 의도적으로 파괴하거나
민간인을 직접 겨냥해 살해한 사건들을 기록하는 보도들을
미군과 언론 모두가 심하게 검열해왔다는 증거를 발견했다.
연합통신사 기자들은 일 년에 걸쳐 군의 보고 안에 존재하는
틈들과, 삭제 이후에도 남아 있는 증거의 흔적들을 분석했다.
이들은 1950년대에 언론 검열 때문에 개인 일기와 가족에게
보낸 서신에만 한국전쟁의 잔혹 행위를 기록했던, 세상을
떠난 언론인들의 미발표 글들을 살펴보았다. 뿐만 아니라
한국 목격자와 미국 목격자의 정신적 기록─악몽, 환영, 환청,
목격하지 않았더라면 좋았겠다고 생각하는 상황에 대한 끈질긴
기억─을 복구했다.[29] 이들의 조사를 근거로 완성된 책《노근리

다리》는 이런 비합리적인 힘들이 발언을 하고, 이로써 학살이 일어났음을 꾸준히 부정해온 합리적인 관료 기구들에 맞설 가능성을 열어준다.[30]

이 사건에 관여했던 미국 퇴역 군인들은 자신들이 살해한 사람들의 환영, 적이 아니라는 걸 알았지만 그들과 닮아 보였던 사람들의 얼굴이 어른거려서 고통스러운 기억에 시달린다고 말했다. 일부 퇴역 군인들은 어린 소녀에 대해서 이야기했다. 이 소녀는 학살이 일어나는 동안 군인들을 피해 몸을 숨기는 대신 직관을 거스르고 군인들을 향해 달려오던 피난민 중 한 명이었다. "당신이 기관총으로 그 어린 여자애를 죽이려고 하던 남자들을 봤어야 해요." 퇴역 군인 중 한 명은 이렇게 회상했다.[31] 결국 자신이 그 소녀의 죽음에 책임이 있다고 밝힌 남자는 "우린 이 사람들을 위해 싸운다고 이해했지만, 바로 그 사람들에게 발포하라는 명령을 받았고, 그래서 발포한 것"이라고 설명했다.[32] 그 학살에 가담했다고 말한 또 다른 퇴역 군인인 에드워드 데일리는 연합통신사의 보도 직후 1999년에 한국으로 돌아가서 피해자들에게 사과하고자 했다.[33] 그는 근 50년 동안 자신이 빼앗은 목숨들에 대한 죄책감에서 놓여나지도, 자신이 용서를 구할 수 있는 생존자가 있다는 걸 알지도 못했다고 말했다. 민간인 학살을 둘러싼 50년의 침묵, 그리고 그 범죄의 피해자와 가해자들 사이의 정신적 연결은 초세대적인 배회가 어떻게 "엮이고 싶지 않은 괴물 같은 가족"을 만들어내는지를 보여주는 또 다른 사례이다.[34]

경고: 우리가 여기 있습니다

내가 미국 사람하고 처음으로 접촉한 건 비행기에서 떨어진 전단
지의 형태였어요. 전단지에는 "당신들은 안전합니다. 우리가 여기
있습니다"라고 적혀 있었죠.

· 종숙 덕먼, 〈고마워요Thank You〉

(린다 그랜필드Linda Granfield, 《나는 한국을 기억한다I Remember Korea》에서 인용)

1950년 7월, 두 아이의 젊은 어머니였던 박순용은 고향
마을을 떠나 남쪽의 노근리 쪽으로 피난을 떠났다. 그는
전쟁이 시작되었을 때 미군이 자신들을 지켜주기 위해 거기에
있다는 걸 알고 안도했던 기억을 가지고 있다. 노근리 학살이
일어난 첫날, 박순용은 하늘에 있는 미군 비행기를 보고서
미국인들이 자신들을 안전한 장소로 이송해주러 온 거라고
믿었지만, 그다음 순간 폭탄이 떨어졌다. 그 후 지상군은 목숨을
건진 피난민들에게 기차가 다니는 굴다리 속으로 들어가라고
명령했고 그 안에서 피난민들이 몇 시간을 기다리게 만든 뒤
이번에는 그들을 향해 총을 발사했다. 도망치려던 사람들이
총에 맞아 쓰러졌고 다리 아래서 기다리던 사람들도 역시
총탄에 쓰러졌다. 적당한 때에 도망을 치거나 학살당한 사람의
몸 안에 숨어 있던 몇 명만 겨우 목숨을 건졌다. 시어머니와 두
살배기 딸이 죽는 걸 지켜본 순용은 남은 자식을 지켜야겠다고
마음을 다잡았다. 그는 네 살 난 아들을 자신의 등에 끈으로

동여매고 굴다리에서 달려나갔고 여러 차례 총격을 당했다. 어머니와 아이 모두 총에 맞아 땅에 쓰러졌다. "아이의 작은 몸에서 피가 퍼져나왔어요." 순용이 말했다. "그날 나는 미국의 두 얼굴을 본 거야."[35] 또 다른 생존자인 전춘자 역시 충격적으로 상반된 미국의 이 두 얼굴을 경험했다. 당시 열 살이었던 춘자는 어머니, 할아버지, 어린 남동생이 살해당하는 모습을 목격했다. 총격을 잠시 멈춘 사이 군인들은 춘자에게 먹을 걸 주었다. "아마 초콜릿이었을거야." 춘자가 말했다. "하지만 난 먹지 않았지."[36]

> 경고: 노란 음식 꾸러미와 집속탄은 비슷해 보일 수 있습니다. (…) 정체불명의 노란 물체에 접근할 때는 부디 조심하시기 바랍니다. (…)
>
> 우리는 구호품을 대단히 높은 고도의 비행기에서 대형 낙하산을 이용해 떨어뜨립니다. (…) 그 바로 아래 서 있지 마십시오. (…) 이 지시 사항을 따르면 다치지 않습니다. (…) 미국은 꾸러미가 땅에 닿을 때까지 여러분이 그 꾸러미에서 떨어져 있지 않으면 위험해질 수 있다는 사실을 충분히 경고할 수 없습니다. (…) 이 물자들은 여러분을 돕기 위해 보내는 것입니다.
>
> · 아프가니스탄 '대테러전' 기간의 라디오 방송

한국전쟁 생존자들은 미국의 두 얼굴—살인자의 얼굴과 자애로운 얼굴—을 모두 생생하게 기억한다. 일부 생존자는 한쪽 얼굴을 다른 쪽 얼굴보다 더 손쉽게 떠올리기도 하지만. 어쩌면 미국의 자애로움이라는 서사는 그 반대를 드러내는 정신적 증거보다 더 강력하다는 게 입증되었는지도 모른다. 어쩌면 그것은 방어기제, 프로이트가 말한 예방적 픽션protective fiction의 증거인지도 모르지만, 이 불일치는 하나의 이야기를 억누르고 다른 이야기를 그보다 더 내면화하는 것 이상을 의미한다. 보지 못함은 트라우마의 여러 작용 중 하나이다. 캐시 캐러스Cathy Caruth에 따르면 "트라우마적인 경험은 (…)

〈부대찌개〉ⓒ유지영/〈어제 안에 오늘〉, 2005. 비디오, 한지, 한국 식탁, C-레이션 캔, 비디오 모니터. 한지에는 구호 물자에 있는 음식을 먹는 한국전쟁 고아 세 명의 윤곽을 불에 그을려 형상화했다. 식탁 위에 있는 C-레이션 캔 안에는 비디오 모니터가 있다. 비디오에는 두 손으로 '부대찌개'를 만드는 모습이 담겨 있다. 비디오에서는 미군 기지의 쓰레기를 가지고 어떻게 목숨을 이어갔는지를 설명하는 한국전쟁 생존자의 목소리가 흘러나온다. 작가는 이 작품을 "미군의 개입에서 비롯된 급격한 사회변화의 왜곡된 유물"이라고 묘사한다.

어떤 역설을 시사한다. 폭력적인 사건을 가장 직접적으로 보는 행위가 그것을 알지 못하는 절대적인 무지로 나타날 수 있다는 역설을." 그래서 민간인의 부당한 살상을 목격한 많은 사람들은 그것을 이해하거나, 심지어는 기억하지 못한다.[37]

> 내가 어머니에게 전쟁에 대해 물어보면 어머니는 사실상 아무 말이 없어. 기억하지 못할 때도 있고, 기억하고 싶지 않거나 아니면 완전히 뜬금없는 걸 기억할 때도 있지. 어떤 공포가 어머니에게 깃들어 있는지, 어머니가 오빠의 죽음이나 이웃의 죽음, 아니면 함께 이동하던 낯선 사람들의 죽음을 목격한 건 아닌지 나는 확실히 알 수가 없어.

50년 뒤 이 가운데 일부 기억들이 과거의 불확실성에 배회당하던 전후 세대가 주도한 노력을 통해 기록되기 시작했다. 하지만 민간인 학살의 규모를 기록하는 작업의 어려움 중 하나는 가족 전부가 몰살을 당해서 그 죽음을 공식적으로 드러낼 이가 아무도 없다는 점이었다. 사라져서 알아낼 수 없는 것 때문에 늘 일관성이 갖춰지지 않는 역사는 어떻게 꿰어 맞출까? 대량 학살 같은 트라우마적인 사건은 그것을 기록할 사람이나 발화할 화자가 전혀 없을 때 어떻게 기억되는가? 마크 니차니언Marc Nichanian과 데이비드 카잔지언에

따르면 아카이브를 통한 역사 기록은 "일어나지 않았다고
파악되는 것이 실제로 일어났음을 증명하기 위해 피해자가
아카이브에 호소해야만 한다"는 점에서 늘 "사형집행인의
논리"에 특권을 부여한다.[38] 하지만 꿈 작업이라는 방법은
서류상이 아니라 몸의 기억에, "그 모호한 충만함 속에 몸을
숨기듯 일시적으로 표현된" 것 안에, "사람들의 눈과 그 눈에
비친 공포 속에" 기록된 '잊힌 전쟁'의 증거를 살핌으로써 이
패러다임을 뛰어 넘는다.[39]

*   당신들은 안전합니다, 우리가 여기 있습니다

1950년 6월 25일. 그날은 분단선 근처에 살던 사람들에게는
전쟁이 시작된 날이 아니었다. 갈등은 최소한 2차 세계대전 이후
한반도가 두 동강 났을 때부터 존재했고, 목숨을 잃은 한국인이
처음으로 발생한 것은 미군의 점령이 시작된 1945년 9월 바로
그날이었다. 분단선의 교전은 특히 전쟁이 발발하기 직전에
극심했다. 6월 25일은 시작일이라기보다는 해소 불가능한
상황으로 치닫게 된 고조의 국면이었다. '형제간의 갈등'이
초강대국 간의 갈등으로 대체되었다. 그리고 분단선 근처에
살던 사람들은 어떻게 분단이 피를 부르는지 목격하는 데 이미
익숙해져 있었다.[40]

춘자는 38선 남쪽으로 300킬로미터도 더 떨어진 남쪽
지방에 살았다. 공식적인 전쟁 첫날 분단선에서 멀리 떨어져

있었고, 그래서 미국의 첫 폭탄이 떨어지는 모습을 보지 못했기에 미국인들이 오로지 도움을 주기 위해 온 거라고만 생각했다. 아직 한참 어려 어른이 되기엔 멀었고 그래서 죽음— 영혼이 다음 생으로 떠나고 육신이 분해되는 것—에 대해서도 생각해본 적이 없었다. 춘자는 피가 빠져나간 육신이 고인 물에 잠길 때 살이 어떤 형태를 취하게 되는지도 전혀 상상해본 적이 없었다. 1950년 6월 25일 이후 여러 날과 여러 달 동안 춘자는 죽음 그리고 상실을 알게 된다. 어머니의 것으로 추정밖에 할 수 없는 분리된 사지에, 그리고 그와 대조적인 자기 몸의 온전함에, 아버지의 뼈에서 이미 떨어져나간 살을 자신의 두 손으로 모아 담는 기술에 익숙해진다.

북측의 공식적인 표현에 따르면, 미군은 이 땅을 분단시키고 점령한 적대적인 침략자들이었다. 남측의 이야기에 따르면 그들은 한국인들을 해방시키러 온 동맹이었다. 일부 한국인들은 이런 이데올로기 가운데 하나를 받아들였지만 많은 사람이 어느 체제든 개의치 않았다. 하지만 국지적인 교전이 전면전으로 확대된 시기에 이들 모두에게는 한 가지 공통점이 있었다. 그것은 바로 이들 모두가 미군의 공습 대상이었다는 점이다.

1950년 7월 중순경, 전선이 남쪽 지역으로 내려가고 있고 피난이 최고의 생존 가능성을 보장해준다는 소식이 전해졌다. 콘웨이-란츠는 이렇게 말한다. "전쟁의 첫 몇 주 동안, 수만 명의 민간인이 퇴각하는 미군 부대와 나란히 남쪽으로 이동했다.

2장 트라우마의 계보

남한 정부로부터 자기 마을을 떠나라는 명령을 듣고 피난길에
오른 사람들도 있고 폭력적인 전투를 피해 떠난 사람들도
있고 UN군을 방해하려는 목적으로 북한군에 의해 남쪽으로
떠밀려온 사람들도 있었다."[41] 전투가 치러지는 길목에
살았던 가족들은 꾸릴 수 있는 모든 세간을 꾸리고 나머지는
남겨두거나 집 아래 파묻었다. 춘자는 마을 사람들 모두가
남쪽으로 걸어서 이동하기 시작했을 때 열 살이었다. 처음 이
피난길은 춘자의 모험심을 자극했지만 다리가 점점 무거워지고
발이 부르트면서 흥분은 시들해졌다. 최소한 이들은 재난에서
벗어나는 중이었다. 이들은 이 즈음 이미 미군이 피난민 무리가
적을 숨겨주고 있을지 모르므로 거기에 따라 대우해줘야 한다는
경고령을 발표했다는 사실을 알지 못했다. 이들은 한국에서
가장 지위가 높은 미국 사령관이 내린 명령에 따라 각 연대에
"모든 민간인 이동을 그 어떤 방향으로도 막을 (…) 완전한
권한"이 있고 "폭격을 포함해서 이들에게 발포를 결정할
책임"이 개별 지휘관의 손에 있다는 사실을 알지 못했다. 이들은
많은 장교들이 "저공비행하는 비행체에서 폭격을 가하는 것"을
민간인들을 "도로에서 치우는" 효율적인 방법으로 간주한다는
사실을 알지 못했다.[42]

　　1950년 여름, 순희는 춘자보다 한 살이 더 많았다. 이들은
같은 남부 지방에서, 불과 몇 킬로미터 거리에서 살았지만
서로를 알지 못했다. 순희의 고향은 소읍을 이룰 정도로 컸고,
춘자의 고향은 마을에 불과했다. 어쩌면 이는, 그러니까

창녕은 소읍이고 임계리는 마을이라는 사실은 전쟁의 경로를 판가름하는 변수였을지 모른다. 어쩌면 바로 이 변수 때문에 춘자는 남쪽으로 피난을 가다가 가족들이 학살을 당했고 순희는 그 시기만큼은 집에서 안전했는지 모른다.

* 경고: 노란 음식 꾸러미와 집속탄은 비슷해 보일 수 있습니다.

"이 호랑이 해의 어느 한여름 아침, 미국인들이 계곡에 도착했다."[43] 연합통신사 기자들은 1950년의 그 시간에 대해 이렇게 적었다. 이들의 도착은 전조, 더 많은 일이 닥친다는 예고였다. 미국인들은 손에 신기한 물건들을 들고 도착해서 남자들에게만 말보로를 나눠주었다. 여자들은 담배 피는 게 허용되지 않았기 때문이다. 아이들에게는 초콜릿이 있었다. 몇 주 뒤 바로 이 미국인들이 자신들의 윤리적 감각마저 거역하고, 그저 죽이라는 명령을 받았다는 이유만으로 피난민 가족들을 몰살하게 된다. 어쩌면 이들은 자신을 향해 달려온 순희를 두 팔로 안아준 그 미국인, 어린 소녀들의 눈물을 사탕으로 달래주고 미국에 대한 욕망을 부추긴 그 남자들이었을 수도 있다.

순희의 오빠는 이미 실종된 상태였고, 순희의 가족들이 피난을 떠난 그 시기에 순희에게는 오빠의 어린 아들을 돌보는 책임이 주어진 상태였다. 열한 살의 순희는 세 살배기를 등에 업고 산과 강을 두 발로 걸어 창녕에서 부산까지 이동했다.

산에서 북한군들을 마주쳤을 때 순희를 가장 놀라게 한 건 많은 북한 군인들이 여자라는 점이었다. 산에서 총을 든 소녀들은 피난민들을 해치지 않고 보내주었다. 혹은 몇 년 뒤 일부 생존자들이 회고하듯 북한군은 당연히 무자비했지만 민간인의 목숨은 살려주었다.[44] 어쩌면 북한 군인들의 총격을 막은 건, 그들이 서로 같은 민족이라는 동족의식이었는지 모른다. 그리고 이는 대부분의 미국인들에게는 없는 의식이었다. 일부 생존자들은 자신에게 비행기의 기총소사에서 살아남는 법을 조언해준 건 북한군이었다고 고백했다. "움직이지 않으면 조종사가 당신을 보지 못할 거요."[45] 38선 이남에 살았던 사람들은 북한군이 두려운 존재라는 말을 들었지만, 피난민들이 산을 통해 제 갈 길을 갈 수 있었던 건 다름 아닌 공산군들 덕분이었다. 하지만 미군들은 강을 건너는 길목을 감시했다.

*   당신들은 안전합니다.
————————

우린 다 임진강으로 갔어. 형부가 그랬지, 강을 건너야 된다고. (…) 미군들하고 한국군하고, 한국 여경들이 있었어. 다들 거기 있더라고. 그 사람들이 다 우리한테 총을 겨누면서 그러는 거야, 당신들은 건널 수 없다고. 그래서 우리가 그랬지. 왜요? 그랬더니 그 사람들이 북한 군들 때문에 누가 군인이고 누가 아닌지 믿을 수가 없다는거야. (…) 우린 여기서 죽거나 강을 건너다가 죽거나 둘 중 하나인 거야.

· 헬렌 경숙 대니얼스

126

1950년 7월, 미군이 마을을 비우고 떠나라는 명령을
내렸을 때 진석은 열다섯 살이었다. 하지만 진석의 가족이
낙동강의 도강 지점에 도착했을 때는 모든 교량이 이미 무너진
상태였다. 반대편으로 건너는 유일한 방법은 물살을 헤치며
걷는 것이었지만 미군은 진석의 가족을 향해 총을 쏘았다. 총에
맞은 아버지는 반대편 제방에 닿았을 때 숨을 거둔 상태였다.
1950년 7월, 열여덟 살이던 군자는 총알이 비처럼 쏟아지는
가운데 가족이 살육당해 상류에 둥둥 떠 있는 모습을 보고 물
밖으로 피신했다. 북쪽으로 향하던 군자는 학살이 일어난 후의
노근리를 지나게 되었고 그곳에서 희숙 가족의 몸들을 보게
되었다. 군자는 그들을 몰랐지만, 희숙의 가족 역시 강을 건너지
못하고 되돌아가던 길이었다. 1950년 7월, 희숙의 어머니는
열여섯 살이던 희숙을 김치독에 숨겼다. 미군들이 희숙의
마을을 지나고 있었기 때문이다. 몇 주 뒤 희숙은 낙동강에서 이
남자들을 마주쳤다.

*   경고: 우리가 여기에 있습니다
    _____

    1950년, 서울에서 주둔하던 미군에 의해 875명의 여성이
강간을 당한 것으로 보도되었다.[46] 그러나 도강 지점에서 일어난
강간과 살인의 증거는 기억의 질료 안에 살아 있다. 아직도
아버지의 피로 강물이 붉어지던 모습이 눈에 선한 진석 안에,
총알을 피해 되돌아가다가 인근 마을 사람들의 잔해를 발견하게

된 군자 안에, 군인들이 자신의 어린 몸을 노리고 있으니 반대 방향으로 가라는 충고를 따른 희숙 안에. 강에서 일어난 일에 관한 기억들은 생존자들의 살 안에, 죽은 자들의 살 안에, 피에 물든 낙동강 둑방 안에 저장되어 있다.

1953년 정전 이후 약 50년이 지나서야 서면 증거들이 이 기억들이 맞다는 걸 확인해주기 시작했다. 기밀에서 해제된 미군 서류들은 군대가 피난민들의 이동을 저지하기 위해 교량을 파괴하는 법을 계산했고, 피난민들이 어느 방향으로든 강을 헤엄쳐서 건너려고 할 경우 이들을 죽이라는 의도적인 결정을 내렸음을 보여준다. 사전 작전 명령서는 군대에 "강을 건너는 모든 피난민을 쏘라"고 명령했다.[47] 피난민이 다리를 건너고 있는 바로 그 순간에 다리를 폭파하는 일도 있었다. "1950년, 8월 2일: 어려운 결정이었다, 교량이 무너졌을 때 피난민 수백 명이 사라졌기 때문이다."[48] 해군부는 그런 식의 "민간인을 대상으로 한 교전 행위"는 "완전히 혐오스럽다"고 공식적으로 밝히고 있지만 다른 한편으로는 그것이 "완전히 변론 가능하다"고 생각했다.[49]

'피난민 문제'를 처리하려는 군의 노력은 파괴와 몰아내기라는 끝없는 자기 순환으로 귀결되었다. 민간인들이 대대적으로 움직였다는 것은 출발지가 어디인지 확인할 수 없는 피난민들이 무리지어 옮겨다니는 통에 전선이 빈번하게 방해를 받았다는 의미였다. 38선의 여러 방향에서 온 한국인의 몸들이 점점 뒤섞이면서 미군과 UN군은 가옥, 병원, 고아원, 학교,

유령이 나올 것 같은 잿더미: 한 아이가 자기 집이던 자리에 서 있다.

농장, 밭, 생명 유지에 필수적인 모든 것을 파괴해놓고 잠재적인
공산주의자들에게 피해를 입히기 위한 수단이라며 정당화하는
일이 늘어났다. "전진하는 UN군의 뒤를 따라 이제 막 북쪽으로
되돌아온 한국 민간인들이 자기 마을에 무슨 일이 일어났는지를
알고 나서는 유령이 나올 것 같은 잿더미로 변한 집터를 멍하니

2장   트라우마의 계보

바라본다."[50]

　공황에 빠진 피난민들의 몸이 도로를 메우고 군용
차량들의 이동을 가로막는 일이 늘어나면서 미국과 UN은
민간인을 대상으로 치명적인 무력을 사용하는 방안을 통행
체증 해소 대책으로 합리화했다.[51] 재키 오어는 이렇게 말한다.
"출구를 막고 사망자를 만들어내는 공황은, 점점 더 거대하고
복잡해지는 기술 사회적 기구들의 오작동에 치명적인 심리적
맥락을 덧붙임으로써 산업적인 규모의 재앙을 관리하는 이들로
하여금 그 생명의 피해를 다른 방식으로 설명할 수 있게 만들어
그 재난의 재정적·법적 책임을 더 모호하게 만든다."[52] 겁 먹은
한국인들의 혼란스러운 이동으로 군의 민간인 통제 정책은 더욱
강력하게 시행되어야 한다는 압력을 받았다. 요컨대 새로운
파괴의 기술들이 민간인의 생명을 향하면 향할수록, 피난민
문제는 걷잡을 수 없이 점점 커져갔다. 하지만 미군은 이를 전쟁
기간 동안 은폐했고 이후 집단 학살 행위들이 폭로되자 그 사실을
부정하게 된다.

저들을 태워버려, 익혀버려, 튀겨버려

기밀에서 해제된 기록들은 민간인의 삶이 무차별적으로
파괴되었을 뿐만 아니라 군 간부들이 이 파괴를 편의에
맞게 위장했음을 보여준다. 〈민간인 피난민 대상 기총소사

정책〉이라는 제목으로 작성된 1950년 7월의 어떤 문서에서
터너 로저스 대령Colonel Turner Rogers은 이렇게 우려를 표명했다.
"민간인 대상 기총소사와 관련된 우리의 작전은 과한 주목을
받을 게 분명하고 미 공군과 미국 정부를 곤란하게 만들 수
있다."[53] 공군은 민간인 사상을 방지하기 위해 신중하게 작전을
진행하는 대신 피난민 기총소사와 민간인 학살과 가옥 파괴를
이어갔다. 1950년 여름이 끝날 무렵, 워싱턴 D.C.의 군 홍보실로
한국 내 미국 폭격기들이 "무차별적"이라는 소문이 전해졌다.[54]
결국 펜타곤은 한국 내 미군들에게 부정적인 보도를 피하기
위해 촌락의 폭격을 더 이상 기록하지 말고 그것을 "군사적인
표적"이라고 부르라고 권고했다. 한국전쟁을 치르는 데 있어서
가장 큰 과제 중 하나는 바로 산업적인 표적이나 군사적인
표적이 너무 없다는 것, 이런 표적은 대부분 전투 초기 몇 달
만에 파괴되었다는 점이었다. 한 UN 간부가 1951년 8월 보고한
대로, "서울에서 (⋯) 극동에서 가장 근대적인 도시 중 하나인
그곳에서, 산업 시설의 85퍼센트, 사무 공간의 75퍼센트,
생활공간의 50~60퍼센트가 파괴되었다."[55]
　　이런 어려움 속에서도 미 공군 작전 요약서는 적에게
점령당했다고 판단될 경우 마을 전체를 주기적으로 잿더미로
만들고 도시에 "포화 처치"를 가하는 "초토화 정책"을 이행해,
그로부터 종종 "탁월한 결과"를 얻었다고 보고했다.[56] 땅과
거기에 거주하는 사람들을 시커먼 재로 만들어버리는 이 작전은
몇 년 앞서 일본인들을 대상으로 시도하고 시험했던 화학무기를

활용해서 더욱 원활하게 이루어졌다. 이런 새로운 살상 기술들 덕분에 초토화 정책은 탁월한 결과를 낳았다.

네이팜탄의 첫째 피해는 당연히 화상입니다.

둘째는 (…) 일산화탄소 중독입니다. (…)

셋째는 (…) 기관氣管 상부의 화상입니다. (…)

넷째는 쇼크입니다. (…)

다섯째는 혈액과 내부 장기에 미치는 영향입니다.

여섯째는 골격의 변화입니다.

· 마사히로 하시모토, 베트남 전범 재판

1942년 하버드의 한 과학 실험실에서 착안된 네이팜은 이후 미국 정부가 다우케미컬과 계약을 체결하여 새로운 형태의 전쟁에서 근간이 될 무기로 개발되었다. 미국은 이 무기를 세 차례의 전쟁에서 광범위하게 사용해서 일본, 한국, 베트남에 떨어뜨렸고, 그다음 정도는 덜하지만 1991년 걸프만전쟁과 지금의 이라크전쟁을 치르면서 이라크에서도 사용했다. 무기 자체는 알루미늄 케이스에 들어 있는 대단히 휘발성이 강하고 끈적한 물질로 이루어져 있다. 이 물질이 연소하기 시작하면 알루미늄이 폭발해서 그 안에 든 '소이성 젤리'가 뿜어져 나와 그와 접촉한 모든 사람을 태워버린다. 수년간 이 무기는 정제를 통해 '슈퍼 네이팜', 즉 전쟁에서 사용할 때마다 전보다 더 높은 온도에서 타올라 땅과 사람을 더 빨리 파괴하는 화학무기로 진화했다.

　1950년부터 1953년까지 미국 폭격기는 하루에 약 113톤에 달하는 네이팜을 한반도에 퍼부었다. 처칠의 표현을 빌리면 풍경을 뒤덮은 그 폭탄 속에서 "헤엄칠" 수 있을 정도였다. 2차 세계대전에서 일본을 상대로 사용된 네이팜보다도, 나중에 베트남에 떨어진 네이팜보다도 더 많았다.[57] 하지만 네이팜의 사용은 몇 년 뒤 미국인들이 화상을 입은 채 살아 있는 베트남 어린이들의 이미지를 접하기 전까지는 미국 내에서 폭넓은 관심을 얻지 못한다. 베트남전쟁에 반대하는 사회적 저항이 공고해졌을 때에야 잊힌 전쟁 기간 동안 미군의 행적이 반향을 일으키기 시작했다. 하지만 1950년부터 1953년 사이, 미국 정부는 '대량 살상 무기'를 사용하는 데 거리낌이 없었고, '대량 살상 무기'는 이 기간 동안 군의 어휘에서 흔한 상용어가 되었다. 또한 대량 살상 무기의 사용으로 커밍스의 표현을 빌리면 한국에서 "상당한 민간인 사망자가 발생했음"에도 불구하고 이 기간 동안 전쟁의 행태들은 미국 내에서 누구나 다 아는 일반 지식이 되지 못했다.[58]

　1950년 11월 30일, 해리 트루먼Harry Truman 대통령은 기자회견을 열고 전쟁이 시작된 이후 한국에 원자폭탄을 떨어뜨릴 계획을 세우고 있었다고 인정했지만, 이 고백을 하기 전에도 그는 전략 공군 사령부에 "극동으로 중형 폭탄 무더기를 지체 없이 송달할 준비를 하라. (…) 이 확대에는 원자 역량이 포함되어야 한다"는 비밀 명령을 내린 바 있었다.[59] 트루먼이 이 기자회견에서 공개한 계획은 국제사회의 반대에 부딪혔으나 미국 대중들은 전반적으로 핵 전쟁에 반대하면서도 전쟁의 일상적인 행태들에 대해서는 여전히 잘 알지 못했다. 미국 대중은 마을·학교·병원을 상대로 한 무차별적 폭격을, 민간인의 강간과 학살을, 들판의 방화를, 공산주의자로 의심되는 자를 고문하고 처형한다는 것을 알지 못했고, 새로운 전쟁 기술이 한국인들의 몸과 인구 집단에 입힌 각별한 피해를 알지 못했다. 초토화 정책과 네이팜의 광범위한 사용은 의심 없이 받아들여졌고 심지어 칭송받았다. 당시 미국의 전쟁 선전물은 네이팜탄을 떨어뜨리는 항공사진에 설명을 달면서 뻔뻔하게, 애정을 담아 이 무기에 "불타오르는 죽음"이라는 수식어를 붙였다.[60] "저들을 태워버려, 익혀버려, 튀겨버려."[61]

*   독성-화상 병리학

튀겨지고 익혀진 사람들은 "오물gooks[아시아인들을 지칭하던 멸칭]"이었고 일부 퇴역 군인과 종군기자들의 회상에 따르면 "모든 남자들의 간절한 소원은 한국인을 죽이는 것이었다. '오늘 (…) 내가 오물을 한 마리 잡을 거야.'"[62] 미국인들은 "절대 적이 인간인 듯 말하지 않고 유인원인 듯 말한다. (…) 그렇지 않았다면 이 본질적으로 친절하고 관대한 미국인들은 그들을 무차별적으로 죽이거나 그들의 집과 볼품없는 세간을 짓뭉개지 못했으리라."[63] 전쟁 심리학자 데이브 그로스먼Dave

신원 미상의 네이팜 피해자

Grossman에 따르면 한 인간이 다른 인간의 목숨을 빼앗을 때
일반적으로 드러나는 죄책감 반응을 가로막는 것은 아마 다른
무엇보다도 인종적인 차이, 그리고 자신의 도덕적 우월함에
대한 믿음이다. 군사적인 수사를 통해, 그리고 1950년대
미국 대중문화를 통해 구축된 '오물'이라는 인식은 한국인이
인종적·도덕적으로 열등한 존재이므로 남측에서는 구해주고
북측에서는 말살시켜야 한다는 관념을 반영한다. 하지만
피난민들이 갈등의 경계를 넘나들며 꾸준히 이동하는 통에
북과 남은 사실상 구분이 불가능해졌다. 공산주의로부터
구조되었다던 바로 그 한국인들이 미국과 UN군에 의해
학살당하고 남한군과 미국군에 의해 정치수로 수감되었다. 영국
기자 제임스 캐머런James Cameron이 정치수를 대상으로 자행된

극단적인 인권 침해를 목격하고 UN위원회에서 우려를 표했을 때 위원회의 반응은 "심히 충격적이라는 데는 동의한다. 하지만 기억하라, 이들은 행동 기준이 다른 아시아인들이다"였다.[64] 이와 유사하게 조지 배럿George Barrett은 UN군에 대한 한국인들의 신뢰 상실에 대응하는 글에서 이렇게 말했다. "현대전의 도구를 쓸 경우 대부분 파괴가 불가피하다는 사실을, 원시인 수준의 평균적인 한국인들이 이해하리라 기대하기는 어렵다."[65] 이런 지각상의 차이는 군인들의 살상 역량뿐만 아니라 죽게 내버려두는 제도의 역량 역시 강화했다.

한국전쟁과 베트남전쟁의 많은 퇴역 군인들이 자기가 무고한 사람들을 죽였다는 걸 알고 그로 인한 배회를 경험하고 있음에도 불구하고, 그리고 민간인 살상과 관련된, 우회적으로 말해서 '특수 임무' 수행을 거부한 사람들이 있었음에도 불구하고, 거의 병적인 수준의 살상 의지와 욕구를 가진 사람들도 있었다. 가령 한 베트남 퇴역 군인은 살인에서, 총알을 뿜어내 타인의 몸을 꿰뚫는 데서 괴벽스러운 쾌감을 경험했다고 말했다. 복무 기간이 끝날 무렵 그는 살인에 중독되어 버렸다. "꼭 섹스가 그러듯 그건 당신을 소진시킬 수 있어요." 이 퇴역 군인은 이렇게 말했다.[66] 다른 군인들은 민간인을 죽이는 데서 쾌락을 느꼈다기보다는 무심함을 경험했을 수 있다. 무엇보다 "오물 몇 마리가 어때서? 망할 오물 몇 마리잖아?"[67]

네이팜의 독성-화상 병리학은 그것이 연소하면서 공기의 화학적 구성을 바꾸기 때문에 그 물질에 직접 닿지 않아도 죽음에 이를 수 있다는 것이다. 네이팜은 죽음을 초래할 정도의 일산화탄소를 만들어내고 공기에서 산소를 제거하여 타격 지역에 갇힌 모든 사람이 거의 그 자리에서 질식으로 사망에 이른다. 그 독성에도 불구하고 살아남더라도, 네이팜은 엄청난 열을 발생시키기에 타격 지역 인근의 공기를 들이마셨을 때 입, 목구멍, 폐의 내부를 태워버릴 수 있다. 글로벌시큐러티 웹사이트에 따르면 "소이성 무기가 독일의 벙커 위에 떨어졌을 때 그 강력한 열이 죽은 자들을 말 그대로 구워서 건조된 상태로 만들었고, 독일어로 'Bombenbrandschrumpfeichen' 그러니까 '소이탄으로 쪼그라든 살덩어리'를 양산했다".[68] 네이팜이 피부에 직접 접촉했을 때는 피부가 타면서 몸을 재빨리, 깊숙하게 파고 들어서, 표면에서 불이 꺼진 뒤에도 이 불이 조직 안으로 꾸준히 퍼져나가는 지경에 이른다.

1도: 외피만
2도 : 외피의 안쪽 층
3도 : 내피의 안쪽 층
4도 : 가장 깊은 피하조직
5도 : 근육

· 마사히로 하시모토, 베트남 전범 재판

네이팜은 섭씨 3300도가 넘는 엄청난 고온에서 불이 붙기 때문에 네이팜에 닿아서 1도 화상을 입는다는 건 불가능하다.

2장   트라우마의 계보

대부분의 경우 네이팜은 피해자의 피부를 뚫고 근육까지,
근육을 뚫고 뼈까지 태운다. "뼈의 재들이 날려서 떨어지고
불에 탄 뼈들이 서로 들러붙거나 사라지는 현상이 존재한다."[69]
베트남 전범 재판에서 나온 전문가 증언에서는 네이팜을
"광범위한 무차별 파괴의 수단"으로 묘사한다. 아이러니하게도
이런 폭탄의 잔해들은 한국전쟁 피난민들에게 생존 수단이기도
했다. 네이팜 젤리의 잔여물을 취사용 연료로 사용할 수
있었던 까닭에 피난민들은 일부만 폭발한 알루미늄 케이스를
찾아다녔다. 살아남으려는 의지가 화상의 위험을 능가한
것이다.

　1950년 6월 27일, 트루먼 대통령은 한국 내 미국의 역할에
관해 전국에 연설하면서, 한국에 대한 미국의 모든 개입은
공산주의의 위협으로부터 방어하기 위한 전략이라는 프레임을
사용했다. 트루먼 행정부에게 있어서 1950년 6월 25일에 일어난
사건들은 이후 3년에 걸쳐 군비를 네 배로 증강하고 군인을
항시 모집하는 방침을 정당화했다. 또한 트루먼은 이 연설에서
아시아에서 모든 미군 주둔지를 영속화한다는 결정을 밝히면서
한국뿐만 아니라 필리핀과 프랑스령 인도차이나 파병에 속도를
올렸다.[70] 돈 오베르도르퍼Don Oberdorfer에 따르면 "국제적으로
유혈이 낭자한 3년간의 한국전쟁은 (⋯) 미국으로 하여금 2차
세계대전 이후 군비 축소에서 소련의 팽창을 저지하기 위한
재무장으로 단호하게 방향을 전환하도록 유도했다."[71] 한국은
베트남을 위한 동력 또는 시험대였다. 15년 뒤 초토화 정책은

베트남에서 다시 전개된다. "베트남 남부로 쏟아져 들어온 미군들은 (…) 곧 모든 '오물'을 잠재적인 적으로 여겼다."[72] 한국전쟁 기간 동안 한국에 파병된 저명한 미군 부대인 제8기병대의 작전 요약서는 아래와 같은 식이었으리라.

제8기병대 일지. 1950년 늦여름, 모일

07:45 "미국 폭격기가 서울을 집중 포격해서 1096명의 민간인을 죽이고, 1201명에게 (…) 부상을 입혔으며 7000명 이상이 거주하던 주택을 궤멸시켰다."[73]

09:00 "마을 도처와 들판에 있던 주민들이 네이팜 공격이 개시됐을 때 취한 자세 그대로 고정된 채 목숨을 잃었다. 막 자전거를 타려던 남자, 고아원에서 놀고 있던 50명의 소년과 소녀들, 시어스-로벅 카탈로그에서 찢어낸 종이 한 장을 손에 쥔 채 이상할 정도로 아무런 표정이 없는 주부 (…) 그 작은 마을에서 죽은 사람이 200명에 달했을 것이다."[74]

10:15 미국의 전쟁 범죄에 관한 범한국 조사단은 미국이 천연두에 오염된 구호물자를 공중에서 투하하는 등 생물 테러 전략을 전개했음을 확인했다.[75]

11:20 국제적십자위원회의 한 조사단은 피난민 캠프와 병원의 상태를 살펴보고서 얼굴과 몸이 "커다랗게 곪은 상처"와 "고름이 꽉 찬 종기"로 뒤덮인, 질병과 굶주림으로 고통받는 민간인으로 북새통을 이루고 있음을 확인했다. 가장 두드

러지는 점은 "병원의 침묵, 심드렁한 사람들과 죽어가는 사람들의 침묵"이었다. 보고서는 식량, 의약품, 위생적인 조건을 제공하지 못하다 보니 300만에서 400만에 달하는 피난민들이 "서서히 죽어가고 있다"고 결론을 내렸다.[76]

13:45   "올해 초 서울의 북적대는 한 고아원에 비처럼 쏟아진 폭탄—아무래도 미국 폭격기에서 떨어진 것으로 보이는— 때문에 어린이 100명 이상이 목숨을 잃었다고, 해당 고아원을 운영하던 크리스천칠드런스펀드Christian Children's Fund Inc.가 오늘 보고했다."[77]

결과: 탁월함[78]

민간인을 공격 대상으로 삼는 것은 미군이 한국전쟁 기간 동안 "완벽하게 연마"한 전략으로, 300만 명 혹은 인구의 10퍼센트를 죽음으로 몰아넣었다. 1950년 6월 25일 한반도에서 펼쳐지기 시작한 이 참상은 아시아 내 미국의 군사적 지배라는 미래의 모습을 미리 연상시키며, 네이팜 공격으로 헐벗은 채 뼈까지 불에 탄 아이들이 넘쳐나는 사이공 거리의 모습을 앞당겨 비춰 보였다.

"모든 깊은 화상은 위태한 부상이다."[79] 네이팜이 유발한 것과 같은 등급의 화상을 입을 경우 새 피부는 외피에서만 자라기 시작한다. 상처는 주변부부터 스스로 치유하려고 한다. 새 조직은 바깥에서는 자라지만 아무리 시간이 지나도 상처를 덮을 정도로 뻗어나가는 그런 형태의 조직은 안 된다. 상처는 서서히

치유되고, 때로는 전혀 치유되지 않는다. 바깥에서 자라는
반흔 조직은 극도로 연약해서 상처는 아주 작은 자극에도 다시
벌어지고 또 벌어진다.

"모든 깊은 화상은 위태한 부상이다." 그것은 때로는 전혀
치유되지 않지만, 이 전혀 치유되지 않음의 상태, 전혀 진전이
없음의 상태가 최악의 시나리오는 아니다. 그 상처에는 새로운
병리를 양산할 역량이 있기 때문이다. 트라우마는 조직의 다른
부위로, 혈액으로 확산해 면역 시스템을 공격하는 감염원을
발생시켜 화상 병리학자들이 말하는 2차 죽음을 야기할 수 있다.
"그런 죽음은 트라우마 자체가 발생하고 나서 오랜 시간이 지난
뒤에 일어날 수도 있다."[80]

공습: 미군의 명령에 따라 당신들에게 소개를 지시합니다

한국전쟁에서 살아남은 한반도 인구는 90퍼센트 정도이지만
이보다 더 비관적인 추정, 특히 북한 쪽의 추정에 따르면
생존자는 80퍼센트에 가깝다. 이런 대대적인 파괴 속에서
살아가는 일은 한 인간에게 어떤 영향을 미칠까? 민간인이 공격
대상이었다는 사실이 가장 지속적으로 영향을 미친 결과는
어쩌면 이들이 상실한 터전의 규모인지도 모른다. 1951년 3월
UN 관료들은 가옥과 마을이 파괴되는 바람에 300만 명의
한국인이 집을 잃었고, 1951년 여름에는 500만 명이 집을 떠나

피난민이 되었다고 추정했다.[81] 그 여름이 끝났을 때 또 다른 UN 관료는 전쟁이 시작될 당시 한반도 북쪽 지역에서 살았던 900만 명 가운데 100만 명이 죽고, 생존자의 절반 이상이 남쪽으로 피난을 갔다고 보고했다.[82] 정전 협정을 체결하고 나서 18개월이 지난 뒤에도 집이 없는 한국인이 400만 명에 달했다.[83]

역사학자와 생존자들 양측 모두의 진술에서 한국전쟁의 가장 두드러진 측면 중 하나는 미국 주도의 가차 없는 폭력이다. "미국인들은 매일 밤낮으로 폭격을 하고 있었다. 한국전쟁은 폭격전이었다. (…) 북한군은 별다른 파괴 능력이 없었지만 미국 전투기는 무차별적이어서 모든 걸 초토화했다."[84] 이런 측면에서 미국은 전쟁에 가담한 그 어떤 나라보다 큰 무력을 과시했다. 그 무력은 땅과 사람들을 파괴할 뿐만 아니라, 어쩌면 그보다 더 의미심장하게도 인구 집단 사이에서 공포를 확산하는 기술을 보유했다. 존 할리데이Jon Halliday와 브루스 커밍스에 따르면 "미국은 공중을 완전히 통제했다. 움직이는 모든 사람과 모든 물건이 끊임없는 폭격과 기총소사를 당했다. 사람들은 야간에만 이동할 수 있었다."[85] 언제든 목숨을 잃을 수 있다는 걸 알았기 때문에 수백만 명의 피난민은 끊임없는 떠돎의 상태에서, 폭탄이 미치지 못하는 장소를 찾아 특정한 목적지 없이 움직이는 상태에서 벗어나지 못했다. 미군 역시 특히 북한에서 폭격이 미치는 심리적 영향을 세심하게 계산했다. 가령 평양은 "불면증 작전", 즉 "인구 집단의 진을 빼놓기" 위해 설계된 폭탄 투하 작전의 대상이었다.[86] 미국은 40일 밤낮으로 쉬지 않고 폭탄을 퍼부었고, 마지막에 가서는 평양시 인구가 10퍼센트 밖에 남지 않았다. 당연히 많은 사람이 목숨을 잃었지만, 그보다 더 많은 수가 남쪽으로 피난을 갔고 결국에는 즉결 처형을 당할지 모른다는 두려움 때문에 북한 출신이라는 정체성을 버리게 된다. 터전을 잃은 민간인들의 상태는 몸의 움직임만이 아니라 정신적 망명의 상태이기도 했다. 트라우마의 끈질긴 영향을 짊어진 생존자들은 지금 이 순간에 정착하기 힘들기 때문이다. 주디스 버틀러의 표현대로 "[현재] 일어나는 모든 일은 이미 일어난 적이 있고, 앞으로도 (⋯) 반복의 힘을 통해 시간을 관통하여 확장하고 뒤얽힌 (⋯) 늘 이미 일어나고 있는 일로 등장하게 될 것이다".[87] 트라우마로 얼룩진 전쟁의 영향을 품고 있는 사람은 거듭되는 비상 상태 속에 있다.

*   그래서 난 원을 그리며 한 바퀴를 돌았다
    _____

그 여자가 태어난 일본에서 여자의 가족들이 집이라고 부르는 창녕이라는 마을까지. 마을이 소개된 이후에는 창녕에서 부산으로, 그리고 다시 창녕으로, 그다음 전쟁이 끝난 뒤에는 다시 부산으로. 여자가 결국 일자리를 얻은 해군 기지의 기지촌에서, 군인 남편이 나고 자란 미국의 시골로, 그리고 다시 한국으로. 그리고 마침내 여자가 더 이상 돌아가지 못할 때까지. 하지만 이 작은 마을은 여자의 여행이 끝나는 종착지가 되지 못할 거야.

한국전쟁이 끝나고 40년이 흘렀을 때, 미국인과 두 번째 이혼을 하고 난 뒤, 그해 여자는 처음으로 나라를 가로질러 이동했지(이런 이동을 총 세 번 하게 되는데 그중 처음이었어).

이혼은 두 번째였지만 별거 횟수는 총 다섯 번이야. 여자는 뉴잉글랜드의 한 교외 지역, 여자가 식별할 수 없는 규칙적인 경고음 외에는 어떤 소리도 들리지 않는 적막한 동네의 침실 한 개 짜리 작은 아파트로 이사했어. 그 소음은 음량이나 빈도가 더 늘지는 않았지만 점점 마음을 심란하게 만들었지. 모든 외부적인 소음은 여자만이 들을 수 있는 소리들을 방해했기에 여자는 일체의 외부적인 소음을 힘들어했지만, 이 소음은 특히 견디기가 어려웠어. 여자는 아홉 살 때 겪었던 공습이 다시 떠오르기 시작했어. 모든 이성이 여자에게 지금은 1950년이 아니라고, 여자가 있는 곳은 한국이 아니라고 말했지만 그 사이렌 소리는 여자에게 폭격기가 오고 있다고 말했지. 공습이 시작되면 민간인들은 공격 지역 안에 갇힌 채로 몸을 숨기는 게 나은지 아니면 엄폐물 없이 뜀박질을 하는 게 나은지 결정해야 해. 물론 자신의 생존 가능성을 정말로 계산하려면 정확한 폭격의 순간과 사용되는 폭탄의 유형을 알아야 하는데, 민간인은 이런 정보에 접근하지 못하잖아. 그래서 민간인에게 소개를 명하는 언어적인 명령이 공중에서 무선으로 송신되는 경우를 제외하면 결정은 늘 직관적인 반응이야. 사이렌, 그리고

무선으로 송신되는 목소리가 여자에게 뜀박질을 하라고
말했어.

적진 공습에 갇힌 아이

2장   트라우마의 계보

트라우마는 안정된 곳에 자리를 잡았다는 감각을 항시 흔들어놓는다는 점에서 기억을 소개시킨다. 기억은 위협을 당할 때마다, 트라우마가 되돌아올 것 같다거나 새로운 트라우마가 일어날 것 같다는 감각이 있을 때마다 도망갈 태세를 취한다. 물론 재앙이 임박했다는 이런 감각은 망상이다. 트라우마는 절대로 완전히 도착하지 않기 때문이다. 트라우마가 절대 도착하지 않는 이유는 이미 일어난 상태이기 때문이다. 즉 트라우마는 어떤 끈질긴 과거의 효과로서 현재 안에 이미 깃들어 있다. 트라우마를 입은 주체는 끊임없이 뿌리 뽑힌 상태에 있다. 그는 전에도 그곳에 있어보았다는 점에서 익숙한 장소에 존재하는 것처럼 보일 수 있다. 그리고 반복의 힘을 통해 다시 그곳으로 돌아가고 또 돌아갈 가능성이 높다. 하지만 이 장소는 원래의 장소도 최종 목적지도 아니며, 그를 실패한 기억과 불완전한 망각 사이에 붙들어둘 뿐이다. 만일 트라우마를 이해의 프레임들이 넘쳐나는 과잉으로 바라볼 경우, 누군가의 트라우마적 사건에 대한 기억을 긍정적으로 이야기하거나 정말로 무슨 일이 일어났는가를 알아내는 건 불가능할 때가 많다. 하지만 기억은 망각하는 주체에게 묶여 있지 않다. 기억은 가장 그럴싸하지 않은 장소에서 물화하거나 트라우마적 사건과 논리적 연결 고리가 전혀 없는 사물에 스스로를 고정시킨다. 그것은 프로이트의 표현을 빌리면 사물의 과잉 평가를, 욕망과 갈망이 워낙 가득 들어차서 거의 식별 불가능한 상태를 낳는다.

"죽게 내버려둬." 여자가 말했어. 야생화 화분은 여자가
두 번째 뉴잉글랜드 거처에 도착했을 때 받은 집들이
선물이었지. 여자는 미국인과 세 번째, 네 번째 이혼을 하고
나서 다시 이 거처로 돌아왔어. 혹자는 여자가 식물을, 혹은
생명이 있는 모든 존재를 돌볼 줄 모른다고 말할지도 몰라.
어쩌면 문제는 여자가 또 다른 생명을 부양할 수 있느냐
없느냐가 아니라 이 특정 생명이 이어지는 걸 허락하지
않겠다는 의도적인 거부였는지도 모르지. 하지만 방치를
통해 그 식물을 죽이기가 어렵다는 게 판명되었고 여자는
거기에 직접적인 폭력을 가할 수도 없었어. 심지어 밖에
내다놓고 거들떠보지 않았는 데도 그 식물은 죽지 않았지. 그
식물은 야생에서 겨울과 봄에도 계속 자랐고 달이면 달마다
새 꽃들을 피워냈던 거야. "그 이름." 여자가 말했어. "그
이름이 너무 싫어. 돌고 돈다는cycle 말처럼 들려[여자가 말하는
식물의 이름은 시클라멘cyclamen으로 추정된다]." 그 식물은 겨울을
거의 다 버텨낸 다음 봄이 되자 썩어서 흙이 되었지.

1950년 여름은 유난히 더웠다. 한국전쟁 생존자들은 실제
온도계에 온도가 어떻게 찍혔는지와 무관하게 그해 여름을
그렇게 기억한다. 그것은 냉전 최초의 '뜨거운' 전쟁이었고,
온 마을이 소개되었다. 가족들은 순식간에 아이와 조부모들을
챙기고 쌀과 세간살이를 보따리에 싸서 등에 짊어졌다. 이들은

남쪽으로 향하는 길을 따라 걸었고 그 길은 집을 떠난 수백만 명으로 이내 북새통을 이루게 된다. 이들은 짐을 싸서 부산을 향해 한반도 아래로, 그리고 다시 북쪽으로 이동했고, 물을 건넜고 아이들이 빠져 죽는 모습을 보았고, 결국에는 불에 탄 땅으로, 한때 집이었던, 유령이 나올 것 같은 잿더미로 돌아갔다. 그 여름의 더위가 특히 기억에 남는 것은 그 풍경 속에 널려 있던 살에 그 더위가 미친 영향 때문이었다.

노근리 사건 이후 몇 날과 몇 주 동안 일부 생존자들은 가족의 유해를 수습하려고 학살 현장으로 돌아갔다. 희숙은 1950년 여름 열여섯 살이었다. 희숙은 어머니, 아버지, 언니와 조카의 죽음을 목격한 뒤 도망쳤다. 어쩌면 미국인들이 희숙을 쏘지 않은 것은 희숙이 그들을 향해 뱉은 몇 마디 영어 때문이었는지 몰랐다. 희숙은 얼이 빠지고, 굶주리고, 피를 뒤집어쓴 채 남쪽으로 계속 걸었다. 희숙의 흰 옷은 피가 굳으면서 뻣뻣해졌고 갈색이 되었다. 희숙이 낙동강에 닿았을 때 거기 있던 미군들은 피난민을 선별해서, 그러니까 어린 여자만 강을 건너게 해주었다. "미군이 어린 여자들한테 몹쓸 짓을 한다고 어딜 가든 사람들이 수군거렸지."[88] 희숙은 발길을 돌려 다시 노근리를 향해 걸었다.

그해 여름에는 비가 많이 내렸다. 그래서 학살 현장에는 피에 물든 고인 물웅덩이에 죽은 자들이 잠겨 있었다. 거기서 희숙은 부패 중인 시신의 악취를 헤집고 다니면서 아버지의 몸을 찾아냈다. "뼈와 살이 따로 움직이는 것 같더라고. (…)

난 점액질 같은 아버지의 유해를 내 두 손으로 모아 물에서 떠냈어."[89] "더위와 습기, 비와 벌레들이 몸들을 빠른 속도로 분해하고 있었어. (…) 어떤 아홉 살짜리 여자애는 그 자리에 돌아와서 자기 죽은 엄마의 임신한 배가 벌어져 있고 태아가 땅 위에 물처럼 흐물흐물해져 있는 걸 봤지."[90]

*   전쟁이 끝나고 나서 돌아갔지.
그런데 우리 집이랑 들판이 잿더미가 되어 있었어.

이렇게 더 남쪽으로 이동하고 난 뒤 여자가 돌아간 곳은 어땠을까? 미군이 '부산 외곽'이라고 부르는 지역에서 벌어진 가장 격렬한 전선을 피하고 난 뒤 여자는 다시 창녕으로 돌아갔어. 여자는 전쟁에 관해 뭐든 기억을 하는 경우가 드물었는데, 그런 드문 경우 여자는 길을 잃은 이야기를 하지. 여자의 나이를 미국식으로 계산하는지, 한국식으로 계산하는지에 따라 여자는 아홉 살 또는 열 살이야. 여자가 가족의 시야에서 사라져버리는 어떤 일이 일어나. 어쩌면 그들이 강을 건너고 있는데 총알이 그들에게 되돌아가라고 불호령을 내릴 수도 있고, 공습 사이렌이 그들에게 도망가라고 악을 쓰는데 여자가 잘못된 방향으로 달려서 곳곳에 몸들이 널려 있고 먼지가 자욱한 곳에서 길을 잃는지도 몰라. 무슨 일이 일어나는지 그 상세한 내용은 텅

비어 있어. 이 이야기에는 어렴풋한 윤곽만 있지. 도망치다가 길을 잃고 되돌아왔다는. 그런데 되돌아온 건 거의 일 년이 지난 뒤였다고 여자는 말하지. 세 계절이 왔다가 갔으니까. 여자는 봄에 다시 창녕으로 돌아갔을 때 거기 뭐가 남아 있었는지 이야기하지 않아. 사진들이 훼손됐다는 말만, 그래서 그걸 나에게 보여주지 못한다는 말만 하지. 떠나기 전에 경계심을 늦추지 않고 집 아래에 살림을 파묻은 가족들도 있었을 거야. 전쟁이 끝난 뒤, 거기엔 아무것도 없었어. 마을도, 집도. 불탄 가족사진과 재가 된 뼈의 잔해만 흙 속에 스며들고 있었지.

노근리 학살 이후 몇 년 동안 노근리와 그 인근 주민들은 드물게 일어나는 기이한 현상을 보고했다. 농부들이 땅을 파다가 인간의 뼈를 발견했다. 마을 사람은 '혼불'이 깜빡이는 걸 보았다. 그리고 그 여름에는 혼령들이 몹시 수런거렸다. 한국의 민간 속설에 따르면 혼불은 학살이나 불의한 살인의 현장에 종종 그 모습을 드러낸다. 혼불에 대해서는 초자연을 넘어서는 이론들이 존재한다. 일각에서는 혼불을 정신장애나 영양실조가 유발하는 환각이라고 설명한다. 어떤 사람들은 따뜻한 비와 바람이 공동 매장지에 파묻힌 뼈들을 휘저어 인을 발화시킬 때 혼불이 일어난다고 말한다.[91] 학살 생존자들은 매해 여름 노근리 인근에서 일어나는 혼불에 배회당했다. 혼불은 어쩌면 한恨('해소되지 않은 슬픔과 분노'로 종종 풀이되는), 살해당한 망자의 한, 가족이 살육당하는 광경을 목격한 생존자들의 한의 물질적 표현태인지 모른다.

선영은 계절의 순환을 두려워했다. 추운 계절은 선영을 어느 정도 안심시켰지만 여름은 고통의 조짐이 가득했다. 날이 따뜻할 때면 선영은 축축한 공기 속에서 흔들리던 머리카락과 땅 속으로 스미던 피를 제외하고는 미동이 없던 네 살짜리 아들의 몸이 선하게 떠오르는 걸 더 이상 막을 수가 없었다. 앞으로 전진하던 시간은 매해 여름이면 1950년 7월의 이미지들에 방해받았다. 선영은 다른 지각의 기준들로는 사실상 보이거나 들리지 않는 것들을 감지했다. 아들의 피에 젖은 발. "엄마" 하며 울던 목소리. 들것 위에서 꼼짝하지 못하는 선영이 지켜보는 가운데 미군이 아이의 몸을 담아준 흰 천 가방.

이 장면이 반복되면서 선영의 몸 안에서, 그리고 그 너머에서 울려퍼지던 한을 휘저었다. 만일 트라우마가 이해를 위해 참고할 만한 프레임을 넘어서는 것이라면, 그것은 자아에 관한 일관된 서사 속으로 동화되지 못한다. 선영에게 있어서 죽은 자식의 이미지는 눈만이 아니라 자기 뇌와 피부의 "공명하는 관"에 의해 흡수되었다.[92] 그래서 1950년 7월은 선영 같은 생존자와 그들의 트라우마가 전이된 사람들의 세포 기억 속에 스며든다. 전쟁과 군사주의의 트라우마는 부재와 상실— 인명과 주택의 대대적인 손실과 저질러진 잔혹 행위에 관한 공식 기록의 부재 —에 뿌리를 둔, 기억되지 못한 사건일 때가 많지만 그것은 세포 수준의 정동에서 작동한다. 트라우마를 소화하지 못하는 좌절은 시간의 순환 속에서 반복되지만, 트라우마는 감각에 의해 유발된다는 점에서 이 패턴을 충직하게 따르지도 않는다. 더위의 느낌, 사이렌 소리, 전쟁의 냄새와 맞들은 트라우마를 되살려내 현재의 순간을 저 멀리 보내버린다.

소리가 익숙했지만, 사실 여자가 전에 그런 소리를 들어본 적은 한 번도 없었어. 사이렌이 응급 상황을 알렸고, 여자의 몸은 아홉 살에 익숙해진 바로 그 방식대로 반응했지. 여자에게 공습 사이렌이 결정을 하라고, 숨을 거냐고, 아니면 계속 도망갈 거냐고 비명을 지르던 옛 기억이 훅 되살아나기 시작했어. 그 전쟁이 끝나고 40년이 지나서 여자는 외출을 멈췄어. 몸이 노출된다는 생각만으로도 심한 공황 상태가 됐거든. 하지만 안에 갇혀 있다는 생각 역시 그만큼 여자를 겁에 질리게 했어. 그래서 여자는 비상시에 뛰어내릴 수 있도록 창문에서 유리를 깨버리고 틀만 남겨두는 방식으로 탈출 경로를 확보하는 과감한 조치를 취했지. 하지만 자신의 행동 계획이 최선인지 확신이 서지 않는 때가 있었어. 특히 순한 9월의 나날이 겨울밤으로 접어들 때가 그랬지. 하지만 비어 있는 창틀은 어느 정도 안도감을 줬어. 최소한 여자는 자신이 대비가 되어 있다는 걸, 언제든 피신할 준비가 되어 있다는 걸 알았거든.

안도: 우리 몸은 비워냈다

지금도 드럼 위에 붙어 있던 우표가 기억나요, 내가 처음으로 본 영어였죠. U.S.A……. 우린 그 많은 음식들을 생각하면서 침을 줄줄 흘렸어요.

· 종숙 덕먼, 〈고마워요〉

1950년대에 대중매체는 해외에 나가 있는 미국인들이 기본적으로 관대하고 친절하다는 이미지를 퍼뜨렸다. 캐서린 러츠Catherine Lutz와 J. L. 콜린스J. L. Collins는 "한국에 있는 미군들이 아이들에게 껌을 나눠주는 모습이 사진에 담겼다. 미국 지도층은 사진을 찍을 때 나눠줄 막대 사탕과 청량음료를 손에 들고 해외여행을 떠났다"고 전했다.[93] 국가의 기억으로 공식적으로 기록되는 것들을 모아 놓은 미국 국립기록물보관소에서는 굶주린 사람들에게 밥을 먹이고 가난한 사람들에게 옷을 입히며 한국 민간인들에게 자선을 베푸는 미군의 모습이 담긴 사진을 수백 장 찾을 수 있지만, 한국 민간인들의 굶주림과 극빈함의 원인을 담은 사진은 거의 없다.[94] 이 가운데 가장 인상적인 것은 아마 아직 어린애 티를 벗지 못한 젊은 미국 남자들이 기쁨에 젖은 어린 소녀들에게 인형과 옷과 막대 사탕을 건네는 사진들일 것이다. 그 사진에 딸린 캡션에 따르면 이들이 기뻐하는 것은 모든 어린 소녀들은 크리스마스에 인형을 받고 싶어 하기 때문이고, 한국 소녀들이 막대 사탕을 좋아하는 이유 역시 모든 한국인들이 제일 좋아하는 선물이 음식이기 때문이다. 미국은 아메리칸 드림 담론과 거기에 딸린 미국의 관대함이라는 이미지를 생산하고 유포하는 당사자임에도 불구하고, 그 유포가 의지하는 상호적인 구출 판타지는 이데올로기적 강요뿐만 아니라 정동 수준에서 표현되는 감각 경험을 통해 구축된다. 구호물자가 폐허 속에서 미국의 화려함과 자유의 상징으로 등장했다는 사실은 박애가 인종화된 도덕적 우월함이라는 이상에 연결된 지배의 수단이기도 함을 보여준다. 하지만 감각을 통한 지각이 식민화의 현장이 될 수 있듯 이는 전쟁에 관한 몸의 기억 안에 미국에 의한 구출과 절멸이 융합되어 있음을 드러낸다는 점에서 중요한 저항의 현장이 될 수도 있다. 강석경의 소설 〈낮과 꿈〉에 등장하는 한 인물은 이렇게 말한다.

우리 어머니는 미군정 시절 아직 어린애였던 내가 혓바닥이 빨개 지도록 구호물자에 있던 딱딱한 사탕을 빨아먹곤 했다고 말씀하셨 다. 그래서 내 입안을 물들이던 그 사탕을 뱉어내게 하셨다. 어머니 는 화를 내며 이렇게 말하시곤 했다. "그 작은 설탕 범벅을 먹으면 배가 불러?" 이제 와서 생각해보면 어머니를 화나게 만든 건 우리 의 가난이었다. (⋯) 나는 처음으로 어떤 미군에게서 돈을 받았고, 그러다가 문득 내가 어릴 때 먹던 것이(구호물품 속에 있던 사탕이) 떠올랐다. 나는 내가 출발한 곳으로 되돌아왔음을 어렴풋이 깨달 았다.[95]

전쟁이 끝났을 때 여자는 열네 살이었어. 아직 다 큰 여자도 아니었는데 여자가 갈 곳이라고는 없다 싶었지. 1953년은 전쟁이 끝나고 살아남은 한국인들이 미군 기지를 중심으로 생존을 이어가던 시기였고, 그래서 다른 한국인들처럼 여자는 미국인들을 향해 인력에 끌리듯 다가갔지.

커밍스에 따르면 "1953년 한반도는 잿더미만 가득한 폐허"였고, 미군은 북한의 위협으로부터 38선 이남의 한국인들을 지키기 위해 그곳에 머물렀다. 마지막에 남쪽에 남게 된 한국인 대다수가 북쪽에서 밀려난 사람들이었음에도.[96] 미군은 쌀 같은 주식이나 분유나 초콜릿 같은 이국적인 간식처럼 주로 음식들을 원조로 제공했다. 이들은 자신들이 폭파하거나 점거해버린 학교와 병원을 다시 지었고 집과 가정이 파괴된 사람들을 위해 고아원과 쉼터를 지었다.[97] 미군 기지는 경제 재건을 도왔고, 이로 인해 경제 활동이 미군 기지를 중심으로 이루어졌다.[98] 1953년 한반도는 잿더미만 가득한 폐허였고, 미군은 공산주의의 위협으로부터 남한 사람들을 계속 안전하게 지키기 위해, 동북아에서 자신들의 패권을 유지하기 위해, 여러 세대의 젊은 미군들을 훈련시킬 장소를 확보하기 위해 그곳에 수년간 눌러 앉았다.

미국인들은 영어를 할 수 있는 한국인에게는 더 관대한 편이었어. 그래서 여자도 영어를 공부하기 시작했지. 언젠가 기지촌 술집에서 자신의 술을 사줄 남자들에게 써먹을 수 있기를 바라며 영어사전에서 한 번에 한 단어씩 힘들게 외워가면서 말이야. 그런데 거기엔 누구나 아는 영어 단어들이 있었어. 초ㅡ코ㅡ릿. 시ㅡ가ㅡ렛.[99] 군용차를 탄 이상하게 생긴 남자들이 자신의 혈육일지도 모르는 아이들 무리를 향해 사탕과 사탕발림 같은 말들을 던지던 모습을 연상시키는 단어들. 때로 이들은 "색시(젊은 여자)" 같은 한국어 단어를 외치기도 했는데, 그걸 "섹시sexy"라고 발음했어.[100] 아직 다른 여자도 아니었고 영어도 할 줄 몰랐지만 미국인을 만나 결혼한 다른 소녀들처럼 어쩌면 여자는 유흥을 제공하는 법을 배웠을 수도 있어. 자기만큼 어린 다른 여자애들이 미군 기지에서 일자리를 얻었거든. 소녀들은 무대에서 춤을 췄고 남자들이 자신들의 땋아내린 머리를 숭배하도록, 그리고 자신들을 미국 별명이나 '처녀'를 의미하는 한국어 단어로 부르도록 했어.[101] 1953년에 무슨 일이 있었는지 나는 모르지만 미래의 어느 시점에 여자는 그곳에 머물던 미국 남자들에게 유흥을 제공하게 되지.

나무통이 열렸을 때 우리에게 한없이 많은 분유가 생겼다는 걸 알게 됐어요. (…) 이런 해외원조는 우리 몸엔 낯설었고, 그걸 마신 사람들은 전부 설사로 며칠씩 고생했죠. 몸은 우리가 가진 모든 걸 비 워냈는데도 우린 고마워했어요.

· 종숙 덕먼, 〈고마워요〉

난 분유가 너무 싫어. 그 맛이 전쟁을 생각나게 해.

· 내 어머니와의 대화에서

그 여자의 존재 내부에는 모순적인 충동이 가득해서, 전쟁 맛이 나는 바로 그것에 고마움을 느낀다. 양공주는 한국인의 욕망과 억울함이 투사된 인물, 자신의 몸 안에 켜켜이 접혀 있는, 미군이 한국에 개입해온 폭력적이면서도 친밀한 역사를 담고 있는 인물, 한인 디아스포라 전역에 이 역사의 모순을 유포하는 인물이다. 주된 모순은 한국전쟁이 미국 내에서는 잊혀졌지만 한국에서는 아직 끝나지 않았다는 점이다. 하지만 양공주의 몸에 새겨진 전쟁의 트라우마는 이 잊힘이 완결되는 것을 허락하지 않는다. 아무리 살육의 기억이 지워지고 그 위에 구원의 기억이 덧씌워져도.

폐허 밖으로

우리는 한반도를 평화롭게 만드는 데 있어서 미국의 역할을 잘 알 고 있습니다. 그리고 미군의 존재가 우리의 평화와 번영에 필수 불가결한다는 걸 압니다. 당신들이 우리를 위해 했던 일을 절대 잊지 않을 것입니다.

· 김석산 박사, 정전협정 체결 50주년 기념식, 시애틀

그런 참상은 한 번도 본적이 없다. 그 폐허와 수천 명의 여자와 아이들과 모든 상황을 보고 나서 나는 구토를 했다. (…) 당신들이 무한정 이 전쟁을 지속할 경우 인류 역사에서 내가 한 번도 들어보지 못한 그런 살육이 계속될 것이다.

· 더글러스 맥아더Douglas MacArthur 장군, 1951년 의회 연설

한국전쟁은 거의 완벽한 파괴의 전쟁이었다.[102] 할리데이와 커밍스가 "집단 학살 공중전"의 "설계자"라고 묘사한 커티스 르메이Curtis LeMay 장군은 이렇게 말했다. "3년여 기간 동안 (…) 우리는 북한, 그리고 남한의 모든 마을을 불태웠다."[103] 한반도 인구의 절반 이상이 살해, 부상, 실종을 당하거나 가족들과 영영 헤어졌다. 생존자들 가운데도 집을 잃은 사람이 수백만에 달했다. 1953년 전쟁이 끝날 무렵 한반도는 완전한 아수라장이어서 한국 사회를 처음부터 완전히 재건하지 않을 수 없었다. 이 새로운 사회는 말 그대로 미국이 지었다. 한국인들이 전쟁 기간 동안 경험했던 공포, 비통함, 수치심, 분노, 감사, 갈망과 같은 혼란은 그들과 미국인 간에 대단히 양가적인 관계를 만들어냈다. 미국인들은 한반도의 완전한 파괴와 분단된 한반도의 재구축 모두에 큰 책임이 있었기 때문이다. 정신적인

측면과 구조적인 측면에서 동시에 진행된 이런 근본적인
재조직은 여성의 삶에 특히 극적인 영향을 미쳤다.

　　한국전쟁을 완전히 해결하지 못한 실책, 그리고
한국전쟁으로 인한 파괴의 규모는 양공주가 출현할 수 있는
토대를 단단하게 다졌다. 이 인물의 전신인 위안부가 이미
미군을 위한 매춘 시스템의 장을 마련해 놓았다고도 볼 수
있지만, 전쟁 이후 한국의 가난은 수백만의 한국인들이 생계를
찾아 미군 기지로 향하게 만들었고 이 가운데 많은 수는
군인들에게 유흥을 제공하는 성인 여성과 소녀들이었으며,
미제 물건과 달러를 비공식적으로 데이트와 교환하는 이들도
있었다. 이런 실천들을 중심으로 온전한 경제가 형성되었고
군 매춘은 한국 내 기지촌 생활의 핵심을 이루게 된다. 기지촌
매춘부로서의 양공주는 어쩌면 그곳에서 복무한 여러 세대의
미국 남성들에게는 한국에 관한 가장 두드러진 기억인지
모른다. 반대로 한국인들에게 양공주는 한미 관계의 갈등을
가장 두드러지게 상징하는 인물인지 모른다. 양공주는 아메리칸
드림을 향한 일반화된 과잉 투여를 온몸으로 실행하고,
침묵을 지키는 와중에도 그 화려한 이미지 뒤에 숨은 악몽을
폭로하겠다고 위협한다.

여자가 말할 수 있는 기억은 거의 존재하지 않아. 여자는
기억하지 못할 때도 있고, 기억하고 싶지 않을 때도 있고,

완전히 뜬금없는 걸 기억할 때도 있지. 나는 여자가 어떤 공포를 품고 있는지, 여자가 오빠의 죽음이나 자신과 함께 이동하던 이웃 아니면 낯선 사람들의 죽음을 목격한 건지, 여자가 여기 기록된 기억을 가진 젊은 사람들, 눈을 돌릴 때마다 불에 타거나 갈갈이 찢어진 몸들을 접했던, 한국전쟁이라고 하는, 그 전쟁이 1950년 6월 25일에 시작됐든 아니면 한반도가 분단된 1945년에 시작됐든, 그 갈갈이 찢어짐을 온몸으로 겪어낸 젊은 사람들과 비슷했는지 확실히 알지 못해. 여자는 네이팜탄의 피해를 입은 아이들에게서 떨어져 나온 뼈의 재들이나 임신부의 배가 벌어져 열려 있는 모습이나 학살 현장에서 깜빡이던 혼불이 보인다는 말은 한 번도 하지 않았어. 여자가 털어놓은 전쟁에 관한 유일한 세부 사항은 산속을 헤치고 다녔던 여정이었지. 거기에 북한 군인들이, 자신의 언니들처럼 생긴 젊은 여자들이 있었대. 총을 든 이 소녀들의 모습이 자신이 전쟁에서 기억할 수 있는 가장 끔찍한 이미지라고 여자는 말하지. 너무 끔찍해서 잊을 수가 없었대. 그게 왜 끔찍하냐면 여자들은 전투를 하면 안 되기 때문이라고 여자는 말하지. 전투에 참여하는 여자는 여성에게 걸맞은 행동이라는 기준 밖에 있었지만 술집에서 미국 남자들과 어울리는 것도 기준을 벗어나기는 마찬가지였어. 하지만 여자는 이 얘기는 하지 않아. 그 얘기는 하지 않지만 여자의 침묵으로부터 다른 무언가가 생겨나지.

3장   사라진 양공주를 찾아서

나는 고의적으로 망각된 이야기의 조각들을 복원하려고, 그 부재의 공간 속에서 무슨 일이 일어났는가를 파악하려고 안간힘을 쓰고 있어요. 나는 당신이 당신의 경험이라고 말한 작은 조각들을 모조리 늘어놓고 그걸 배열하고 또 배열해서 울퉁불퉁한 형상들을 숱하게 만들어내죠. 그런데도 분명한 그림이 전혀 떠오르지 않아요. 그래서 이 구멍난 역사의 공백을 채울 단어들을 찾기 시작해요. 당신의 이야기가 부재한 상태에서 난 당신 꿈을 꾸죠. "어머니, 난 그저 당신을 보기 위해서 당신 꿈을 꿔요. 천국은 꿈 속에서 더 가까워지죠. 어머니, 나의 첫 소리. 첫 발화. 첫 관념."[1] 내가 처음으로 이 꿈을 꿀 때 그건 아직 완성태가 아니에요. 내가 기억하는 건 불타고 있는 무언가의 그림자 속에 서 있는데 보이지 않는 존재가 나를 이상하고도 친숙한 장소로 이끈다는 게 전부예요. 화재가 먼저인지 아니면 움직임이 먼저인지는 모르겠지만, 나는 끔찍이도 불안해요. 이 꿈이 되풀이될 때마다 다른 세부 사항이 확 밝아지죠. 무언가가 하늘에서 떨어져요. 재 아니면 뼈라 아니면 살점들, 은빛 포장이 반짝이는 초콜릿바 아니면 크리스마스 선물, 그리고 작은 총탄처럼 쏟아져내리는 셀 수 없는 쌀알들. 그리고 불타는 사진들 아니면 불타고 있는 물건들을 찍은 사진들, 잘 식별하기 힘든 사람과 장소의 사진들. 땅에 떨어지는 사진들이, 숱한 여자들이 있어요. 네이팜 피해를 입고 흰 거즈 붕대를 칭칭 동여맨 여자들, 참기름을 짜면서 불결하게

생활하는 여자들, 우는 아기들 옆의 죽은 여자들, 막대 사탕을
빨면서 행복해 하는 어린 계집애들, 잘생긴 미군들의 시선을
의식하며 똑같이 행복해 하는 큰 계집애들, 집을 잃고 숨을
곳이 없어져 잔뜩 겁을 집어 먹은 여러 무리의 계집애들.
때로 이들은 사진에서 뛰쳐나와 풍경 속으로 들어가지만,
꿈 속에서 나는 무엇이 현실이고 무엇이 재현인지 제대로
분간하지 못하죠. 연구로 전환된 이 탐색의 경로에서 나는
잠시 멈출 때마다 어떤 무의식적인 삭제의 증거, 폭력적으로
억압된 폭력의 역사를 발견했어요. 그 많은 세부 사항들,
어머니, 그리고 나는 아직도 이 모든 여자와 계집애들
사이에서 당신의 모습을 그리지 못해요.

이것은 고의적으로 망각된 이야기의 조각들을 복원하려는,
그리고 잊힌 것을 보이게 만들려는 집단적인 투쟁에 관한
이야기이다. 이것은 잃어버린 집과 역사, 기억과 어머니를
찾는 이야기, 그 장소에서 다른 무언가를 찾는 이야기이다. 이
장은 한인 디아스포라를 배회하는 종잡을 수 없는 여성 인물을
찾아 다소 정처없이 헤매고 다닌다. 그 탐색은 태평양 건너
어딘가에서 만나고 병합되며 나란히 이어지는 경로들을 따라
길게 이어진다.
첫 번째 경로는 한반도 남쪽 전역에 흩어져 있는 미군
기지의 그늘 속에 자리하고 있다. 나는 이 경로를 따라서 파괴

이후에 새롭게 출현한 여성을 좇는다. 이 여성은 처음에는 잘 보이지 않았지만, 이 공백에 가까운 상태에서 한국전쟁 이후의, 엄밀하게 말하면 여전히 교전 중인 한 나라의 집단적인 판타지를 보호하는 역할을 했다. 하지만 그 나라가 여전히 분단되어 있듯 그 나라의 집단적인 판타지 역시 마찬가지였다. 이 경로에서 이루어진 탐색은 1945년 이후 양공주의 다양하게 변화하는 형상들, 남한 민족주의의 상충되는 이데올로기에 의해 물질적·담론적으로 구축된 몸, 그 자체로 폭력의 대상이자 경합의 현장이 된 그 몸에 초점을 맞춘다. 여기서는 양공주가 과잉 군사화의 실천들에 종속되어 있는 한편, 집단 트라우마의 역사에 의해 구성됨을 보여주기 위해 군사적 매춘의 역사적·정치적 조건들을 늘어놓는다. 한미 관계의 여러 중요한 시기들과 양공주가 가시화되었다가 숨겨지는 정치적 맥락들을 따라 이 양공주의 형상을 좇다보면 우리는 그 전개가 남한과 미국 간의 양가적인 관계를 어떻게 상연하는지를 확인할 수 있다. 양공주는 국가 발전의 삭제된 역군이자 동시에 국가적 상실을 표상하는 과잉 노출된 인물이다. 이 두 가지 측면 모두 전쟁과 제국주의의 역사를 거슬러 올라가 추적할 수 있다. 하지만 나는 양공주는 대체로 비가시화돼온 인물이기에, 내가 하는 이야기가 필연적으로 모호할 수밖에 없음을 밝혀두고 싶다.

두 번째 경로는 디아스포라를 가로지르는 몸, 이미지, 개념들의 움직임을 통해 만들어졌다. 그 위에서 나는 그 해체된 조각들이 태평양을 횡단하여 이동하고 '고국'의 정치로 번역될 때, 국가의 균열된 정치에 무슨 일이 벌어지는지를 살핀다.
1990년대 초, 양공주는 미 제국주의 반대 운동의 상징이 되어
주한 미군 반대 활동뿐만 아니라 미국 내 디아스포라 한인들
사이에서 지식 생산을 점화했다. 양공주는 처음으로 공적인
성격을 갖게 되었지만 그 이미지는 여전히 불분명했다.
양공주가 누구이며 무엇을 상징하는가를 중심으로 한 의미들은
브렌트 헤이스 에드워즈가 '절합'이라고 표현한 과정을 통해
서로 경합을 벌였다. 절합이라고 하는 이 과정은 담론이
움직일 때, 즉 "그것들이 차이의 흔적이 새겨진 초국가적
맥락에서 번역되고 유포되고 재도식화되며 논쟁이 이루어질
때" 발생하는 틈과 차이들을 연결한다.[2] 한반도에서 양공주가
새롭게 획득한 가시성이 디아스포라를 가로질러 유포될 때,
번역 과정에서는 무엇이 유실되는가? 그리고 어떤 새로운
의미와 정동이 이 '배회하는 틈'에 의해 생성되는가?[3]

> 그 여자는 그들의 실마리에, 누구인지도 모르게 그들의 둔한 동작,
> 그들의 말의 무거움 속에, 꿰여들기를 허락한다. (…) 그 여자는, 자
> 신이, 경계의 표시가 될 것이다.
>
> · **차학경**,《딕테》

나는 이 경로에서 차학경의《딕테》를 국가적인 것과
디아스포라적인 것 사이의 한 절합 지점으로 이용하여 집과
고국 개념들이 어떻게 한없이 파열되는지—전쟁과 한반도의

166

영구적인 분단 기간에 일어난 탈구가 '집을 떠난' 한인들과 그대로 머문 한인들 모두에게 어떻게 일련의 장소 상실 상태를 유발했는지—를 살핀다.[4] 강현이의 말처럼 차학경과 다른 디아스포라 예술가들의 작업은 이 "'집'을 향해 표현된 갈망과 그 다중적인 접근 불가능성에 대한 역사적으로 냉철한 인식 사이의 반복되는 긴장"을 구현한다.[5]

> 북쪽 앞에 선 사람 남쪽 앞에 선 사람들에게는
> 봄이면 북쪽으로 겨울이면 남쪽으로 이동하는 모든 새들이
> 귀환의 갈망을 상징한다. 목적지.
> 고국. (…) 목적지는 존재하지 않는다 또 다른 전쟁을 피해
> 또 다른 피난처로 향하는 것 외에는.
>
> · 차학경,《딕테》

뿌리 뽑힘이라는 조건은 자리를 잡고 싶다는 갈망을 강화하지만, 집으로 돌아가려는 모든 노력은 그 공간을 훨씬 파악하기 힘들게 만든다. 그것은 외상 후 효과로서 분단과 디아스포라 사이에서 정신적 반향을 자아내는 상실과 불가능의 감각이다. 고국의 재통합—혹은 고국과의 재통합—요구는 트라우마의 원만한 해결로 독해할 수 있지만, 이 해결은 한국전쟁이 완전히 해소되지 않은 상태인 데다 미국에서는 기억에서 삭제되어 있다는 점에서 불가능하다. 강현이의 표현을 빌리면 "시간이 지나면서 개인적인 기억이 희미해지고 왜곡될

뿐만 아니라 (…) 종종 한국에 관한 '미국'의 문화적·교육학적 설명이라는 색안경을 통해 고국에 접근하려고 노력해야 하는" 디아스포라 한인들에게 그것은 어쩌면 도전 과제에 더 가깝다.[6] 이와 유사하게 나는 번역된 텍스트를 통해서든 한국계 미국인이 저술한 텍스트를 통해서든 한국에 관한 정보에는 영어로만 접근할 수 있는 디아스포라 학자이므로, 내가 펼쳐 보이는 첫째 경로는 어쩔 수 없이 둘째 경로의 매개를 거친다.

이 장을 구성하는 두 개의 탐색 경로가 만나는 지점에서 양공주는 불가능성의 인물이 된다. 집과 국가라는 개념이 환영임이 드러나듯, 양공주는 트라우마의 상징으로 주조된다. 그 트라우마의 효과들이 상징적인 재현 속에서 정확하게 포착되지는 않지만. 이것은 양공주가 어떻게 초국가적인 수준에서 분단의 몸으로, 또한 분단이 그 부분의 합보다 더 큰 무언가를 양산하는지를 보여주는 몸으로 구축되고 유통되는가에 관한 이야기이다.

양공주의 탄생

1953년 한반도는 잿더미만 가득한 폐허였다. (…) 그리고 1953년에 막을 내린 그 전쟁은 여전히 그 무엇도 해소하지 못했다.

· 브루스 커밍스, 《한국전쟁의 기원》

초가집들은 영어로 된 간판이 달린 온갖 종류의 점포로 바뀌었고 알루미늄 캔은 표주박을 대체했으며 머리를 길게 땋은 수줍은 처녀로 가득한 마을은 순식간에 양공주로 가득한 마을이 되었다.

· 오윤호(여지연,《기지촌의 그늘을 넘어서》에서 인용)

1953년 7월 27일, 미국과 북한은 한국전쟁을 중단하는 정전협정에 서명했고 이로써 한반도는 영구적인 휴전 상태에 들어갔다.[7] 셀 수 없이 많은 민간인들이 죽어나가고 마을이 불탄 뒤, 유령이 나올 것 같은 잿더미와 갈 곳을 잃은 500만 명의 한국인 외에는 아무것도 남지 않은 듯했다. 브루스 커밍스는 한국전쟁의 가장 큰 비극은 파괴의 대대적인 규모가 아니라 3년의 전투를 치른 뒤에도 아무것도 해소된 게 없었다는 점이라고 지적한다. 지정학적 관점에서는 그 무엇도 해소되지 않았지만 전쟁은 다른 면에서 생산성을 발휘했다.

재앙에 가까운 상실과 텅 비어버린 기억이라는 폐허 속에서 데이비드 엥과 데이비드 카잔지언의 표현을 빌리면 "몸과 주체의 생산을 통해 역사에 활기를 불어넣는" 잔해들이 등장했다. 그리고 그 과정에서 새로운 여성 주체가 형체를 갖추기 시작했고, 시골에서 미군 기지 주변의 기지촌으로 옮겨온 노동계급 여성의 몸들이 기거하는 제도 역시 형체를 갖추게 되었다.[8] 양공주의 흔적은 수줍은 한국 처녀들이 뻔뻔한 양갈보로 탈바꿈하는 과정을 목격한 사람들의 기억 속에서 발견되지만, 이것은 분단당하고 지배당한 나라의 몸을, 파열된

민족주의에 의해 조립되고 재조립되는 몸을 상징하게 된 이
여성의 첫 출현이 아니었다. 이 여성은 이미 전쟁 이전부터
그보다 앞선 트라우마의 유산으로 그곳에 존재했다. 한국전쟁
이후 이 여성은 처음에는 고군분투하는 전쟁 생존자에서,
그 이후에는 성적인 '[외교] 사절' 혹은 미 제국주의 피해자의
현신으로 다양한 변모를 거쳤다. 이런 변모는 남한의 국가 발전
과정에서, 특히 1970년대 초와 1990년대 초에 발생한 일련의
사건에 대한 대응이었지만 1945년부터 1953년에 이르는 시기의
여파이기도 하다.

나는 그 여자가 언제 또는 어디에서 처음으로 시야에
들어왔는지 아니면 누가 그 여자를 처음으로 '양공주'라고
불렀는지 정확히 알지 못해. 일각에서는 이 여성이 미군이
들어온 시기부터 일본군이 이태원에 지은 위안소에서
미군들을 대상으로 서비스를 제공해왔다고 짐작하기도
하지만 어쩌면 이 시기에는 '양공주'가 아니라 아직
'위안부'라고 불렸기 때문에 이목을 끌지 못했을 거야. 어쩌면
미군 폭격기에 눈에 띄지 않으려고 발버둥쳤던 피난민들처럼
이 여성도 움직이지 않았기 때문에 눈에 띄지 않았을지도
모르지. 여자는 이미 징발되어 갇혀 있었기 때문에 일자리를
찾아 시골에서 도시로 이동하지 않았어. 여자는 감시의
문 안에 있었고 따라서 대중의 시야에는 들어오지 않았던

*거지. 하지만 위안소는 아직 '기지촌'이라고 불리지 않았고,
이 여성은 이 땅을 점령한 미국인들과 아직 얽히지 않은
상태였어.*

이 인물은 전쟁의 폐허에서가 아니라, 일본군을 위해
성노동자로 일하도록 끌려온 여성들의 몸에, 그리고 한국사의
이런 측면에 몸 담았고 그로 인해 수치심을 느낀 사람들의
정신에 각인된 일본 식민주의의 유령 같은 흔적 속에서
탄생했다. 미국 남성에게 성적인 서비스를 제공하는 여성인
양공주는 아마 한국전쟁 기간 동안 처음으로 시야에 들어왔을
터이지만 이 인물은 '위안부'라는 형태로 이미 그곳에 존재했다.
양공주의 시작은 불확실하고 그 발달 과정에 관한 이야기는
모호하다. 하지만 기지촌 매춘에 관한 최근의 문헌들과 위안부
여성 및 기지촌 초기 세대 여성들의 서사 모두가 이 두 시스템
또는 두 몸을 깔끔하게 가르는 경계라는 것은 존재하지 않음을
시사한다. 커밍스에 따르면 미군이 1945년 9월에 한국을
점령했을 때 이들은 일본이 한국에 만든 위안소 역시 점령하여
그곳에 배치된 여성들도 함께 넘겨받았다.[9] 이와 유사하게
요시미 요시아키吉見義明에 따르면 2차 세계대전이 끝났을 때
"'미군의 폭력'에 관한 뜬소문이 맹위를 떨쳤고 점령군을
위한 '완벽한 위안소 시설을 적극적으로 확장'하라는 요구
역시 그랬다"고 한다. "요컨대 사람들은 일부 여성의 몸을

제공함으로써 그 외 다른 사람들의 안전을 보장받았다."[10]
1945년 8월 18일, 일본 정부는 위안소에서 연합군에게 서비스를
제공할 수 있도록 여성들에게 한군데에 모여 있으라는 명령을
내렸다.

그리고 1945년에 일본에서 한국으로 귀환한 여성들,
그들은 무엇을 향해 돌아왔던 걸까? 이들 가운데는 위안소
경험을 절대 입 밖에 내지 않은 이들이 많았지만 발설을 한
사람들 가운데 일부는 자신들에게 돌아갈 곳이 남아 있지
않다고 말했다.[11] 한국의 집으로 돌아온 많은 위안부 여성들은
민족의 '반역자'라는 이유로 고국에서 추방되었고 '신세 망친
여자'가 되었다는 이유로 가족에게도 외면당했기 때문에
다시 성노동으로 돌아왔다. 귀향은 과거로의 회귀이기도
했다. 귀환한 위안부 여성들의 경험은 같은 방식으로, 하지만
다른 시기에 다른 나라를 위해 일했던 다른 여성들의 유령에
배회당했다. 가령 17세기 청나라의 조선 침략 기간 동안 조선
여성들은 중국으로 강제로 끌려갔고, 귀환한 여성들은 정희
세라 서Chunghee Sarah Soh가 말한 "강요된 성노동에서 살아남은
사람들을 향한 사회적 거부라는 수세기에 걸친 패턴"에 그대로
노출되었다. "(집에 돌아온 여자라는 의미의) 환향녀라는 표현은
화냥년이라는 경멸과 비하를 담은 표현으로 뒤바뀌었다."[12]
귀향이라는 행위는 이 여성에게 외세에게 침략당하고 오염된
몸을 가진 여자라는 낙인을 찍었다. 한국 여성들에게 귀환이
가진 의미는 애당초 집을 떠나야 했다는 그 부적절함 때문에

더럽혀져 있다.

> 당신은 돌아가지만 그들 중의 하나가 아니고 (…) 열 걸음을 뗄 때
> 마다 그들은 알고자 합니다. (…) 당신은 언제, 이 나라를 떠났고 당
> 신은 왜 이 나라를 떠났으며 왜 다시 이 나라로 돌아왔는가 묻습
> 니다.
>
> · 차학경,《딕테》

차학경의 작품에 표현된 귀환의 불가능성은 특히 국가
발전을 위해 성노동자로 사용되지만 국가 발전에 관한
서사에서는 삭제되는 한국의 여성 주체에게서 두드러진다.
일레인 김Elaine Kim은《딕테》가 디아스포라 여성 주체들이 처한
비슷한 역설을 상징한다고 지적한다. "한국계 미국인 여성들은
한국이라는 국민국가에 의해 '한국인이 되라'는 요청을
받고 그 품에 안겨졌다가 거부당하기를 거듭한다."[13] 어쩌면
한국계 미국인 페미니스트 학자들이 뿌리 뽑힌 이 여성을
연구 대상으로 삼게 된 것은 귀환한다는 것 자체에 그 사람이
불순하다는 의미가 깃들어 있는 이 여성의 디아스포라적 관계
때문인지 모른다. 이런 불가능한 조건 속에서도 나는 집이라고
하는 장소 혹은 어떤 기원을 더듬어보고자 한다. 차학경의 글에
나오는 것처럼 "당신은 떠나갔다가 다시 돌아옵니다. 오랫동안
비워놓았던 껍데기로. 그 공간을, 요구하기 위하여 되찾기
위하여."[14] 차학경과 일레인 김, 그리고 그 뒤를 이은 다른 숱한

디아스포라 한국계 여성들은 각자의 작품에서 강제로 또는
자발적으로 집을 떠난 여성 범칙자들의 혈통을, 그리고 그
기원을 알지 못하고 여권에는 '추방당한 자'라고 찍힌 어머니를
탐구한다.[15] 한반도의 트라우마에서 탄생한 양공주는 바로
이런 탐구를 통해서도 생명을 얻었다. 그러므로 탐구의 과정은
트라우마의 역사적 침전물들로 구성된 양공주의 몸에 물질성을
부여함으로써 그 탐색을 가능하게 만든다. 그것은 본다는
행위를 통해 이미지가 굴절된 여성의 탐구를 가능하게 만든다.
이런 반복적인 갈망의 결과로서 우리는 이제 미국 내에서 주한
미군 기지에서 일하는 여성 집단에 관한, 그리고 양공주의
가능한 기원에 관한 일군의 지식을 보유하게 되었다.

　　그래서 나는 한인 디아스포라를 배회하는 여성 인물을
탐구하면서 위안부 여성의 몸을 거슬러 올라가 터전을 잃고
그다음에는 늘 집을 잃은 상태로 지내게 된 환향녀의 몸을
좇는다. 위안부와 환향녀를 연결하는 회귀적인 움직임의
선들을 따라가다가 오늘날 남한에 있는 95곳의 미군 기지와
시설에 주둔하는 미군에게만 배타적으로 성을 판매하는 2만
7000명의 여성들이 존재하는 곳에 다다른다.[16] 지난 15년 동안
군인 대상 성노동자 부대를 구성하는 여성은 인구학적으로
보았을 때 주로 필리핀과 러시아뿐만 아니라 중국과 태국 출신
이주 노동자들로까지 확대되는 추세였다. 즉 다른 나라에
있는 집을 떠나온 여성인 것이다.[17] 이런 여성 가운데 일부인
중국의 조선족에게는 취업을 위해 다시 남한으로 이동을

하는 그 움직임에 침통한 귀향이라는 정서가 배회한다.

오늘날 남한의 많은 이주 노동자들은 한국인과 같은 혈통의 조선족인데, 이들은 공식적으로 한국인이 아니라 중국에서 온 외국인 노동자로 셈해지기 때문이다.[18] 하지만 역사적으로 기지촌 성노동자들은 대다수가 일자리를 찾아 시골 지역에서 도시를 찾아온 한인 여성들이었다. 남한의 경제 발전이라는 조건 때문에 고향을 떠나지 않을 수 없었던 이들이었다. 일부 추정에 따르면 1950년대 초와 1990년대 중반 사이에 미군을 위해 매춘을 했던 한인 여성은 100만 명이 넘었지만 이 수치조차 보수적일 가능성이 높다.[19] 초기 세대의 양공주들은 위안부 수치에 흡수되어버리기도 했고, 이 가운데 많은 수가 한국전쟁 기간 동안 생존 전략으로 매춘에 의지했는데 그때만 해도 이들은 호기심 어린 데이터 수집의 대상이 아니었다.

일본인이 만든 성 노예 제도와 미군을 위한 기지촌 매춘 시스템 사이에는 분명한 구분이랄 게 없긴 하지만, 한국의 문화적 기억 속에서 양공주의 탄생은 미군들이 작은 도시와 마을 인근에 기지를 세우던 전쟁 초기로 거슬러 올라간다. 한 기지촌 성노동자는 "미군들이 민간인 집에 들이닥쳐서 여자들을 강간하곤 했다. 주부와 어린 처녀들을"이라고 회상했다.[20] 이 여성은 자신의 기억을 털어놓으며 자기가 하는 일의 계보를 추적하다가, 전시에는 기지촌의 매춘이 미군의 원치 않는 성적 접근으로부터 '일반적인' 한국인들을 보호하는 사회적 기능을 한다는 믿음이 대중 사이에 뿌리박혀 있었다고 말했다. 박완서의 단편 〈그 살벌했던 날의 할미꽃〉을 비롯한 전쟁에 대한 다른 서술에서도 성적으로 공격적인 "짐승 같은" 미군이 반복적으로 등장한다.[21] 전쟁이 벌어졌을 때 그 자신이 '색시' 혹은 젊은 여성이었던 박완서는 특히 직업 매춘부가 없는 상황에서 미군이 젊은 한국 여성에게 무슨 짓을 할지도 모른다는 공포가 폭넓게 퍼져 있었음을 묘사한다.

> 그러던 어느 날 이번에 바뀐 분교의 주인은 국군도 인민군도 아닌 양코배기란 소문이 돌았다.
> "색시 해브 예스? 색시 해브 예스?"
> 여자들만 눈에 띄면 이상한 몸짓을 해 보이며 이런 소리를 했다. 여자들은 질겁을 해서 집안 깊숙이 도망쳤다. 그리고 몸을 떨었다. 양코배기들의 피부에 개기름이 되어 흐르던 노골적인 육감이 여자들을 깊이 떨게 했다.
> 양코배기들은 아마 직업적인 양색시를 찾는 눈치였지만, 이 마을에 직업적인 양색시가 있을 리 없었다.
> 마을은 삽시간에 공포의 도가니로 변했다. (…)
> 밤이 되자 양코배기들의 색시 해브 예스? 색시 해브 예스?는 발정한 맹수의 울부짖음처럼 절박하고 위협적인 게 되었다.[22]

하지만 겁 먹은 처녀들로 가득한 시골 마을과 괴물 같은 미군의 위협적인 침략 사이의 대치는 평화롭게, 심지어는 화기애애하게 해소된다. 그 마을의 나이 많은 할머니가 젊고

무고한 여성들을 구하기 위해 스스로 '색시'로 변장했다가
예기치 않게 미군의 선심을 얻은 것이다. "정오의 햇빛보다
더 밝은 불빛 아래 노파의 떨리는 몸이 드러나고" 나서 이
노인에 관한 진실이 밝혀진 순간 군인들은 할머니에게 다시
옷을 입히고 먹을 것을 선물로 안긴 다음 집으로 돌려보낸다.
할머니는 그 사건을 이런 말로 더욱 미화한다. "내가 이렇게
살아 돌아오고 또 먹을 것까지 잔뜩 얻어온 건 그 놈들이
양놈이었기 망정이다. 아, 왜놈만 같아 봐라, 나한테 속은 걸
안 즉시로 쏴 죽였을걸. (…) 왜놈도 아니고 소련놈만 같아
봐라, 아마 늙고 젊고 안 가리고 들이덤벼 욕을 봤을 걸."[23] 이
노인은 이것이 외국인과의 처음이자 마지막 마주침이었음에도
확신을 가지고 이렇게 선언한다. 마을 처녀들의 공포에 대한
기억은 미국인들이 건넨 간식의 유혹 아래 몸을 숨기고, 이로써
미군은 자비롭다는 서사를 강화하는 한편 미군의 지위를 모든
점령군 중에서 가장 자비로운 집단으로 승격한다. 박완서의
소설에서도 전통적인 한국 소녀들과 미군 사이의 화학적 끌림에
관한 오윤호의 관찰을 연상케 하는 돌연한 변화가 포착된다.
다만 이 변화는 "머리를 길게 땋은 수줍은 처녀들"이 양공주로
탈바꿈하는 것이 아니라 그와는 반대 방향에서 일어난다.
"발정한 맹수처럼 울부짖"는 침입자가 한국 여성이 자신의
몸을 제공할 수 있는 모든 외국인들 가운데 최고의 외국인으로
탈바꿈한 것이다.

색시 해브 예스? 소리는 극도로 격렬해지고(…)

여자들은 (…) 쾌감과 수치심으로 진저리를 치며 어두운 곳으로 몸들을 피했다. (…)

상자마다 먹을 것들이었다. 깡통에 든 무과수, 고기, 잼 (…) 노파와 여자들은 다만 황홀해서 숨도 크게 못 쉬었다.[24]

전쟁에 관한 다른 기억들 역시 이와 유사하게 미군에 대한 두려운 감정과 이들이 제공하는 물질적인 것들을 향한 끌림이라는 감정 사이의 긴장을 드러낸다. 전쟁이 발발한 뒤 첫 몇 주 동안 한국 가족들은 미군이 자기 마을을 지나갈 때면 딸들을 숨기거나 반대로 미군의 성욕을 달래기 위해 딸들을 희생시키는 행동을 개시했다. 대부분의 마을 사람들은 여성을 성공적으로 '보호'했음에도, 딸과 시간을 보내게 해주고 미국 담배와 껌을 얻었다는 남자들에 대한 소문이 나돌았다.[25] 그리고 이런 교환을 목격했다고 기억하는 일부의 사람들에게도 이는 공정한 거래처럼 보였다. 가령 윤정모의 자전 소설 《고삐》는 미국을 향한 어린 소녀의 동경을 이렇게 그린다.

아이는 과수원으로 초콜릿을 얻으러 다닐 수 있는 미군들과 그 전쟁이 좋았다. 또한 당신 마누라 좀 빌려달라 했다 하여 미군들한테 마구 화를 내던 필수 아버지를 그니는 이해할 수가 없었다. 빌려주면 초콜릿과 맛난 과자를 한 가마쯤 줄 텐데. (…) 그럴 때마다 얼른 빼딱구두가 신고 싶었고 양놈한테 달려가고 싶었다.[26]

178

모든 한국인이 좋아하는 선물은 먹을 것이다.

양키와 그들의 물건을 향한 욕망의 씨앗은 아주 어릴 때부터 어린이들에게 심겨졌고, 미국 남성의 성욕이라는 위협은 많은 한국인들이 '무고한' 여성과 소녀들이 강간당하는 일을 막을 수 있는 필요악으로 매춘을 묵인하는 정당화 기제 역할을 했다. 전쟁이 진행되고, 풍경과 사람들이 점점 흔적 없이 사라지자 미군은 생존을 상징하기 시작했고 미군 기지는 한국인들이 남은 물건을 구매하고 구걸하거나 일자리를 찾는, 그리고 여성과 소녀들이 미제 물건과 교제를 거래하는 장소가 되었다.

난 창문으로 봤어. 한국 여자하고 같이 있는 미군들. (…) 그 여자들은 꼭 인형 같아. (…) 그 사람들은 말하는 법도 몰라, 그냥 '허니, 키

스, 허니, 키스' 같은 저급한 말 밖에는. 그런 다음 키스를 하는 거
야. (…) 그리고 그다음에는 껌하고 말보로 몇 갑이 생기는 거지. 그
러고 나서 그걸 거리에서 팔아. (…) 그럼 한 열 끼 정도하고 옷을
조금 살 수 있어. 하지만 난 그게 너무 안 좋아보이더라고. (…) 그
여자애한테 불만이 있다는 게 아니야. 그 여자도 먹어야 살지. 집안
도 변변치 않은데 살아야 할 거 아니야.

· **장소암**(램지 림, 〈어제 안에 오늘〉에서 인용)

자애로운 보호자인 동시에 강간을 저지르고 다니는
'맹수'라는 미군에 대한 지역 주민들의 공포와 판타지는 전쟁이
야기한 물질적 현실과 짝을 지어, 양공주가 캐서린 문이 말한
"한국의 내전에서 파괴, 빈곤, 유혈 사태, 가족과의 생이별을
나타내는 살아 있는 상징"이 되는 한편 "미군들이 궁핍하고 말
그대로 굶주리는 한국으로 가져온 한 번도 본 적 없는 물질적
물건들"과 결부되는 조건을 마련했다.[27] 한국 여성과 미군의
성적인 만남에 대한 대중의 눈총은 전쟁 기간 동안 완화되었다.
이 여성들은 전쟁의 압박을 견디지 못한 피해자 또는 미국의
'보호'를 얻으려면 감당해야 하는 대가로 용서받았기 때문이다.
당시의 양공주는 완전히 노출된 상태였지만, 지켜보는 이들은
못 본 척하거나 최소한 이들을 '양갈보'라고 부르지 않았다.
가령 바로 위에 제시한 생존자의 증언은 일련의 사건들을
묘사하면서도 양공주의 도덕성에 관한 일체의 결론을
직접적으로 드러내지 않는다. 일단 미군과 키스를 하고, 그

다음에 미제 물건을 얻고, 그걸 팔아서 음식과 옷을 구매한다는 게 전부다. 하지만 이 묘사에서 함구되는 무언가는 이 여자의 행동이 너무 수치스러워서 발설할 수 없음을 암시하고 있고, 이로써 비밀에 부쳐진 말들이 니콜라 아브라함과 마리아 토록의 표현을 빌리면 '유령화'될 토대를 놓는다는 점에서 이 묘사는 양가적이다. 돈이나 물건을 얻기 위해 성을 교환하는 일은 전쟁 중 그리고 전쟁 이후 몇 년 동안 점점 흔해졌지만, 그 공개적인 성격에도 불구하고 매춘 행위는 특히 미군 대상 매춘일 경우 한반도 남쪽에 거주하는 한국인들에게는 가족 안에서 수치스러운 비밀이 되었다. 이들 이전의 위안부 여성들처럼 자신의 성노동을 상품화한 여성들은 심지어 그들의 노동이 주요한 소득원이었음에도 종종 가족과 국가의 거부를 맞닥뜨렸다.[28] 기지촌 매춘이 1970년대 주한 미군의 필요에 맞춰 점점 제도화하고 고도의 통제를 받게 되면서, 또한 1990년대에 일부 대중들이 반미 운동에서 기지촌 매춘이 중대한 역할을 할 수 있음을 알아차리기 시작하면서 '가족'의 구성과 수치스러운 비밀의 윤곽들은 일련의 변형을 겪게 된다.

한편 미군은 한국과 맺고 있는 이런 식의 관계를 철저하게 비밀에 부쳤고, 그것을 한국 지역 주민들이 독자적으로 조직한 활동으로 치부하며 공식 입장으로는 "미군은 매춘을 용인하지 않지만 한국 민간인들이 만들어내는 상황은 우리의 통제 범위를 벗어난다"고 밝혔다.[29] 미군은 기지촌 매춘 시스템을 창출하고 규율하는 데 있어서 자신들은 아무런 역할을 하지 않았다고 발뺌함으로써 사실상 모든 공적 기록에서 양공주를 삭제했고, 이로써 일반 미국 대중에게는 양공주를 보이지 않는 존재로, 한국에서 복무하는 미군들에게는 일회용품 같은 존재로 만들었다. 매춘은 공식 역사에서는 제거되었음에도 불구하고 비공식 역사에서는 대단히 큰 존재감을 가지며 심지어 지배적이다. 이렇듯 깜박이는 등불처럼 대중의 시야에 포착되었다가 사라지기를 반복하다 보니 한편으로는 수치스러운 가족의 비밀을 계속 비밀로 하기가 힘들어졌고, 다른 한편으로는 수치라는 감각이 더 커졌다. 하지만 이런 가족 내의 비밀은 절대 완전히 감춰지거나 삭제되지 않고 재클린 로즈의 표현을 빌리면 "사회적인 역사와 정신적 역사 사이의 공간에서 맴도는 (…) 기억의 형태로" 종종 고개를 내민다.[30]

한국 쪽 가족들은 사진이 거의 없어. 그건 전쟁 기간 동안 다 불타버렸다고 들었어. 우리와 함께 태평양을 건너온 몇 안 되는 사진들은 다 1960년 이후, 전쟁이 끝난 뒤에 찍은 것들이지. 다른 여자들이 줄지어 선 가운데 이 젊은 여자의 이미지가 있어. 여자는 혼자 도드라지지. 여자는 한복이나 배 같은 모양의 고무신 차림이 아니야. 여자는 머리를 뒤로 길게 땋아서 늘어뜨리지도 않았어. 이 여자는 누가 봐도 서양식이야. 짧은 치마. 높은 구두. 진한 화장과 우아하게 올린 머리. 이런 머리스타일과 구두 사이에서 여자는 다른

한국의 예인들

여자들보다 머리 하나 정도 더 키가 크고, 여자가 안고
있는 아이 역시 다른 아이들과 외모가 달라. 하지만 여자는
다른 어떤 어머니들보다도 환하게 웃고 있어서, 마치 다른
어머니들은, 전형적인 한국 어머니의 외모를 하고 있는 그
어머니들은 즐기지 못하는 무언가를 즐기고 있는 것 같아
보여. 몇 년이 지나 여자는 미용실에서 머리 손질을 끝내고
나서 그날의 기억을 떠올리지. 아니 어쩌면 다른 날, 다른
행사 때문에 머리 손질을 한 날이었는지도 몰라. 여자가
길을 따라 걷고 있는데, 한 남자가 여자에게 이렇게 소리쳐,
"당신이 미스코리아라도 되는 줄 아나 보지?" 이 이야기를

3장   사라진 양공주를 찾아서

하면서 여자는 말하지. "난 한국 남자들을 한 번도 좋아해본 적이 없어. 근데 왜 그런지는 모르겠어." 여자는 이미 미국 남자를 위한 여자로, 한국인의 질시와 혐오의 대상으로 낙인이 찍혀 있었던 거야(그리고 스스로도 그렇게 생각했지).

매춘부, 공주, 애국자: 초국가적 형상들

난 항공병 하사관 식당에 가서 일자리를 얻었어. 그땐 머리를 양갈래로 땋고 있었지. 다른 여자애도 하나 더 있었는데, 그 사람들은 우리를 '처녀'라고 불렀어. 우린 그냥 어린 시골 애들이어서 아무것도 몰랐지만 남자친구를 찾는, 나이가 좀 더 있는 도시 여자애들도 있었지. (…) 하사관 하나가 그러더라고, 내가 너희 두 계집애들한테 이름을 지어줄게. (…) 난 아직도 그 이름을 간직하고 있어. (…) 이 세월을 거치는 내내 그 이름을 가지고 다녔지, 나한테는 보물 같은 거니까.

· 헬렌 경숙 대니얼스

한국전쟁 기간 중 어느 시점에 위안부와는 다른 존재로 양공주가 탄생했다. 처음에는 미국 남자와 데이트하고 싶어 하는 전쟁 생존자 아니면 부대에 딸린 식당에서 이들에게 유흥을 제공하는 어린 소녀처럼 보였지만, 참화에서 벗어나자마자 미국 생활의 특권과 도덕적 모호함을 떠올리게 하는 여성으로 탈바꿈하게 된다. 양공주는 '양갈보', '서양 공주', 'UN 레이디', 'GI 신부' 등으로 다양하게 번역되면서 한국 디아스포라의 트라우마로 가득한 기억이 지닌 모호함과 한반도에서 양공주의 지정학적 조건이라는 물질성을 함께 드러냈다. 시간이 흐르면서 양공주에 딸린 의미는 변화를 겪었지만 이런 여러 변이 속에서도 공통점은 한 명 한 명이 존 네이글Joan Nagle이 말한 미국과 한국의 "글로벌 방위와 전쟁 시스템의 부수적인 창조물인 (…) 군사화된 인종적-성적 변방"에서 출현했다는 점이다.[31] 양공주는 그 단어가 가진 모든 함의 속에서, 전쟁과 분단의 해소되지 않은 트라우마로부터 초국가적으로 생성된 인물이다.

존 라이John Lie는 20세기 한국에서 성노동이 발전해온 궤적을 추적하면서 전근대/식민지 이전 시기에 엘리트 지주 계급을 위해 한정된 여성 계층이 수행하던 성노동이 식민지 시기와 식민지 이후 시기에 상업화되고 군사화된 성노동으로 어떻게 변화해갔는지를 분석한다. 일본의 한국 식민화는 이 나라에 근대화를 가져오고, 따라서 성노동의 계층 시스템을 제거했지만 두 가지 새로운 형태의 매춘을 등장시켰다. 사업가와 정부 관료들을 위한 상업화된 성노동과 일본군을 위해 마련된 '위안소'에서 수행되는 성노동이 그것이다. 라이는 기지촌은 일본 위안소의 연장선이라는 입장을 보강하면서 이렇게 말한다. "동북아 지정학에서 미국의 지배는 남한 국내의 성 경제에서 미군(1945년에는 사실상 모든 남성)의 특권적 지위를 보장해주었다. (…) 미국의 지배하에서 주요 성노동 조직은 주한 미군을 위해 일했다. 식민지 시기에 한국 여성들은 일본 식민지 지배자들을 위해 일했고, 전쟁이 끝난 뒤에는 미군에게 유흥을 제공했다."[32] 미 군정은 1946년에 공식적으로 매춘을 금지했지만 1953년까지 한국에는 35만 명의 매춘부가 있었고 이들 가운데 60퍼센트가 1950년대와 1960년대에 미군 기지를 중심으로 일했던 것으로 추정된다.[33] 캐서린 문에 따르면 "일본군 성 노예들은 한국 내 미군 대상 매춘의 역사적 원형으로 기능한다."[34]

　미국인과 어울리는 여성들이 미제 물건에 접근할 수 있다는 이유로 '양공주' 이미지를 갖게 된 것은 전쟁 직후 시기였다. 하지만 미제 물건이 전후의 한국인들에게 가장 가치 있는 형태의 통화이긴 했어도, 이 새로운 물건들은 미국의 난폭함과 자애로움이 어떻게 문화적·개인적 기억에 혼합되어 있는지를 보여주는 양가적인 상징이 되기도 했다. 초콜릿은 미군이 방금 전 가족들을 모두 몰살해놓고 그 속에서 생존한 어린 소녀들에게 건네는 평화의 공물이었고 구호품의 맛은 상실, 분노, 수치심이라는 감각에 오염되었다.[35] 양공주는 미군 기지의 자원을 만끽하는 특권을 가진 여자로, 탐욕과 욕망이라는 병폐에 찌든 양갈보로 탈바꿈했다. 주어진 상황의 피해자였던 양공주가 미국의 풍요에 넋을 잃은 여자로 전락했다는 서사는 김현숙이 말하는 "국가의 우화"이자 미국과의 복잡한 관계를 보여주는 한 단면이다.[36] 이 사례에서 양공주는 강간당한 국가의 현신이고, 좀 더 일반적인 강간의 피해자가 그렇듯 자신의 물질적·육체적 욕망에 쉽게 휘둘린다는 도덕적 의심에 이미 항상 노출되어 있다. 네이글에 따르면 양공주는 "착한 시민은 성적으로 어떤 행동은 해야 하고 어떤 행동은 하지 않아야 하는가, 그리고 누구와는 성관계를 해야 하고 누구와는 하지 말아야 하는가"를 규율하는 "국가적인 성적 경계"를 넘어섰다는 이유로 피해자가 맞는지 더욱 의심받는다.[37]

가령 한국의 영화감독 신상옥의 작품 가운데 1952년의 〈악야〉에 나타나는 양공주와 1958년의 〈지옥화〉에 나타나는 양공주의 영화적 재현의 변화를 통해 양공주가 전쟁 생존자에서 '서양의 공주'와 '양갈보'로 변모해가는 과정을 확인할 수 있다. 〈악야〉의 주인공 여성은 부모와 집을 잃고 가난에 시달리다 외국 군인들에게 자신의 몸을 팔 수밖에 없는 전형적인 전쟁 피해자로 그려진다. 하지만 1958년 영화에서 주인공은 단순히 피해자에 머물지 않고 이제 막 싹트기 시작한 기지촌 매춘 시스템에 완전히 연루되어 미국적인 모든 것을 향한 갈망에 굴복하는 복잡한 행위자성을 드러낸다. "지옥의 늪에서 피어나는 꽃처럼 (…) 여자에게는 물질적 욕망과 그것을 충족시켜줄 미군들이 있다. (…) 소냐 같은 양공주들은 욕망을 실현하기 위해 미군을, 심지어는 서로를 빨아먹는 기생충 같은 존재들이다."[38]

그런 다음 그들은 키스를 하지. …… 그러고 나면 여자에게는 "과일, 우유, 새콤달콤하고 향긋한 가루들, 은박지에 포장된 초콜릿, 젤리, 알록달록한 상자 안에 든 바삭한 비스킷이 생기지." …… 그리고 그들은 키스를 하고 …… 그러고 나면 여자는 너무 황홀해서 숨도 크게 못 쉬지.[39]

가상의 지옥화인 소냐는 역사적으로 미국에 대한 한국인의 상상이 어떻게 질투와 혐오로 가득하게 되었는지를 예시한다. 여기서 양공주는 전통적 가치의 도덕적 퇴락과 침식을 나타내는 인물, 한편으로는 유교적인 젠더 규범을 거스르고 다른 한편으로는 미군과의 교제에 연루된 그릇된 특권을 향유하는 도덕적으로 붕괴한 여성이다. 양공주는 완전히 인정할 수 없는 집단적인 수치와 갈망이라는 감정을 강화하는 동시에, 아메리칸 드림에 진입하고 싶어 하는 한국인들의 욕망 옆에 놓인 미국에 대한 두려움과 분개라는 감정을 투사하는 스크린이 되었다. 하지만 기지촌 매춘은 단순히 미국에 의해 한국에 강요된 것만은 아니었다. 양공주가 점잖은 한국 시민과 '짐승 같은' 미군 사이에서 완충제 역할을 할 수 있도록 대중들은 기지촌 매춘을 용인했다. 실제로 군인 대상 매춘은 미군의 문서에서는 공식적으로 언급되지 않음에도 불구하고 양국 정부로부터 고도의 규제를 받는, 한국 내에서 유일한 합법적 매춘이 되었다.[40] 하지만 미군의 문서에 공식적으로 언급되지

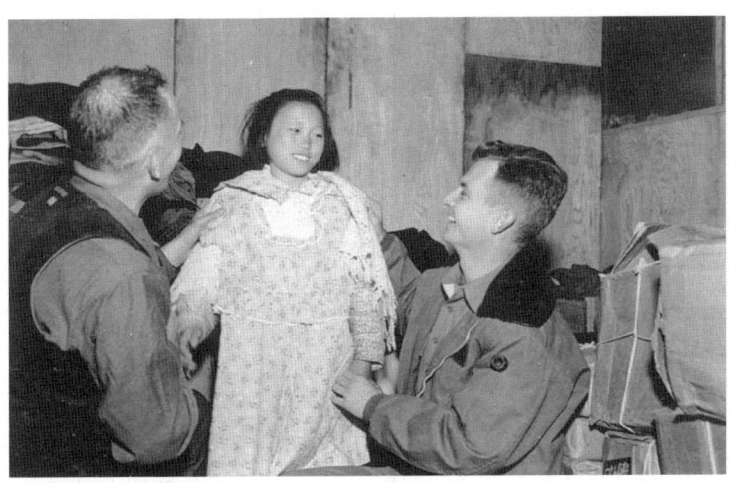
크리스마스에 입을 새 옷

않음으로써 어쩌면 한국과 미국의 관계에 관한 더 큰 판타지가
만들어질 수 있는 여지가 마련되었고, 그 덕분에 미국은 자신이
남한의 자애로운 수호자라는 믿음을 유지하는 한편 한국인들은
미국에 대한 거부감과 욕망을 동시에 경험하게 되었는지도
모른다. 이렇듯 양가적인 감정이 공존함에도 불구하고, 기지촌
매춘이 번성한 주된 이유는 국제적인 인정을 받고자 하는 남한
정부의 욕망과 미군에 종속된 남한의 지위 때문이었다.

또 하나의 다른 서사시로부터 또 하나의 다른 역사. 빠져 있는 이야
기로부터. 수많은 이야기들로부터. 상실. 역사의 기록들로부터. 또
하나의 다른 이야기를 하기 위한, 또 다른 낭송들을 위한.

· 차학경,《딕테》

여성의 성노동을 국가를 위해 사용하는 것은 한국에서
새로운 현상이 아니지만, 외국인을 위한 매춘은 1970년대
초에 들어서야 한국 정부로부터 적법성을 얻었고, 정희
세라 서에 따르면 이제는 "이 나라의 연간 예산보다 더
많은 돈을 벌어들였다."[41] 황영주는 "한국의 경제적 번영을
강화하기 위해 고안된 현재의 매춘 시스템"은 "국가 폭력의
한 양상으로서 매춘, 가부장제, 군사주의가 결탁한 뿌리 깊은
결합 관계"에서 비롯된 "더 큰 실천의 일환"으로 이해할 수
있다고 지적한다.[42] 그는 여성과 국가에 관한 전통적인 서사를
살피면서 "여성은 국가가 위기에 처했을 때만 그 기여를
인정받아 왔다. (…) 일상적인 시기에 여성은 종종 망각, 배제
또는 주변화되었지만 국가적인 위기나 전쟁 기간에는 여성의
지위가 국가에 의해 '승격'되는 경향을 보였다"고 주장한다.[43]
1970년대 초에 기지촌 성노동자들을 '민간 외교관'이라 부른
사례는 국가가 압박을 받고 있을 때 전형적으로 주변화되어
있던 여성들이 어떻게 '승격된' 지위를 획득하는지를 단적으로
보여준다.

　　캐서린 문이 1960년대와 1970년대의 기지촌에 대한 중대한
연구에서 보여주듯, 한국 정부는 흑인 군인을 향한 인종차별
뿐만 아니라 기지촌이 성병의 온상이라는 미군의 주장에
장단을 맞췄다. 한국 공무원들은 성노동자들을 국제 협력과
경제 발전의 수단으로 전략적으로 활용하기 위해 '기지촌 정화
운동'(1971~1976년)을 벌였다. 물론 한국의 '한강의 기적'에

관한 공식적인 설명에서는 기지촌 여성들의 노동을 전혀 인정하지 않았다. 이 시기 남한 정부는 기지촌 매춘부가 국가 건설에서 수행하는 역할을 인정하고, 기지촌 성노동자들을 길들여 새로운 정체성을 부여하고자 했다. 그것은 전후 한국의 빈곤을 타개하려고 고군분투하는 여성으로서가 아니라 미국의 이해관계를 계속 옭아매둠으로써 국가에 대한 의무를 이행하는 '외교관'으로서의 정체성이었다. 그들은 "남자들이 쓰는 달러로 한국의 외화 소득을 증대하고 그들에게 '위안을 제공'함으로써 안보에 기여하는 방식으로" 나라에 봉사했다.[44]

'기지촌 정화 운동'의 일환으로, 성노동자들은 2차 세계대전 이후 점령 미군에게 서비스를 제공했던 일본 매춘부의 행동을 전범으로 설계된, 정부 지원의 '에티켓과 예절' 수업을 들어야 했다. 캐서린 문은 이렇게 말한다. "일본 매춘부는 미군과 볼 일을 마치고 나면 그 사람 앞에서 무릎을 꿇고 일본을 재건할 수 있게 도와달라고 간청했다. 일본 매춘부의 정신은 나머지 사회로 확산하여 일본의 발전을 이끌었다."[45] 이 맥락에서 양공주는 또 다른 층위의 의미를 획득하여 'UN 레이디'라는 칭호를 얻었고, 바로 이 시기에 군인 대상 매춘에 관한 공적 담론은 양공주에게 한국 국가 안보의 상징이라는 프레임을 씌웠다. 이제 양공주의 몸은 국제 관계를 협상하는 운동장일 뿐만 아니라 통제의 현장이었다. 한국 정부는 국제적 권력과 가시성을 획득하기 위한 투쟁에서 양공주를 막후의 행위자로 이용했지만, 그럼에도 기지촌의 일상적인 관행들은

군인 대상 매춘부가 '외교관'이라는 공식적인 언명과는 여전히
딴판이었다. 황영주에 따르면 "실제 세계에서 (성노동자들은)
유교의 미덕에서 추방당한 '더러운 여자'로 비하당했다."[46]
황영주의 연구는 주로 일본군과 미군 대상 성노동자에 초점을
맞추고 있지만 동시에 이들을 한국의 급속한 산업화 배후의
동력이었던 여성들의 옆 자리에 위치시킨다. 경제 발전 초기의
공장 노동자들 가운데는 농촌에서 도시로 이주하여 "부모에게
돈을 보내고 남자 형제들의 교육비를 마련하기 위해 주요
소득원"이 된 16세부터 25세 사이의 여성들이 많았다.[47]

　　좀 더 일반적인 차원에서 보았을 때 여성노동자에
대한 정부의 조작은 남성 중심적인 지정학을 작동한다는
측면에서뿐만 아니라 남한의 경제 발전에서도 절대적으로
핵심적이면서 종종 눈에 띄지 않는 요소였다.[48] 문승숙의
설명대로 "1970년대 중반에 시작된 공장 새마을운동"처럼 국가
주도의 여성 공장 노동자 교육 프로그램들은 애국주의와 '산업
평화' 담론의 일환으로 순종과 가정생활을 강조했다.[49] 착취가
극에 달하는 조건 속에서 일하는 어린 싱글 여성들로부터
정치성을 제거하려는 의도가 깔린 이 운동은 재생산과 가정에
헌신하는 여성성을 앞세워 여성들이 산업 경제 건설에 고분고분
순응하여 생산성을 발휘하게 만들었다.[50] 이 노동자들은 산업에
대한 기여와는 무관하게 주로는 다음 세대의 시민을 생산할
어머니이자 예비 신부로서 교육받았다. 공장 새마을운동의
현장 수업에 참여하는 공장 노동자건, 에티켓과 예절 수업을

듣는 기지촌 노동자건, 착취당하는 여성노동자를 길들이는
이런 방법들은 문승숙이 말한 "군사화된 근대성", 즉 시민들이
한편으로는 반공주의 애국자로, 다른 한편으로는 자본주의적
이익을 위한 고분고분한 몸으로 주체화되는 상태를 반영한다.
하지만 성노동자들에게 애국자라는 사회적 정체성을 부여한
것은 이들을 아내이자 어머니로서 재생산이라는 사회적
역할을 완수할 시민으로 가정 영역에 돌려보내기 위함이
아니라, 이들을 사회로부터 완전히 떼어놓기 위함이었다는
점에서 이 두 여성노동자 집단 사이에는 차이가 있다. 이
나라의 선량한 시민 규범을 따를 경우 이들은 미군에게
사용되는 몸, 한국 사회로 돌려보내지기에는 너무 오염된
몸으로 지정당하게 된다.

추방, 트라우마, 기지촌의 생명정치

> 당신은 돌아가지만 그들 중의 하나가 아니고 (⋯) 그들은 당신의 정
> 체를 묻습니다. (⋯) 그들은 당신이 국적에 대해 진실을 말하는지
> 아닌지를 문제 삼습니다. (⋯) 그들은 권력을 가지고 있습니다. 그
> 들의 권력은 그들이 입는 옷에 꿰매져 있습니다.
>
> · 차학경, 《딕테》

어머니, 당신은 나에게 늘 말하죠, 앞장서지 말거라. (⋯) 뒤처지지

도 말거라. (…) 중간에 있어라 거기가 제일 안전하다.

· 이현, 〈6.25: 피부 아래의 역사625:History beneath the Skin〉
(램지 림, 〈어제 안에 오늘〉에서 인용)

당신은 나에게 선량한 시민이 되라고, 분란을 피하라고
말씀하죠. 당신은 내가 한국에 돌아가면 권력기관을
조심하라고 말씀하죠. 떠돌아다니는 여자들을 위험에
빠뜨리는 상황을 조심해라. 그보다는 차라리 그냥 집에
있어라. 어머니, 당신은 내가 돌아다니는 걸 걱정하시지만
왜 그런 걱정을 하는지 그 근원은 절대 밝히지 않아요.
당신은 절대 당신이 어쩌다가 경상도를, 한국을 완전히
떠나게 되었는지 나에게 말씀하시지 않아요. 농촌 인구가
도시로 흘러들어 간 그 전례없는 이동에 대해, 점점 벌어지는
빈부격차에 대해, 또는 당신이 떠나기 전에 일어난 여성들의
대대적인 노동력 유입에 대해서 더 이야기하지 않으시죠.⁵¹
당신이 설명을 해주지 않기에 나는 국가적 기획에
참여했다가 결국 나라에서 추방된 여자에 관한 이야기들
속에서, 한국에서 추방된 여자들의 이동 덕분에 가능해진
이야기들 속에서 당신을 읽어요. 터전을 잃게 만드는 힘들에
관해, 남한이 이제 막 나라 꼴을 갖추던 무렵 떠도는 여자들이
맞닥뜨렸던 위험한 상황들에 관해 흘러다니는 이야기들
속에서 나는 당신을 읽어요.

군사화된 근대성 개념을 캐서린 문의 군인 대상 매춘에
대한 설명에 적용했을 때, 우리는 성노동자에 대한 통제
강화를 박정희 정권 시기(1961~1979년)의 가속화된 경제 발전과
권위주의적인 군사적 통제의 상황이 어떻게 남한을 군사화된
근대성의 상태로 몰아넣고 기지촌을 오늘날까지도 이어지고
있는 생명정치의 공간으로 만들었는가를 드러내는 한 단면으로
독해할 수 있다. 이 시기 동안 양공주는 반공주의 국가 안보,
경제성장, 미국과의 협력이라는 목표를 위해 국가에 의해
구축된 몸이 되었고, 그러면서 동시에 미국과 뒤얽힐 수밖에
없는 국가적 프로젝트를 둘러싸고 한국인들이 갖는 상충되는
감정들을 온몸으로 받아내는 대상이 되었다. 한편으로 양공주는
글로벌 정치 경제에서 인정받고자 하는 한국인들의 욕망을
드러내며 '외교관'으로 불렸고, 다른 한편으로는 그 존재 자체가
한국인들에게 미국에 종속된 한국의 상태를, 그리고 전쟁과
식민지 시기 노예제의 유산을 연상시키는 '양갈보'였다.

양공주가 "유교적 미덕 개념에서 추방"된 사람이고 이
개념이 중요한 "국가적인 성적 경계"라면, 양공주를 캐서린
문의 표현에 따라 "날 때는 한국인이었지만 더 이상 몸 혹은
정신은 한국인이 아닌" 사람으로 간주하는 것도 전혀 놀랍지
않다.[52] 양공주는 이 나라에서 기지촌으로, 한국에도 미국에도
속하지 않지만 그 경계는 엄격한 통제의 대상인 섬으로
묘사되기도 하는 공간으로 사라져버렸다. 대부분의 경우
한국인 여성은 그 밖을 나오지 못하고 한국인 남성은 그 안으로

들어가지 못하며, 기지촌을 아무런 제재 없이 드나들 수 있는 사람은 미군뿐이다. 여지연의 지적처럼 한국에서는 기지촌을 '뻣벌'이라고 부르기도 하는데 이는 "한번 들어가면 헤어날 수 없는 늪 같은 곳"이라는 의미이다.[53] 군인 대상 성노동자들에게 실질적인 현실은 기지촌이 그 안에서 노동하는 여성들에게 폭력을 자행해도 용인받는 공간이라는 점이었다.

1970년대에 진행된 '기지촌 정화 운동'에서 처음으로 확립된 일부 규율 행위 중에는 '손님이나 성노동자가 클럽 주인에게 돈을 지불하지 않고 도망가지 않는지 확인하는 방편으로 작은 구멍을 통해 여성을 감시하기'와 '성노동자 자신의 비용으로 매주 의무적으로 성병 검사를 받게 하기' 등이 있다. 만일 검사 결과가 양성으로 나오면 해당 노동자는 꼬리표가 달린 채 격리당하고, 성노동자들은 자신이 검사를 받았고 병에 걸리지 않은 상태임을 입증하기 위해 항시 '보건증'을 들고 다녀야 한다. 그래야 미군이 성병에 걸릴 경우 그 사람을 감염시켰다고 추정되는 성노동자를 추적할 수 있다고 생각했기 때문이다.[54] 미군의 편의만 생각하는 이런 식의 검사 체제는 매춘부가 '더러운 여자'라는 이미지를 강화한다. 웬디 채프키스Wendy Chapkis는 이렇게 지적한다. "성노동자가 질병을 퍼뜨리기 전에 이들 역시 누군가로부터 감염되었다는 사실에 대해서는 거의 주의를 기울이지 않았다. 매춘부의 '오염'—매춘부에 의한 오염이 아니라—에 대한 무관심은 (동성애자와 마찬가지로) 매춘부는 언제나 이미 '병든 사람'이라는

196

믿음을 드러낸다."[55] 반면 기지촌 매춘부들은 미국인이
한국인에게 성병을 퍼뜨렸다고 확신한다. 한 노동자는 이렇게
말한다. "우린 첫 에이즈 환자가 선원이었다는 말을 들었지.
(…) 한국인들은 그런 병 없어. 우린 미국인 때문에 그 병에
옮았어. 무엇이든 다 미국인하고 관련이 있어. 우리는 여기 있는
동안에는 한국 손님은 안 받는다고. 그러니까 에이즈나 매독
같은 그런 건 다 미국인한테서 오는 거야."[56]

공식적인 규제도 성노동자들의 입장도, 질병에 관한 또
다른 담론, 즉 병은 이질적인 것에 노출된 결과라는 담론을
강조한다. 캐서린 문에 따르면 "소위 일반 한국인들이 보기에
매춘부들은" 강간의 확산을 예방해주는 기능을 제외하면
"더 큰 한국 사회에 바람직하지 못한 이질적인 영향을 미칠
수 있다."[57] 양공주의 몸에 가해진 통제 시스템은 한반도의
경제를 북돋고 38선에서 국경을 안전하게 지키는 미군의
비위를 맞춤으로써만이 아니라, 바로 그 미군에 의한 오염의
확산을 최소화함으로써 국가주의적인 이익에 복무한다. 여기서
이질성에 대한 한국의 반응은 미국적인 모든 것을 증오하면서
동시에 욕망하는 상충되는 감정을 드러내며 극도의 양가성을
분명하게 보인다. 하지만 (자발적인) 매춘부의 몸은 늘 이미 병에
걸려 있는 까닭에 이질적인 병을 받아내는 수단으로 손쉽게
희생된다.

주한 미군 기지 인근의 기지촌을 과잉 규제의 공간으로
그린 캐서린 문의 묘사는 디아스포라 한인들이 제작한

다큐멘터리 필름과 픽션뿐만 아니라 미군 대상 매춘에 관한 다른 민족지적·역사적 설명을 통해서도 확인된다. 하지만 기지촌에서 일하는 여성의 몸을 상대로 이루어진 숨막히는 통제를 당연시한다 해도 사실 이는 불완전한 규율 시스템이다.[58] 한국 관료들은 결국 성노동자들을 매춘부-애국자로 사회화하는 데 실패했고, 캐서린 문이 연구에서 인터뷰한 많은 여성들이 실제로 성을 판매하는 행위가 국가 안보에 필수라는 이 생각에 상당히 비판적이었다. 이들은 자신의 몸으로 국가의 이익을 보장하고 있다는 여성들이 가장 큰 위험에 처해 있다면서 이 개념에 내재한 위선을 지적했다. 기지촌 여성들이 진정으로 '외교관' 지위로 승격되었다면 이들은 그런 가혹한 환경에서 노동을 하거나 생계를 꾸리기 위한 다른 선택지가 거의 없는 상황에 놓이지는 않았을 것이다. 캐서린 문은 이렇게 전한다. "모든 여성들이 (…) (한국전쟁 이후) 정부의 보호가 가장 필요한 때는 북측의 위협을 느낄 때가 아니라 클럽 주인/포주, 경찰, 성병 검진소 직원들의 학대와 폭력, 그리고 미군 기지의 권력 앞에서였다고 진술했다."[59] 캐서린 문이 지적하듯 기지촌 여성들과 한국의 페미니스트 모두 한국 정부를 폭력을 막아주는 데 별로 관심이 없는 포주 집단으로 종종 묘사한다. 캐서린 문이 연구에서 다룬 시기에 기지촌 매춘부들의 노동은 국가의 외화 소득을 늘려주었지만 막상 이 여성노동자들은 빚이 눈덩이처럼 불어서 가혹한 환경 아래의 성노동에서 헤어나지 못했다.[60]

기지촌 여성들이 '일반적인' 한국인들의 행위자성과

기지촌 경계의 엄격한 통제로 인해 나머지 사회로부터
육체적·심리적으로 단절되었다는 것은 기지촌 매춘이
생명정치의 실천임을 드러낸다. 이것은 남한 사람들을
북한 공산주의뿐만 아니라 미군의 성폭력이라는 위협에서
보호하려는 생명에의 투여로, 성노동자들에게 폐기 처분
가능한 인구 집단이라는 꼬리표를 다는 행위를 통해 일어난다.
요시아키는 이렇게 말한다. "요컨대 사람들은 일부 여성의 몸을
바침으로써 다른 사람들의 안전을 용케 보장받았다."[61]

박씨는 1960년대와 1970년대에 서울 외곽에 있는 한
기지촌 사창가에서 일했다. "역시 기지촌 매춘부였던 박씨의
여동생은 한 미군에게 난자당해 목숨을 잃었지만 미 당국은
이 미군을 남한 당국으로 절대 인계하지 않았다. (…) 미군은
박씨의 가족들에게 사과도, 금전적 보상도 하지 않았다. (…)
기지촌 주민들은 장례비용을 마련하기 위해 십시일반 돈을
모아야 했다."[62]
또 다른 세대의 또 다른 기지촌 노동자도 비슷한 이야기를
털어놓는다. "내가 처음으로 이 세계에 발을 들였을 땐
미국인들이 교육도 잘 받고 훌륭한 사람들인 줄 알았어."
하지만 시간이 지나면서 환상이 깨졌다. "처음에는 내가 진짜
잘해줬거든. (…) 그 사람들한테 얘기할 때는 늘 높임말을
썼다고. 그러다가 그 사람들한테 한두 번 뒤통수를 맞았고

나쁜 일이 벌어지는 걸 숱하게 본 거예요. 살인 사건도 봤지.
한번은 어느날 아모레 화장품 아줌마가 출근하는 길에
어떤 미군이 쓰레기를 태우고 있는 걸 본 거야. 근데 냄새가
이상하더라는 거지. 머리카락 타는 냄새가 나서 이상하다고
생각했대. 그래서 경찰에 신고했는데 알고 보니 이 남자가
여자 시체를 태우고 있었던 거야. 싸우다가 그 여자를 죽였던
거지."[63] 이 사건이 일어난 시기, 양공주 살인 사건은 이미
흔한 일이었다. 기지촌 여성이 숨진 채 발견되면 장례식
비용을 따로 걷지 않는 일도 많았다. 장례식 자체가 없었기
때문이다. 가족들이 살해당한 여성의 시신을 늘 찾으러 오는
것도 아니었고, 발견된 시신을 누군가가 맡겠다고 늘 나설 수
있는 것도 아니었다.

주한 미군 기지 인근의 고도로 통제된 매춘 시스템은
미군과 남한 정부 양자의 규율을 받는 주체로서의 양공주를
양산했다. 조르조 아감벤Giorgio Agamben의 호모 사케르, 배제를
통해서만 정치 질서에 포함되는 그 '벌거벗은 생명'처럼,
양공주는 한미 관계의 생명정치 속에서 희생당한다는 개념도
없이 살해당할 수 있고 죽어서도 축성을 받지 못하는 생명으로
지명되었다. 아감벤은 "사실에 근거한 위험 상태를 근거로
법규를 일시적으로 유예하는 것을 그 본질로 하는 예외 상태에
이제는 영구적인 공간 배열이 주어지고, 그럼에도 불구하고

이 배열은 여전히 정상적인 질서 바깥에 놓여 있을 때 열리는 공간이 바로 수용소"라는 점에서 수용소를 생명정치의 전형적인 예로 언급한다.[64] 남한에서 기지촌은 규칙이 된 예외 상태의 전형이다. 그곳은 영구적으로 고착된, 전쟁의 일시적 유예가 설계한 장소이고, 그곳에서 일하는 여성들은 생명을 누릴 가치가 없는 존재로 간주되어 "그들에게 무슨 짓을 저질러도 더 이상 범죄처럼 보이지 않을" 지경이다.[65] 하지만 기지촌은 벌거벗은 생명이 저항의 힘이 되는 '비식별 영역' 안에 놓여 있기도 하다. 양공주의 주인 없는 시신에는 기지촌의 경계 너머에 있는 '일반적인' 시민들 사이를 배회할 역량이 있고 이 역량은 "규범과 예외를 식별 불가능하게 만드는" 방식들을 노출시킨다.[66]

배회하는 스펙터클

오랫동안 나는 그 여자를 볼 수 없었어. 그런데 어느 시점에 여자의 모습이 아주 생생해졌지. 아직 완전히 분명한 건 아니었지만. 이 여자의 이미지가 지면과 화면에서 유통되기 시작하더니 혼불로 사이버공간에 불을 붙였어. 그 장면이 재생되고 또 재생되는 걸 봤지만 매번 조금씩 달라지더라고. 여자는 미 제국주의의 비극적인 희생자, 기지촌이라는 늪에서 익사한 또 다른 여자였지. 하지만 모든 설명이 여자가 기지촌에서 일했다고 말하는 건 아니야. 여자는 어떨 땐 성노동자나 술집 여자로 불리고, 어떨 땐 그냥 '한국 여자'라고 불려. 여자는 스물여섯 살이었지. '사인'은 "펩시 병이 유발한 반복적인 뇌진탕에서 비롯된, 두부의 출혈인 것으로 확인"되었대. 콜라 병이라는 말도 있어. 이 병은 이 이야기에서 핵심적인 행위자야. 펩시 병 아니면 콜라 병이 여자의 머리를 때리고 그 때문에 과다 출혈로 여자는 사망에 이르지만 또 다른 종류의 상해를 입히는 데도 사용돼. 어떨 때 그 장면에서 여자가 콜라 병으로 강간당한다는 설명도 있지만 그게 맥주 병이라고 이야기할 때가 더 많고, 여자의 몸을 들쑤시는 게 맥주병 두 개라는 버전도 있고 어떨 땐 세 개가 되기도 해. "이미 사망해 쓰러져 있는 상태에서 여자는 위에서 언급된 물건들로 범해졌다."[67] 이 이야기는 다양하게 변형되어 있지만 몇 가지 세부 사항에는 일관성이 있지. 온갖 이질적인 물건들이 여자의 몸에 꽂혀 있다는 점. 그리고 나는 사실 그걸 사진으로 볼 수 있어. 여자가 벌거벗은 채 바닥에서 다리를 벌리고 있는 모습을 보지. 그리고 어떤 물건이 여자를 덮고 있어. 보도에서는 그게 분말형 세탁세제라고 해. 어떻게든 범죄를 은폐하려고 여자의 죽은 몸 위를 덮은 거라고. 그런데 가장 이상한 점은 여자의 입에 성냥이 가득하다는 거야. 여자가 그런 상태로 발견된 지 15년이 지났는데도, 나는 입에 성냥이 들어 있는 이 한국 여자의 사진을 인터넷에서 여전히 발견하지.

1992년 10월 윤금이라고 하는 기지촌 성노동자가 말싸움 중에 한 손님에 의해 무참하게 살해당했다. 기지촌에서 살해당한 성노동자는 윤금이가 처음이 아니었지만 그의 죽음은 과잉 가시화되었고, 이 사건은 미군이 한국 성노동자에게 저지른 범죄 때문에 한국 재판으로 인도된 첫 사례라는 점에서 한미 관계에 전례가 되었다.[68] 목숨을 잃은 윤금이는 김현숙의 말을 빌리면 "한국 여성의 몸을 상대로 자행된 제국주의적 폭력의 물질적 증거"가 되어 "젠더와 성 정치를 논의하기 위한 새로운 장"을 열었다.[69] '물질적 증거'는 분명 이 사건 이전에도 존재했지만, 양공주는 그 생명이 기지촌이라고 하는 게토 안으로 제한되어 있고 그 죽음은 주목할 만한 가치가 없다고 여겨지는 일회용품 같은 여성이기 때문에 이들에게 자행되는 폭력은 일반 대중의 눈에는 띄지 않았다. 하지만 윤금이 사건은 '주한미군의 윤금이 살해사건 공동대책위원회'에 소속된 광범위한 단체들의 지원을 받았다. 이 위원회는 나중에 주한미군범죄근절운동본부로 이어졌다. 1980년대와 1990년대에 미국과 한국 정부를 향한 적개심이 커지면서 양공주라는 인물에 반제국주의적 욕망이 가득 들어찰 수 있는 조건 역시 확대되었다. 윤금이 사건은 피식민 국가의 상징인 양공주가 수치심 때문에 어디에도 발붙이지 못하던 성노동자에서 환대를 받으며 귀향한 조국의 딸로 탈바꿈하는 전기가 되었다. 그 사건은 한국의 파열된 과거로 회귀하는 또 다른 순간이기도 했다.

문: 공짜로 세들어 살면서, 주차비도 내지 않고,

　　뒷마당에 포름알데히드를 쏟아붓고,

　　이웃의 안전은 안중에도 없이 폭발물을 가지고 놀고,

　　심지어는 이웃의 딸을 살해해놓고도 아무런 처벌을 받지 않는

　　세입자는 누구일까요?

답: 주한 미군

· **불평등한한미SOFA개정국민연대**

　　최장집에 따르면 남한에서 "갈등으로 점철된 국가-사회
관계의 역사"는 한반도의 분단과 한국전쟁에서 비롯된다고
할 수 있다. 최장집은 이렇게 말한다. "1945~1953년 시기는
정치적 봉기, 이데올로기적 양극화, 죽음, 시련으로 점철되었다.
남한에서 이어진 모든 정치적 갈등의 전반적인 골자는 이
혼란의 시기에 확립되었다."[70] 그는 미국과 동맹 관계에 있던
권위주의적이고 자본주의적인 정권과 소위 민중 사이의
다양한 '정치적 분열'을 개괄하면서 민중을 노동계급, 정치
과정에서 배제된 사람들, 그리고 미군의 개입에 의해 직접
피해를 당한 사람들이 교차하는 지점에 있는 존재로 정의한다.
윤금이 사건은 숨어 있던 양공주를 끌어내 온갖 종류의 억압을
온몸으로 구현하는 인물로 대중의 눈앞에 내보인다. 이들보다
분단과 전쟁의 여파를 잘 드러내는 존재는 없으므로. 이 사건
이후에 생성된 민족주의 담론에 대한 김현숙의 분석에 따르면
"윤금이 살인 사건은 (…) 분단된 한국이 통일되어야 하는,

한반도가 무장을 해제해야 하는, 미군이 하루 빨리 철수해야 하는 시급한 필요를 시사한다".[71] 1980년대에 대항 헤게모니를 가진 민중 운동이 부상하면서 세상을 떠들썩하게 한 윤금이 살인 사건은 양공주의 지위를 다시 한 번 승격시켰고 이제 양공주는 체제 저항적인 민족주의의 순교자라는 지위에 오르게 되었다.[72]

그래서 이제는 이 여자를 바라봐야 하는 건, 이 여자를 바라보면서 남한 민중이 국가의 탐욕에 어떻게 팔아넘겨지고 있는지, 미국의 군사 헤게모니에 의해 어떻게 짓이겨지고 있는지로까지 시야를 넓혀야 하는 건 정치적 의무였어. 죽은 양공주의 이미지는 이 사건을 떠들어대는 운동가들에 의해 널리 유통되었지. "이 여성의 몸이 발견된 환경이 너무 참혹해 눈을 뜨고 볼 수 없을 정도"라고 그들 스스로 주장하면서도 말이야.[73] 너무 잔인하게 살해당해 거기에 생긴 모든 시시콜콜한 상해를 차마 눈뜨고 볼 수 없을 정도인 여자의 몸을 묘사하는 데 사용된 언어는 이런 식이었지. "여자의 자궁 안에 맥주 병 두 개. 코카콜라 병 하나가 질을 관통하고 있음. 우산이 직장 안으로 27센티미터 들어감."[74] "여자의 알몸이 바닥에 늘어져 있음. (…) 몸과 얼굴은 피범벅임."[75] "증거를 훼손하려는 시도에서 (범인은) 여자의 입엔 부러진 성냥을 채워 넣었고 몸에는 흰 가루 세제를 뿌렸다."[76] 하지만

*여자를 보이게 하려는 이 시도 속에서 여자는 다시 한 번
삭제되었어.*

대중적인 반미 문헌에서 윤금이 살인 사건은 미군의
폭력에 맞서는 투쟁이 촉발된 순간이자 이 폭력의 역사에
각성하는 순간으로 자리매김된다.[77] 한 활동가는 이렇게
표현한다. "미군 지휘관은 자신들이 한국의 자유를 수호하기
위해 여기 왔다고 주장하지만 바로 그 미군 병사에 의해 자행된
무자비하고 잔혹한 범죄는 한국인들에게 다시 한 번 충격과
분노를 안겼다. 이는 지난 40년의 세월 동안 주한 미군이 자행한
일련의 범죄 가운데 죄질이 가장 나빴다."[78] 또 다른 문헌에서
"민간인을 상대로 자행된 미군의 범죄적 행동들"을 모아서
작성한 한 연대기는 윤금이 살인 사건으로 시작하면서, 세간을
떠들썩하게 하는 모든 사건에는 "소리 없이 짓뭉개진 숱한 한국
민간인들"이 존재한다고 지적한다.[79] 양공주에게 자행된 폭력을
살펴보는 행위는 반미 민족주의 기획에서 핵심적인 위상을 갖게
되었다. 윤금이 살인 사건은 미국이 한국인에게 저지른 과거의
모든 폭력을 상기시키는 중요한 장면이 되었기 때문이다. 이
사건이 있기 전만 해도 양공주는 일반인의 시선에서는 드러나지
않는 존재였지만 이 사건을 통해 양공주는 대중의 시선에
드러나게 되었고, 로즈의 표현을 빌리면 "알아보기 힘들 정도로
상징화되었고 (…) 그다음에는 그 목적에 맞춰 판타지 속에서

조작당했다".[80] 하지만 이 조작은 그 자체의 목적을 훼손할 위험 역시 안고 있었다.

과잉 유통된 윤금이의 피해당한 몸 이미지는 "초국적인 거시 스펙터클"이 되었지만 유통 과정에서 한반도의 반미 운동가들뿐만 아니라 디아스포라 한인 페미니스트들의 상상까지 배회했다.[81] 양공주는 디아스포라 학계에서 특히 양공주가 국가의 상징이 된다는 것은 어떤 의미인가를 중심으로 각축하는 의미들이 부착된 주체가 되었다. 가령 일레인 김은 여성의 성노동이 민족주의 담론에 등장할 때면 종종 노동보다는 강간으로 그려진다고, 그리고 그 노동을 인정받지 못하는 이 여성들은 "한국의 가부장적 민족주의가 대신 나서서 복수를 해주는 민족의 표상일 때를 제외하고는 그 어떤 표상도 되지 못한다"고 말한다.[82] 김현숙은 보란듯이 전시된 윤금이의 이미지는 살아 있는 성노동자에 대한 대중들의 관심이 부재한 상황에서 기지촌에서 일하는 실제 여성들의 주체성을 삭제하고 포퓰리즘 투쟁의 인물로서 양공주를 개조한다고 누구보다 강력하게 주장한다.

> 살아있을 때 (…) 윤금이는 한국 사회 주변부로 밀려났고 '양공주' 라는 경멸 어린 시선을 받았다. 윤금이는 워낙 잔혹한 방식으로 살 해당했기 때문에 한국인들은 그의 이미지를 '맹수 같은' 미군에 의 해 수동적으로 피해를 당한 '착한 여자'로 기억하고 재구성했다. 이 렇게 윤금이의 이미지를 변형하는 것은 이례적이다. 일반적으로

한국인과 한국계 미국인들은 '양공주'를 '미친년', '바람기가 있는 여자', '미국병 걸린 여자'라고 생각하기 때문이다. 한국의 '술집 여자'와 미군 사이에서 태어난 아이들 역시 이와 유사하게 '양공주 새끼', '군인들이 뿌린 씨', '깜둥이'로 비춰진다.[83]

하지만 윤금이 살인 사건 이후 기지촌 매춘부들은 반미 담론에서 "한국인과 한국 여성들의 집단적인 고통을 상징하는" 군사 지배의 희생자로 노출되었다.[84] 김현숙의 주장에 따르면 양공주에게 이런 상징을 부여하는 행위는 자기 삶의 의미를 협상하는 기지촌 여성의 행위자성을 부정한다. 양공주의 몸 위에서 이데올로기 전투가 일어나면서 양공주가 한반도의 포퓰리즘 투쟁을 상징하는 인물이 되었고, 이에 따라 여기저기 퍼날라지는 양공주의 이미지는 갈등 정치의 상징인 양공주가 디아스포라를 경유하면서 더욱 굴절될 것임을 암시하기도 했다. 양공주라는 인물을 두고 디아스포라 학계는 억압받는 자의 몸을 복화술사의 헝겊 인형처럼 사용하는 반체제 민족주의를 비판하면서도 모국의 정치에 간여하고픈 긴장된 욕망을 드러냈다.[85] 특히 페미니스트들에게 양공주는 한인 디아스포라 내의 여성 주체성에 관한 의미 협상의 장이 되었으며, 여성 주체에게 자신의 의미를 협상하는 역량을 부여하는 것이 어떤 의미인지 고심하게 만들었다.

나는 너무나도 다양한 해석들을 읽었고, 너무 다양한 시각들을 보았지만, 어째선지 이 여자들의 이미지 뒤에 있는 실제 여자를 찾을 수가 없어. 이 여자들이 직접 말을 하는 게 아니라 다른 누군가의 갈망의 재현물로 대신, 다른 입을 통해 전달되고 있었으니까. 실제 주체, 욕망하는 성적인 행위자를 어디선가 발견할 수 있다고 말하는 사람들도 있어. 하지만 난 아직 그 여자를 사회적 낙인 체제와, 투쟁 중인 민족주의 담론들과, 사회과학적 진실 말하기와 별개로 바라보지 못하겠어. 지금까지는 제자리를 잃은 일련의 의미들만, 편집당하고, 번역되고, 프레임 안에 갇히고, 이동 경로와 경계선을 가로질러 배분된 서사들만 찾아냈어.

의미의 유통과 증폭은 의미의 범주들을 불안정하게 만들기도 했다. 인데팔 그루월Inderpal Grewal의 지적처럼 "강간 담론은 가해자가 외부인일 때만 민족주의 담론에서 받아들여진다"는 점에서 "민족으로서, 땅으로서, 재산으로서"의 여성이라는 민족주의 판타지는 문제적이다. 그런데 양공주는 내부자와 외부자의 경계를 복잡하게 만들고 이로써 스스로를 민족주의의 가변적인 상징으로 만든다.[86] '강간당한 여성'이 외부자-가해자 그리고 그 자신이 상징하는 짓밟힌 민족 양자에 의해 상호적으로 구성될 때 이 같은 민족 서사에는 어떤 일이 벌어지는가? 민족 역시 이 여성이 짓밟히는 데 가담했을 때는 어떻게 되는가?

사라 아메드Sara Ahmed의 주장처럼 "감정은 몸과 기호 사이를 순환하는 다양한 방식을 통해 개인의 몸과 집단의 몸을 '표면화'하는 데 핵심적인 역할을 한다. (…) 감정은 단순히 '내부'에 있거나 '없는' 게 아니다. (…) 감정은 몸과 세계의 표면이나 경계라는 바로 그 효과를 만들어낸다."[87] 어떤 인물에 감정이 투여될 때 그 인물은 정동적인 가치가 증가하고, 그 인물이 감정의 경계 안에서 순환하면 할수록 그 정동은 자율성을 획득하여 그 주체에 구속될 필요가 없게 된다. 정동은 이동하면서 몸에 '들러 붙고' 어떤 몸을 다른 몸과 구분 짓는 과잉 투여된 인물을 창조한다. 이렇게 정동적으로 생성된 몸들은 "순수한 몸을 짓밟을 위험이 있다. 이런 몸들은 이런 짓밟힘의 판타지를 영속적으로 재상연할 때만 순수한 이미지를 가질 수 있다."[88] 죽은 윤금이의 이미지가 퍼져나감으로써 양공주와 나머지 인구 집단 사이의 경계가 반복적으로 그어졌을 뿐만 아니라 군사화된 폭력의 역사가 다시 재생되었다. 하지만 양공주에게는 슬픔, 분노, 수치심이라는 감정 역시 투여되었고 이는 그 경계를 해체하는 역할을 했다. 양공주는 '평범한' 한국인이나 정부 관료들이 있으라고 명령한 그곳에 얌전히 머물지 않았다. 양공주는 배제된 외부인이지만 스스로를 경계를 위협하는 존재로 느껴지게 만듦으로써 양공주를 자기 자신과 구분 지으려고 애쓰는 사람들로 하여금 생각을 곱씹게 할 것이다. 차학경의 표현에 따르면 "그 여자는, 자신이, 경계의 표시가 될 것이다."[89]

노동 수용소에서 기지촌으로: 양공주의 유령

1990년대 초에 양공주를 제국주의의 피해자로 재호명하는
작업이 이루어졌음에도 '양갈보'의 역사는 완벽하게 삭제될
수도, 따라서 순수의 상태로 복원될 수도 없었다. 양공주는
타락한 여자의 후예, 일본·필리핀·한국 등 이제는 미군이
주둔하게 된 아시아 전역에서 짐짝처럼 수용되기 전까지만 해도
순수하고 순박한 소녀로 상상되던 여성들의 후예였다.

그 여자는 한때는 등 뒤로 길게 땋은 양갈래머리를
늘어뜨리고 그 끝에는 색동 댕기를 단 농촌 소녀였지.
아버지는 쌀 농사를 지었어. 이모는 경상도 북쪽에 복숭아
과수원이 있었고. 가혹한 침략자들의 치하에서 이들은 땅을
대부분 잃었지만 협상의 여지가 있었어. 그걸 재빨리 간파한
남자들도 있었던 거야. 그래서 아버지가 흥정을 했어. 농장을
지키는 대가로 소녀를 주기로. 아버지는 창녕에 남았고
소녀를 군인들에게 딸려 보냈지.
이건 여자가 말할 수 없는 역사야. 말할 수 있는 사람들도
있지. 그리고 그 사람들의 이야기는 이런 사건이 벌어지고
나서 몇 세대가 지난 뒤에 사람들에게 알려졌어. 이
사람들은 이제 할머니이기 때문에, 아무리 50년 동안
치마 폭에 이런 수치스러운 비밀을 숨기고 있었다 해도

이제는 존중받아 마땅한 노인이기 때문에 최상급의 존중을 받아. "주변 사람들도 모르는 내 얘기는 무덤까지 가지고 갈 거야."[90] 하지만 그 이야기에서 이 할머니들은 갑자기 잡혀가서 자기 의지와는 반대로 붙들려 있었어. 그리고 자기 의지가 아니었다는 점은 이들의 죄를 어느 정도 사해주지. 자기 의지가 아니었다는 사실 때문에 이들의 수치심은 반제국주의의 동력이 될 수 있는 거야. 그리고 자기 의지가 아니었던 사람은 그와는 다른 상황이었던 사람과는 반대로 가시성을 얻게 되지. 이건 그 여자가 말할 수 없는 역사야. 그리고 말해지지 않은 것은 살에서 살로 전달돼. 말해지지 않는 건 자궁 안을 이미 감싸고 있어.

이건 타락에 관한 이야기이지만 순수에서의 타락이 아니야. 이 이야기에 나오는 여자 주인공은 태어날 때부터 나쁜 존재였으니까. 여자는 사람 손이나 제국의 총에 강요받지 않고 자기 두 발로 걸어가서 운명을 맞이했어. 노동 수용소에서 기지촌으로 제 발로 걸어갔고, 거기서 이국의 점령군들에게 서비스를 제공하지. 거기서 여자는 자기 나라가 이국의 군인들에게 사랑받게 하려고, 자신의 자유를 위해 싸울 용기를 군인들에게 불어넣으려고, 군인들이 이 낯선 나라를 자기 집처럼 느끼게 해주려고 일하게 되지.

(매춘이라는 형태의) 친교는 여기서 군대-공동체의 핵심에 가깝다.

(…) 만일 친구가 (집에서) 멀리 나와 있을 경우 그의 성욕이 충족되면 더 열심히 복무할 것이다.

· 〈인적 요인 연구보고서〉(캐서린 문, 《동맹 속의 섹스》에서 인용)

1990년대 초 한국에서는 군사화된 매춘에 반대하는 두 갈래의 운동, 정신대 운동과 기지촌 운동이 등장했다. 많은 학자들이 이 두 운동의 인정 투쟁에서 핵심 당사자인 여성들의 경험 사이에 존재하는 유사성뿐만 아니라 일본의 한국 지배와 미군 주둔 사이의 유사성을 언급해왔음에도, 정신대 운동은 일체의 유사성을 인정하지 않았다.[91] 두 운동은 아시아 여성을 대상으로 한 성 착취에 반대하는 더 넓은 투쟁의 일환으로 출발했음에도 한쪽 무리는 '강요'를 받았고 다른 무리는 과거에도 지금도 '자발적'이라는 생각 때문에 서로 갈라졌다. 캐서린 문은 이렇게 말한다.

정신대 운동은 용인 가능한 여성의 성적 행동에 관한 전통적인 이해 방식을 고수했다. 많은 지도층과 생존자들은 과거의 '위안부'는 순수한 피해자였던 반면 기지촌 여성들은 그렇지 않다고 강조했다. 정신대 생존자들은 자신들의 대의가 기지촌 여성들의 대의와 엮여서는 안 된다고 주장하며 성 노예라는 자신들의 정체성은 '자발적인 갈보'의 정체성과 등치될 수 없음을 강조했다. 정신대 운동의 관점에서 정신대 생존자들은 한국인들에게 가해진 가장 굴욕적이고, 모욕적이며, 고통스러운 식민지 억압을 몸과 마음으로 대변

한다. 그것은 성이라는 세계로 자발적인 탐험을 떠나는 것과는 차원이 달랐다.[92]

　　강제된 성노동과 자발적인 성노동이라는 이런 이분법은 성노동의 '본성'을 둘러싼 페미니즘의 논쟁을 오랫동안 괴롭힌 주제이다. 하지만 두 운동에 관한 연구에서 캐서린 문은 인구학적 배경, 여성들이 기지촌에서 일하게 된 조건, 이 노동의 장기적인 영향이 위안부 여성들이 경험한 조건들과 상당히 유사하다고 주장한다. 어쩌면 일본의 위안소와 미군 기지촌 사창가가 유사하다는 입장을 지지하며 캐서린 문이 제시한 가장 강력한 증거는 가장 초창기의 기지촌 노동자 세대의 일부 여성들이 전직 위안부였을 수 있다는 사실이다.[93]

　　강간당한 여성과 타락한 여성 사이의 차이는 민족의 정치 안에서 반복적으로 등장하지만 제국주의의 선한 피해자와 나쁜 양갈보를 구분하는 건 불가능하다.[94] 반복된 경계 그리기, 스스로를 순수한 사람으로 만들려는 시도의 반복은 무용하다. 되돌아갈 순수한 과거라는 것이 존재하지 않기 때문이다. 위안부 여성의 순수함은 이들 모두가 성노동을 하라고 강요를 받은 것은 아니라는 사실에 의해 더럽혀진다. 일부 여성은 아버지에 의해 교환당했고, 일부는 자식 부양 수단으로 합의했고, 정희 세라 서에 따르면 일부는 "경제적 필요 때문이 아니라 딸들에게 자행되던 가정폭력과 젠더화된 학대에서 벗어나 독립을 거머쥐기 위해 집을 떠나기로 선택"했다.[95] 모든

214

기지촌 성노동자가 '자발적'이었던 것도 아니다. 일부는 사기를 당했고 일부는 납치를 당했는데 일레인 김의 말처럼 "자신들이 통제할 수 없는 환경에 대한 비난과 집을 떠나기로 한 자신의 선택에 대한 비난 모두가 이들에게 향했다."[96]

어머니에게

4.19. 사 십구, 4월 19일, 18년이 지난 후(…). 오랫동안 우리는 떠나 있었습니다. 그러나 아무것도 변하지 않았습니다. 정지 상태일 뿐. 6. 25가 아닙니다. 육 이십오. 1950년 6월 25일. 오늘은 아닙니다.

우리의 목적지는 찾기를 위한 끊임없는 움직임에 고정되어 있습니다. 그것의 영구한 유배에 고정되어 있습니다. 여기 이제 열여덟 해 만에 돌아온 지금 전쟁은 끝나지 않았습니다. (…) 우리는 똑같은 고투 속에서 똑같은 목적지를 찾고 있습니다. 우리는 둘로 잘렸습니다. 해방자라는 이름을 가진 추상적인 적, 보이지 않는 적에 의해. 그들은 이 잘림을 편리할 대로 내란이라고 불렀습니다. 냉전. 막다른 궁지.
나는 똑같은 군중, 똑같은 반란, 똑같은 항거 속에 있습니다. 아무 것도 변한 것이 없습니다.

· 차학경, 《딕테》

유령 같은 행위자성

스펙터클을 제공한 윤금이 살인 사건 이후 10년이 지났을
때 또 다른 사건이 대대적인 반미 운동에 불을 지폈는데,
이번 피해자들은 상품으로서의 성이라는 수치심과는 거리가
멀었다. 2002년 6월 13일, 당시 중학생이던 심미선과 신효순이
의정부의 한 도로에서 미군 탱크에 깔려 목숨을 잃은 것이다.[97]
미군은 공식 사과문을 발표했지만 한국 시위대는 두 운전자를
한국 법정으로 넘길 것을 요구했다. 이들의 죽음을 정의롭게
해결하지 않으면 죽은 소녀들의 영혼이 범인과 피해자의
유족과 온 나라를 배회하리라는 우려도 한몫했다. 윤금이 사건
때처럼 죽은 소녀의 시신을 담은 끔찍한 사진들이 인터넷에서
돌아다녔다.[98] 이 소녀들의 죽음은 성의 교환이라는 맥락에서
일어나지 않았기 때문에 이들은 반미 운동의 새로운 대표
주자가 되었다. 하지만 뉴욕을 중심으로 활동하는 한 한국
활동가의 지적처럼 이들이 이 사건에서 살아남았더라도 미군
기지 인근에서 성장기를 보내는 여성들에게 가해지는 압력
때문에 미군 대상 매춘에 쉽게 빠져들었을지도 모를 일이었다.[99]
효순과 미선도 '타락한 여자'가 될 잠재력이 있었다는 점에서
그들 역시 양공주에 의해 배회당한 것이다. '수줍은 처녀'와
'양공주' 사이의 갑작스러운 낙차는 오윤호의 말에 따르면
양공주가 과거로부터 불현듯 등장해서, 언제든 한미 관계의
군사화된 성애의 경제 안에서 활개를 칠 준비를 한 채 미래를

향해 전진하는 유령화된 물질로 이루어졌음을 보여준다. 양공주는 더 순수한 피해자가 드러나면 언제든 배경으로 사라질 수 있지만, 미군이 한국인에게 자행한 폭력을 범죄로 간주하지 않는 불평등한 권력관계라는 맥락 속에서 순수함은 설 자리를 잃게 된다. 기지촌을 특정 몸을 희생해 순수한 몸을 지키는 생명정치의 공간으로 규정하는 데 따르는 위험한 결과는, 평범한 시민이 언제든 살해당할 수 있는 사람과 혼동될 가능성이 늘 존재한다는 점이다.

윤금이 살인 사건은 1990년대에 많은 반미 행동에 불을 지폈지만 윤금이가 죽기 전에도 양공주의 유령은 고난의 역사 아래 기거하면서 기지촌의 경계가 유동적이라는 걸 알고 있는 한국인들 주위를 배회했다. 1992년 윤금이가 살해당하던 그날은 양공주가 처음으로 살해당한 날도, 한국인이 미국을 향해 적개심을 느낀 최초의 순간도 아니었다. 미국을 등에 업은 남한의 독재 정권 때문에, 2000명에 달하는 시민들이 총에 맞아 스러진 1980년 광주의 학살 사건 때문에, 근 50년에 달하는 미군의 점령 때문에 반미 정서는 이미 켜켜이 쌓이고 있었다. 윤금이 살인 사건은 유족에게 외면당한 죽은 시신들이 늘어가는 데서 비롯된 정동뿐만 아니라, 미국을 향해 점점 축적된 일반적인 분노에서 비롯된 정동의 샘을 건드렸다. 여성들의 물리적인 사라짐, 그리고 그들의 이미지를 유통함으로써 이 몸들을 부활시키는 현상은 양공주가 살아 있을 때보다 죽었을 때 더 막강한 힘을 가진 유령 같은 행위자가 되는 과정을 여실하게 보여준다. 이 유령 같은 성격은 어떤 인구 집단의 몸이 상해를 입고 난 뒤 방치당해 죽어갔다는 사실에서, 그리고 양공주의 이미지에 부착된 정동의 축적에서 그 힘을 얻는다. 앤 안린 쳉의 말처럼 "우리에게 주어진 것은" 트라우마의 효과로서, 그리고 상징으로 포착할 수 없는 과잉으로서 "꾸준하고 기괴한 유통 속에 자리를 잡게 된 (…) 그 사건의 사후 이미지"이다.[100]

　재앙과도 같은 상실의 잔해들과 소개된 기억으로부터 성노동자가, 분단된 나라의 상징이, 디아스포라를 배회하는 유령이 출현했다. 그는 일련의 삭제를 통해 이 모든 것이 되었고, 역설적으로 과잉 역시 만들어냈다. 거의 텅 빈 상태 속에서 그는 민족적인 판타지를 투사하는 공백이 되었지만, 삭제가 일어날 때마다 화면에는 여전히 무언가가 남았다. 기지촌에서 탈출한 유령은 그 어떤 종류의 재현으로도 환원할 수 없는 실제 폭력의 가차 없음으로 이루어져 있었고, 그는 디아스포라 전역에 자신의 트라우마의 잔해를 흩뿌렸다. 이 파악하기 힘든 여성의 환영은 '고국'에서 미국으로 쫓겨난 사람들의 기억을 침투했다. 그곳에서 민족의 판타지는 이 여성을 만들어낸 역사 전체를 부정하는 데 의지한다. 그리고 어쩌면 망각된 것의 공간에 새로운 이미지를 투사하는 기억 프로젝트를 통해 피차 간에 일관성이 결여된 이 여성의 파편들을 독해하는 데 정신적으로 가장 많은 에너지를 투여해온 곳은 한인 디아스포라인지도 모른다. 하지만 에드워즈의 지적처럼 "문화적 정체성의 프레임은 '귀환'을 통해서가 아니라 차이를 통해 결정"되고,

따라서 이 여성의 배회 효과는 불균등하다.[101] 누군가는 이 여성의 환영을 만들어냄으로써 이 여성을 찾아내고자 할 것이고, 누군가는 이 여성을 거부할 것이다. 이 여성을 보지 않는 것이 아메리칸 드림의 조건이므로.

더 이상 자세한 건 기억나지 않지만, 언젠가, 어디에선가, 무언가가 상실되었고, 나는 그걸 찾기 시작했어. 눈에 보이지 않는 어떤 존재가 나를 방황으로 이끌었고, 당신이 부재한 그 장소에서 난 반쯤 형체를 갖춘 이미지들을, 잠시의 윤곽들을, 실제 일어난 방식과는 어긋나는 사건의 기억들을 발견했지. 하지만 이 불확실한 것들에는 너무나도 많은 감정이 투여되었어. 나는 내가 뭘 찾고 있는지 정확히 알지 못했지만 그 과정 어딘가에서 책갈피와 사진 상자들 속에 숨어 있는, 잘 보이는 곳에 숨어 있는, 화면에 고통스럽게 과잉 노출된 숱한 여성 인물들을 발견했지. 추방되어 호화로운 섬에 살다가, 유사流沙와 세탁세제 속에서 익사한 여성. 아버지의 부패 중인 시신의 잔해를 수습하려고 늪을 헤치며 돌아다니는 어린 소녀. 그다음 순간 미군들이 와서 여자를 구조하고 여자가 진흙과 피범벅인 옷을 갈아입을 수 있도록 예쁜 새 원피스를 주지. 그러자 이내 여자는 지옥의 늪에서 활짝 피어나는 꽃이야. 여자가 황홀경에 이르도록 먹을 것을 줄 정도로 친절한 큰코배기 군인의 팔에 숨 죽인 채 누워 있는 앞을 보지

과자 투하 작전

못하는 부상당한 소녀. 그리고 공산주의자들에게 위협을
가하고 기업의 배를 불리고 그들의 죄에 대한 용서를 구하기
위해 무릎을 꿇으라는 명령을 하달받은 줄줄이 늘어선
여자들.

나는 국가 발전 서사로 서술된 성노동 종사 여성들, 한인
디아스포라의 이야기에서는 유실된 성노동 종사 여성들,
한국의 가정에서 추방되어 다른 곳에서 가정을 찾아야 했던
여성들의 증거를 찾아냈어. 그리고 어딘가에는 기지촌에서
일했던 무려 100만 명에 달하는 한인 여성의 꿈들, 미국이나

성적 자유를 동경하는 꿈들, 아니면 자신에게 허락된 환경 이상의 무언가를 향한 바람 같은 것들이 있지. 나는 그 후손들이 서술한 문헌의 지면에, 미국의 한국 개입을 그린 사진 기록물에 잔해로 남아 있는 이들의 꿈을 발견했어. 나는 워싱턴D.C.에서 사진 상자 안에 숨어 있던 어린 한국 소녀를 발견했어. 소녀는 옆에는 금발 인형을 끼고 사탕을 빨며 음식으로 가득한 상자 더미 위에 앉아 있지. 이 사진에서 소녀는 미군의 선의를 기록하는 카메라맨을 향해 포즈를 취해. 하지만 또 다른 시간, 또 다른 상자에서 나는 상호적인 욕구의 부적절한 기록물을 발견했지. 똑같은 어린 소녀가 화려한 물건들로 소녀의 환심을 사려는 미군들의 시선에 화답하고 있어. 나는 이 소녀가 누구인지, 이 소녀의 보호자가 누구인지 알지 못하지만, 이런 유혹을 받기엔 터무니 없이 어리다는 건 알아.

하지만 그러다가 다시 한 번, 나는 [사진 기록물을 남긴] 작가의 꿈이 소녀의 꿈에 어느 정도로 투사되었는지, 그런 다음 청중의 꿈을 통해 얼마나 굴절되었는지 역시 질문을 던져야만 해.[102] 이런 서사 가운데 그 어떤 것도 재현이 될 수 있어. 꿈 같은 무의식적인 사건이 진실된 이야기를 할 수만 있다면 말이야. 그리고 어쨌든 내용들이 워낙 뒤죽박죽인 통에 나는 하나의 꿈이 어디서 끝이 나고 그다음 꿈이 어디서 시작하는지도 잘 모르겠어.

하지만 분명하게 구분되는 게 하나 있어. 내가 알려진

목적지도 없는 상태로 커다란 빈 공간을 걷고 있는데 어떤
한국 남자가 검은 자동차를 몰고 다가와서 창문을 내리고
나에게 내가 태어난 곳으로 돌아가지 말라고 명령을 하지.
나는 도망을 쳐. 그 남자가 따라오는 것도 아닌데 난 마치
목숨이 달린 문제라도 되는 것처럼 도망치지. 그러다가
생각지도 못하게 내가 어릴 때 살았던 집에 이르러. 모든 게
내가 떠날 때 모습 그대로야. 장모 카펫과 할아버지의 시계와
어두운 복도를 밝혀주던 주방의 형광등. 무언가가 나에게
그 투사된 빛을 끝까지 따라가보라고 등을 떠밀어. 그리고
막다른 복도에 다다르면 다시 암흑이지—"망각의 여러
층위 속에 (…) 점점 희미해지다가 부재의 상태로 빠져드는
불투명한 빛, 기억의 대상". 모든 방향에 닫힌 문이 있어.
나는 반대편에 무엇이 있을지 몰라 너무 무섭지만, 한편으론
호기심도 상당해. 문이 하나씩 열리고, 방 안에는 내 가족들이
있지. 오래전에 세상을 떠나거나 사라진 사람들도. 없는
사람은 어머니뿐이야. "그의 초상은 사진에도, 그림에도
재현되지 않는다." 나는 어머니가 어디에 있는지 물어보지만
아무도 말하지 않아. "그러다가 똑같이 메마르고 열린
공간들을 통해, 천천히 이 방에서 저 방으로 움직이면서"
나는 어머니를 찾아 집 안에서 원을 그리며 계속 돌아다녀.
그리고 마침내 사실 한 번도 존재하지 않았던 방에서
어머니를 찾아내지. 나는 가까이 다가가서 어머니가 아직
숨을 쉬는지 확인을 하고 난 다음 어머니 옆에 누워서 잠이

들어.[103] "당신은 줄곧 실은 그 여자를 보지 않고, 한 번도 본 적 없이 그 여자를 본다. 당신은 그 여자를 아직 보지 않는다. 잠시, 그 여자의 흔적만을 본다."

4장　　　　명예 백인이라는 판타지

생각건대 기지촌이란 한국과 미국 사이에 떠 있는 섬과도 같다.
(…) 이곳 여자들은 양갈보일 뿐이다. (…) 미군들의 일시적인 '하
니'면서 조국에서도 외면당하고 있으므로 그 이름으로만 불린다.

· 강석경, 〈낮과 꿈〉

태자와 선희라고 하는 그 여자의 친구들이 알 수 없는 이유로 죽는
걸 보고 난 다음에 다른 네 명이 더 죽었다. 약물중독으로 죽은 사
람도 있고, 미군이 지른 걸로 보이는 불 때문에 죽은 사람도 있고,
자살을 한 사람도 있었다. "하지만 하나님, 난 살고 싶어요." 여자는
어느 순간 무력하게 기도하고 있었다.

· 이민아, 옛 기지촌 성노동자 김연자 씨와의 인터뷰에서

주한 미군 기지 인근의 기지촌은 종종 '유사流砂'와 '섬'으로,
'바다도 아니고 육지도 아닌' 곳으로 묘사되곤 한다.[1] 어떤 한국
여성들에게 그곳은 반복적으로 공연되는 한인 여성과 미국 군인
사이의 로맨스를 통해 미국을 향한 꿈이 펼쳐지는 이색적인
장소이다. 또 어떤 여성들에게 기지촌은 죽음이 배회하는
장소, 출구가 존재하지 않는 장소, 실현 가능한 환상으로서가
아니라 '탈출구'를 찾기 위해 미군과의 결혼을 절박하게
바라는 장소이다.[2] 기지촌은 완전히 밀봉된 경계로 에워싸인
구역으로 이해되지만 군사적 지배의 효과는 기지촌 범위를 훨씬
넘어선 곳까지 확산한다. 무엇보다 일부 기지촌 여성들이 결국
탈출구를 찾아내고야 말기 때문이다. 기지촌이라는 공간 안에서

가해지고, 되풀이되고, 억눌리는 트라우마들, 그리고 전쟁의
역사적 침전물들이 탈출해 한인 디아스포라 내부에서 유통되는
것은 바로 초세대적인 배회를 통해서다. 한국전쟁 이후 한인의
미국 이민을 추동한 핵심 동력이었던 양공주는 이러한 배회의
가장 중요한 행위자 중 하나이다.

　이제 나는 '양갈보'로서의 양공주에서 '미군 신부'로서의
양공주로, 그리고 이 둘 사이의 틈으로 초점을 옮긴다. 한국의
반미 운동가들 사이에서 가장 중요했던 양공주의 손상된 몸
이미지는 양공주가 미군 신부라는 신분으로 미국에 가는
순간 종적을 감춘다. 미군과 결혼한 한인 여성, 많은 수가
기지촌에서 남편을 만난 이런 여성들은 한인들이 미국으로
건너갈 길을 열어주었지만 이들의 도착과 급속한 동화同化의
이야기는 기지촌의 일상생활을, 그리고 한국과 미국이 공유하는
폭력적이면서도 친밀한 역사를 의도적으로 망각해야만 앞뒤가
맞아 떨어진다. 이 망각은 최초의 한인 전쟁 신부가 미국에 발을
내딛은 사건을 다룬 미국 미디어들의 설명에서 상당히 명백하게
확인된다. ''블루'라는 이름의 전쟁 신부 집에 오다: 자신을
만나기 위해 200마일을 걸어온 한국 부인과 함께 미국으로
돌아온 조니 모건'이라는 제목이 달린 1951년 11월 5일자
《라이프 매거진》의 기사는 미국 대중들에게 이용순이 오로지
자신에게 '블루'라는 이름을 지어준 사랑하는 미국 병사와
다시 만나기 위해 전쟁 통에 200마일[약 320킬로미터]을 걸었다고
전했다.[3] 전선이 남쪽으로 이동하면서 이 미국 병사는 서울에서

228

부산으로 재배치되었던 것이다. 기사는 이렇게 말을 잇는다.
"3주 뒤 블루는 피가 흐르는 맨발로 부산에, 조니 모건에게
이르렀다. 블루는 국토를 가로질러서 조니에게 걸어왔다.
조니는 이렇게 말한다. '그때 알았어요, 내가 이 꼬마를 얼마나
사랑하는지.' 그리고 그는 블루에게 청혼했다."[4] 이는 국제결혼을
한 한인 여성을 '아시아의 신데렐라'로 그린 창시자격의
동화이다.[5]

　　이 장에서 나는 미국 군사주의의 폭력이 사회과학 담론들의
반복적인 실천을 통해 어떻게 은폐되어왔는지, 그리고 이
실천들이 트라우마의 무의식적인 기억을 통해 어떻게 교란되고
있는지를 살핀다. 나는 한국계 미국인들을 명예 백인으로
상정하는 사회학의 이주와 동화 서사가 양공주를 우호적인
한미 관계라는 지정학적 서사로부터, 그리고 가정생활이라는
미시 정치적인 픽션으로부터 삭제하는 일련의 과정에 의지하는
판타지임을 드러낸다. 그리고 이 삭제는 백인 남성과 결혼한
아시아 여성을 동화라는 사회적 사실로 생산한다. 명예 백인
담론은 아메리칸 드림의 한 단면이고, 아메리칸 드림은 미국이
스스로를 해방의 현장이자 구세주의 나라라고 상상하는 더 큰
판타지, 이 지식의 생산자와 그것을 전달하는 주체 모두에 의해
상호적으로 뒷받침되는 판타지이다. 자신의 가족에게 미국에
올 길을 열어준 여성들은 명예 백인 담론에 기여하긴 했지만 그
안에서 점하고 있는 지위는 안정적이지 않다. 아메리칸 드림이
무겁게 투여된 양공주는 미국을 향한 온 가족의 열망을 무겁게

짊어지고 있지만, 동시에 미국에서 이 여성의 '동화'는 그가
과거와, 늘 존재하면서 그 꿈을 악몽으로 바꿔놓을 위험이 있는
과거와 단절한다는 조건하에 성립된다는 점에서 이 양공주라는
인물은 한국계 미국인들의 판타지를 가장 복잡하게 만든다.

　　나는 이 장에서 양공주가 유령 같은 존재로 등장하는
다양한 담론들이 어떻게 서로 마찰을 일으키는지, 그리고
이로써 한미 관계 속에 있는 해소되지 않은 트라우마의
효과를 어떻게 드러내는지를 파악하는 한 가지 독해 방식을
제시한다. 나는 특히 양공주에 관한 두 종류의 문헌 사이에
존재하는 틈에 관심을 기울인다. 하나는 앞 장에서 내가 검토한
대로 성노동자를 한국에서 지정학적 행위자이자 상징으로
다루는 문헌이고, 다른 하나는 미국에서 군인 신부가 경험한
삶을 기록한 문헌들이다. 가령 여지연은 한국전쟁의 유산과
기지촌 매춘 시스템에 대한 논의로 자신의 책을 시작하고,
캐서린 문은 자신의 책에서 한 장을 미군과 한국인 성노동자의
결혼에 할애한다. 두 연구 모두 성노동자와 군인 신부 사이의
중첩을 인정하면서도 여성들이 자신의 인생 경험을 솔직하게
털어놓기를 꺼려하는 까닭에 이 중첩을 연구하기가 어렵다고
토로한다. 하지만 두 책 중 어느 쪽도 두 인물 사이의 틈이나
가족사의 공백이 한인 디아스포라에 미치는 정신적인 영향을
다루지는 않는다. 이런 트라우마들이 디아스포라 전역에
무의식적으로 전파되는 데 필요한 환경을 만드는 것은
바로 '군인 신부'와 '양갈보' 사이의 틈—미국에 온 뒤로는

트라우마로 얼룩진 자신의 역사를 기억하지 않으려 하는
양공주의 태도에 의해서뿐 아니라 미군의 매춘 문제에 대한
미국인들의 침묵으로 인해 생기는 틈—이다.

나는 디아스포라 한인들의 창작품을 초세대적인 배회의
증거로 활용한다. 또한 이런 작품들을 동화에 관한 표준적인
사회학의 설명에 대항하는, 그리고 한인 군인 신부가 직접
전달하는 자신의 경험에 대항하는 준거로도 활용한다. 나는
양공주를 다루는 기존 문헌들에 관한 분석을 디아스포라
한인들의 기억 작업 사례들과, 그리고 한인 군인 신부의
생애사를 바탕으로 한 짧은 삽화들과 연결지음으로써
사회과학과 증언과 자서전과 픽션이 명예 백인 판타지를
어떻게 서사화하는지를 탐구한다. 어떤 삽화는 특정 여성이
주인공이지만 어떤 삽화는 여러 여성의 경험을 녹여낸
것이다. 한인 군인 신부가 사회과학자, 역사학자, 복지사,
다큐멘터리 감독, 미국의 일반 대중이라는 청중에게 자신의
삶을 털어놔달라는 요청을 받을 때 이 군인 신부의 인생사는
그 당사자 자신에 의해 픽션으로 가공된다는 점에서 나는 이런
삽화들을 픽션으로 만들어낸다. 나는 디아스포라의 기억이
어떻게 구멍이 숭숭 뚫린 경계에 의지하고 있는지를 보여주고
말해지지 않은 것의 틈을 메우기 위해, 그리고 국제결혼에 관한
자료 수집 작업을 해체하고 재구성하기 위해, 그리고 어떤
특정 여성을 '아우팅'하지 않기 위해, 정보원 서로 간의 경계를
의도적으로 흐린다.

또한 나는 이 장에서 또 다른 배회가 일어나고 있음을 말해두고 싶다. 백인 우월주의 담론과 암묵적으로 결탁하고 있는 담론인 '명예 백인' 담론은 흑인과 한인의 국제결혼과 그 결혼에서 탄생한 자녀들을 자동으로 삭제한다. 사회학자들은 이민자 집단이 흑인 문화나 다른 비지배 문화의 규범에 동화하는 '분할된 동화'를 연구해왔음에도, 이는 종종 하향 이동성이라는 프레임으로 설명된다. 사회학자들은 공통적으로 명예 백인이라는 표현을 동화된이라는 표현과 동의어처럼 사용하지만 '명예 흑인'의 지위 같은 것은 없다. 그러므로 백인성은 미국으로 동화한다는 것의 기준으로 굳어진다. 이와 유사하게 기지촌에서의 탈출 판타지에 등장하는 미군은 대개 백인으로 상상된다. 하지만 내가 이 장에서 다루는 세 가지 창작품이 시사하듯 흑인성은 명예 백인의 그늘로서, 양공주에게 적대적으로 작용하기도 하고 함께 공조를 펼치기도 하는 또 다른 유령으로서 늘 존재한다. 궁극적으로 나의 목적은 기지촌 여성들 사이에서 선망의 표식이자 미국 사회학 담론 안에서 동화의 표식인 백인 미국인과의 결혼이 양공주와 그 친족으로 하여금 동화, 상향 이동, 명예 백인이라는 사회학의 판타지에 참여하도록 허락하는가를 질문하는 것이다. 결혼과 이주라는 이 궤적이 실제로 기지촌으로부터의 탈출을 의미하는가? 그리고 그렇다면 그 탈출은 무엇으로 이어지는가?

기지촌 디아스포라

> 죽은 자는 산 자의 기억 속에 남아 있고 탈출할 수 있는 문은 도처
> 에 있다.
>
> · 존 존스턴, 《정보 다중성Information Multiplicity》

미군 매춘에 관한 사회과학과 사회복지 연구는 군인 대상
성노동자들이 미국인과의 결혼을 기지촌에서 벗어날 수 있는
일차적인 수단으로, "매춘과 그 낙인으로부터 탈출"할 수 있는
방편으로 바라본다고 단언한다.[6] 기지촌의 삶을 다룬 픽션이나
자전적 작품들은 또 다른 탈출에 대해서도 이야기한다.
죽음이라고 하는. 이 대안은 이런 방법들이 서로 연결되어
있음을 시사하는 한편, 국제결혼 또는 인종 간 결혼이라는
로맨틱한 겉모습에 가려진 폭력의 일부를 부각한다. 이런
서사들은 시공을 가로질러 연결 고리를 만들고 이를 통해
미국이라는 판타지와 미군의 지배라는 폭력이 어떻게 서로
연결되어 있는지를, 그리고 이런 뒤얽힘이 어떻게 미국 내 한인
디아스포라의 토대이자 한국 민족주의에 의해 부정당한 인물을
통해 투사되는지를 보여준다.

뿌리가 없는 섬이므로 여기 사는 여자들도 뿌리를 내리지 못한다.
여자들이 기둥서방을 두거나 미국행을 열망하는 것은 섬의 허망됨
을 잘 알고 있기 때문이다. 극단적인 예지만 미라는 전자요, 순자

언니는 그 후자이다.

· 강석경, 〈낮과 꿈〉

　　강석경의 소설에 나오는 가상의 기지촌에는 서로 얽힌 탈출 이야기를 들려주는 세 양공주가 등장한다. 미라는 이야기가 시작되기 전에 포주에게 살해당하는 죽은 양공주이고, 순자는 누군가가 자신을 미국으로 데려가주기를 간절하게 바라며 미국 고객과의 로맨스를 꿈꾸는 인물이며, 화자話者는 자신이 매춘부임을 수치스러워하지 않고 떠날 생각을 좀처럼 하지 않을 정도로 만족하며 살아간다. 순자의 경우 미국으로 떠나는 동화는 거의 실현되지만 강석경은 의미심장한 비틀기를 추가한다. 순자는 대개의 이야기가 그렇듯 자신의 미국 손님 중 한 명에게 온 희망을 걸지만 이 손님은 한국인들에게 미국을 상징하는 백인 남자가 아니라 바버라라는 이름의 흑인 여성이다. 순자는 백인 남성 미군과 결혼한다는 규범적인 판타지를 거역하고 심지어 기지촌 탈선 여성들 사이의 규범마저 배반하는 관계에 들어간다. 처음에는 한국을 떠나고자 하는 욕망에서 그 관계를 좇지만 그것은 처음으로 만난 사랑이기도 하다. 이야기가 결말을 향해 다가갈수록 독자들은 순자의 꿈이 실현되리라 믿지만 한국을 떠나는 비행기를 타려고 바버라를 만나기 전, 순자는 가파른 계단에서 굴러 목숨을 잃고 "이리하여 순자 언니는 허망하게 세상을 뜬 것이다. 영원한 아메리카로."[7] 순자를 화장하는 날 바버라가 순자에게 보내는 편지가 나오고 이

편지를 통해 바버라는 순자의 구출 판타지를 명백하게 드러낸다.
"너의 고통을 사랑한다, 내가 너의 구원이 되었으면 한다, 우리의
만남을 축복으로 생각하고 우리의 계획을 꾸준히 추진해나가기
바란다."[8] 하지만 죽음이라는 또 다른 형태의 탈출은 이들
서로의 꿈을 전복하고 바버라로 하여금 어째서 순자가 나타나지
않았는지 고뇌하도록 남겨둔다.

순자와는 달리 화자는 탈출 판타지가 전혀 없다. 돈과 성을
처음으로 교환한 경험을 통해 화자는 자신의 움직임이 순환적일
뿐이라는, 그래서 전후 한국에서 자신의 출발점이었던, 미국에
종속된 지위라는 똑같은 처지로 돌아가게 될 뿐이라는 깨달음을
얻는다. 그래서 화자는 구원받음에 대한 환상에서 빠르게
벗어난다. 화자는 미국 남자들에게서 즐거움을 취하면서도
로맨스나 미국에서의 결혼 생활을 꿈꾸지 않는다. 오히려
마지막 장면에서 자신의 기혼 미국인 남자친구가 미국에 있는
아내에게 돌아가기 직전 편지를 쓰겠다고 약속하자 이런 부류의
꿈을 비웃는다. "나는 키들 웃으며 화답했다. 편지는 필요
없다, 단돈 십 불이라도 주면 꿈에서도 네 이름을 부르겠다고."[9]
화자는 로맨스를 상품으로 규정하고 성과 애정을 군사화된
매춘 비즈니스와 동일선상에 놓는다. "오브튼은 이백 불을 쥐어
주었다. '마마상 빚을 갚으라' 했다. 나는 그제야 오브튼에게
뜨거운 입맞춤을 했다. 마마상 빚은 벌써 갚았지만 돈을 쓸
곳은 지천에 깔려 있었다."[10] 우리 앞의 화자가 군사화된 매춘
안에 머물러 있는 것은 한국에서 벗어날 수 있는 복권을 찾기

위해서도, 빚에 발목 잡혀 있기 때문도 아니고, 갈 곳이 없다는
걸 이미 알고 있기 때문이라는 점에서 〈낮과 꿈〉의 마지막
문장들은 아메리칸 드림 담론을 전복한다.[11] 강석경의 서사에서
결혼은 성공 가능한 선택지가 아니고, 탈출을 꿈꾸는 이들에게
유일한 출구는 죽음이다.

  강석경의 작품은 양공주를 미국의 지배를 받는 민족을
상징하는 몸으로, 비극적인 여성으로 그리고 있다는 비판을
받긴 하지만 나는 양공주가 단순히 민족적 슬픔을 담고 있는
수동적인 몸 또는 그릇이 아니라는 시각을 보여주는 작품으로
〈낮과 꿈〉을 새롭게 읽는다.[12] 강석경의 작품에 등장하는
인물들은 그 냉소주의와 비극적인 결말을 통해 이민과 결혼에
관한 통념들, 특히 동화에 관한 사회학의 가정들을 뒤흔든다.
가령 작중 화자는 미국인과의 결혼을 통한 진보나 로맨스 같은
생각을 일절 품지 않고, 이로써 백인 미군이 비참한 한국 여성을
매춘과 제3세계로부터 구해내서 미국의 풍요를 만끽할 수
있도록 데려간다는 판타지에 도전장을 내민다. 유철인에 따르면
미국인과 한국인의 상상 속에서 "(백인) 미군과의 결혼은 영원한
안전과 행복을, 고난과 결핍으로부터의 보호를 상징했다."[13]
미국 내 동화 담론 역시 미국 백인과의 결혼이 동화와 상향
이동의 표지라는 식의 이런 줄거리를 뒷받침한다. 하지만
작중 화자도, 순자도 이런 욕망을 따르지 않는다. 〈낮과 꿈〉은
미국인과의 결혼을 진보와 동일시하는 이주에 관한 사고에
도전하고 기지촌에서 벗어나는 탈출 경로로서 죽음에 관해

문제를 제기한다.

어쩌면 미라와 순자의 죽음은 기지촌의 삶에 관한 강석경의 허무주의적 태도보다는 군사화된 폭력의 역사가 미국인과의 결혼을 통한 이주 경로에서 어떻게 배회하고 있는지에 관해 더 많은 이야기를 하고 있는지 모른다. 한인 군인 신부들의 구술사뿐만 아니라 한국 여성과 미국 남성 간의 국제결혼에 관한 사회학의 설명에서는 이런 폭력적인 과거가 삭제된다. 여성들이 자신의 이야기를 직접 들려주는 경우에도, 그리고 연구자들이 이주와 국제결혼이라는 현상에 서사를 입히는 경우에도 마찬가지로. 어쩌면 살해당한 뒤 민족의 상징이 된 '실제' 양공주뿐만 아니라 강석경과 다른 작가들의 작품을 통해 기억된 '가상의' 양공주 역시 망각에 맞서는 기억의 유령 같은 힘인지 모른다. 결혼을 통해서든 죽음을 통해서든, 기지촌을 들고나는 움직임이 존재하기에 그 시스템의 트라우마적인 효과는 기지촌 여성의 후예로 이루어진 디아스포라를 통해 전방으로 전달된다.

임박한 도착

한국전쟁으로 인해 최초의 혼인 사례가 생겼다. (…) 그 배에는 존 모건 하사관과 그의 신부 용순이 타고 있다. 용순은 최초의 한인 전쟁 신부이자 미국에 당도한 최초의 한국인이다. 전화 교환수였던 용순은 무도회에서 조니 하사관을 만났다. 조니의 부모는 "조니가

좋으면 우리도 용순이 좋다"고 말한다. (…) 그래서 용순 모건 부인
은 (…) 카메라를 바라보며 미국 전통 가정의 환대를 받는다.

　　10만 명의 한인 여성이 미군과의 결혼을 통해 미국으로
이주했고, 이들은 미국에 도착한 즉시 성공적인 이민 생활과
명예 백인과 관련된 줄거리에, 트라우마로 얼룩진 역사를
삭제하고 '양갈보'로서의 양공주를 완전히 사라지게 만들려고
하는 줄거리에 흡수된다. 하지만 양공주를 사라지게 했을 때
그가 떠난 자리에는 무엇이 자리를 잡는가? 엥과 카잔지언의
상실에 관한 개념에서 부재는 단순한 음陰의 공간이 아니라
잠재적인 존재의 공간이기도 하다. 떠남의 자리는 임박한
도착의 신호이기도 하다.[14] 떠남은 양공주의 부재의 공간에
무엇이 솟아나는가, 어떤 새로운 형태의 배회가 생성되어
초세대적으로 전달되는가라는 질문을 제기한다. 하지만
나는 '임박한 도착'이라는 개념 역시 질문하고 싶다. 만일
양공주가 끊임없는 추방 상태의 인물이라면 그의 미국 도착은
절대 완성되지 않고 늘 임박할 뿐이며, 미군과의 결혼을 통해
미국으로 이주한 이 여성은 절대 동화에 완전히 도달하지
못하고 미국 사회학의 담론 내에서만 동화된 것으로 표현된다.
하지만 미국 내 한인들을 명예 백인성을 부여받은 통계적인
인물로 구축하기 위해 생략된 것은 동화를 거부하는 트라우마의
잔해들을 남긴다.

미국 가족의 환대

양공주1은 한국전쟁 중에 어린 소녀였다.[15] 그는 식당에서
나온 부산물을 구매하려고 미군 기지를 드나들었다.
"그곳에서 이쑤시개, 냅킨을 손에 넣고, 온갖 물건이 있어.
말린 자두, 고기, 없는 게 없지. (…) 우리는 이런 식으로 한 달
한 달을 살아갔어."[16] 미군 기지는 생존을 위한 출구이지만

그 이상의 가능성이기도 했다. 그는 하사관들을 위해 춤을
추는 일자리를 얻었다. 그들은 그의 댕기 머리를 당기며
그를 '처녀'라고 불렀고, 그에게 미국 이름을 지어주었다.
그는 아주 어릴 때부터 미국 남자들을 향한 사랑을 키웠다.
결국 그는 자신보다 스물다섯 살 많은 미국 남자와 결혼해서
미국으로 이주했다.

양공주 2는 이태원의 술집에서 남편을 만났다. 남편은
미군이었다. 그는 '유흥업소 호스티스'였다. 그는 위안의
기술을 익히기 위해 '에티켓과 예절' 수업을 들었고, 그
수업을 듣는 게 의무였음에도 그는 들뜬 기분으로 그 시간을
기다렸다. 그 여자의 공부는 제값을 했다. 자신과 결혼해서
미국에 데려가고 싶어 하는 남자를 발견했으므로. 미국에
도착한 그는 과거의 흔적을 말끔히 지우고 누구에게도
과거를 발설하지 않았다.

양공주 3은 두 자녀를 데리고 1979년 캔자스주에 있는
남편의 고향으로 이주했다. 몇 달 뒤 그는 남편의 첫 아이인
아들을 낳았다. 그의 다른 자녀들은 남편에게 법적으로
입양되었고, 이 자애로운 행위를 통해 남편은 자신의
규칙에 따라 그 자녀들을 양육할 권리를 얻었다. 남편의
집에서는 한국 말이 금지되었고, 그래서 위의 두 아이들은
빠르게 영어를 배우고 자신의 모국어를 잊었지만, 여자는

계속 한국어 문법과 뻑뻑한 억양을 섞어 엉터리 영어로 이야기했다. 그런데도 여자는 남편의 결정에 반기를 들 수 없었다. 여자 역시 자식들이 '섞여 들어가기' 위해 영어로 말하는 쪽을 더 선호했다.[17] 자식들이 성장하면서 여자는 이들과 소통할 수 없게 되었고, 자식들은 여자를 부끄러워하며 아버지와 자신들을 동일시했다.

양공주 4는 미국에 간 친척 여섯 명을 뒷바라지했고, 이들이 다른 여섯 명을 더 뒷바라지하다 보니 어느 순간 여자의 거의 모든 대가족이 가까이 모여 살게 되었다. 여자의 남동생들이 성인이 되자 여자의 친구가 여자에게 조언을 했다. "넌 미국 사람하고 결혼해서 남동생들을 미국으로 데려가는 게 낫겠어." 여자는 말했다. "그 시절에는 형제자매들을 미국으로 초청하기가 쉬웠거든."[18] 그래서 여자는 "미국 시민과 결혼을 해서 이민자로서 가족을 뒷바라지함으로써 자신의 권력 기반을 구축한(…) 미군 부대의 술집 여자"중 하나가 되었다.[19] 하지만 여자의 가족들은 미국으로 이민을 하고 난 뒤에도 여자에게 별로 고마워하지 않았다. 여자가 미국인과 결혼한 걸 몹시 수치스러워했기 때문이다. 이 가운데 많은 이들이 이런저런 방식으로 성공했다. 작게 자기 사업을 시작하거나, 그럴듯한 동네로 이사하거나, 자녀들을 대학에 보낸 것이다. 이들은 자신들의 성공을 주로는 미국의 흘러넘치는 기회 덕분으로, 부분적으로는 자신의 근면함

덕분으로 돌렸고, 양공주의 뒷바라지 덕이라고는 별로
생각하지 않았다.

아버지의 고향은 어머니가 꿈에 그리던 그런 미국이
아니었다. 그곳에는 한국인을 만나본 사람이 아무도
없었고 어머니는 자신의 이질성 때문에 그 안으로 섞여
들어가기로 더 단단히 마음을 먹었다. 그래서 미국
여자의 습관을 세심하게 연구했다. 어머니는 스파게티와
미트볼을, 그리고 코티지 치즈를 섞은 녹색의 젤-오와
과일 칵테일을 만들었고, 이웃들을 위해 파티를 열었고,
사람들의 시선에 미소를 지으며 인사했고, 닫힌 문 뒤에서
벌어지는 일에 관해서는 침묵했고, 크리스마스에는 조명을
달았고, 할로윈에는 호박을 깎아 잭오랜턴을 만들었고,
우리가 미국인으로 자라도록 집에서는 영어만 썼고,
학부모 모임에 참여했고, 바자회에 기부했고, [자선단체인]
유나이티드웨이에서 자원봉사를 했고, 교회를 다녔고,
완벽한 미국 아내이자 어머니가 되겠다는 희망을 품고 할
수 있는 모든 일을 했다.

한국식의, 완벽한 미국 아내

내가 병원에서 아기를 낳고 나니까 남편이, 그 인간이 나를 커튼
(봉)으로 때리는 거야. 테니스 라켓으로 때리고 대걸레로 때리고.
(…) 안 맞은 데가 없어.

· 김양향

(J. T. 타카기J.T.Takagi**와 박혜정, 〈바깥의 여자**The Women Outside**〉에서 인용)**

강석경의 소설처럼, J. T. 타카기와 박혜정의 다큐멘터리
영화〈바깥의 여자: 한인 여성과 미군〉은 세 기지촌 여성의
삶을 들려준다. 이 가운데 두 사람은 기지촌을 떠날 수 있다는
전망에 넌더리를 냈지만 세 번째 여성은 결혼 속에서 가능성을
찾는다. 이 여성의 첫 번째 남편은 그를 미국에 데려가지만
폭력을 행사하고, 이로써 그에게 아메리칸 드림의 악몽 같은
측면을 보여준다. 그는 한국으로, 그리고 매춘으로 되돌아와서
두 번째 남자를 만나고 남자는 결국 그의 빚을 탕감하고
그와 결혼한다. 이 여성이 두 번째 출발을 하기 전 우리는
기지촌의 '미군위문협회 신부 학교' 수업을 통해 여자를
따라간다.[20] '한국식의, 완벽한 미국 아내'라는 제목이 달린
《크리스천 사이언스 모니터》의 한 기사는 이 여성이 신부
학교에서 받았을 수업을 이렇게 설명한다. "이본 박Yvonne Park은
테이블 위에 상추 한 포기를 쾅 내려놓고 심을 빼낸다. (…)
스무 명의 한국 여성들은 이 깔끔한 솜씨에 관해 노트에 필기를

한다. 이들은 미국식 샐러드를 한 번도 만들어본 적이 없었다. 그다음으로 이들은 칠면조에 양념을 하고, 병에 담긴 크랜베리 젤라틴을 썰고, 호박파이 굽는 법을 배운다."²¹ 이 시나리오 속의 여성들은 미국이라는 판타지에 열렬하게 참여하는 모범적인 희망의 스펙터클이다. 신부 학교는 자신들의 프로그램을 한인 여성들이 미국 문화에 쉽게 동화하도록 돕는 서비스로 소개하고, 이로써 기지촌에서의 탈출과 미국으로의 동화가 같은 동전의 양면이라는 관념을 강화한다.

여지연은《기지촌의 그늘을 넘어서》에서 한국전쟁 이후 40년 동안 한국 이민자들의 가장 일반적인 이민 경로는 미군과 결혼한 10만 명의 한인 여성 중 한 명의 도움을 얻는 것이었다는 점에서 군인 신부는 한국계 미국인 커뮤니티의 보이지 않는 중추라고 주장한다. 여지연은 더 넓은 한미 관계와 군인 대상 매춘의 역사라는 맥락 속에 이 여성들의 구술사를 배치하면서도 개인사에서 이 부분을 비밀로 남겨두고자 하는 욕구 때문에 과거에 군인을 대상으로 매춘을 했던 여성들이 미국에 얼마나 많은지 경험적으로 입증할 수 없다고 인정한다. "어떤 미군의 한국인 아내는 연구자에게 한국 여성 중 열에 아홉은 미군만 드나들 수 있는 클럽에서 남편을 만났다고, 그러니까 이는 그들이 매춘부였음을 암시한다고 말한 뒤 열에 아홉은 그 사실을 인정하지 않을 거라고 덧붙였다."²² 여지연의 책 제목이 시사하듯 이들 여성은 이주를 통해 기지촌을 빠져나왔지만 기지촌의 삶에 연결된 낙인과 거리를 두려고 애쓰고 있다. 양공주들은 미국에 오면 백인 중간계급 가정이라는 사적인 공간으로 물러나는데, 이주를 연구하는 사회학자들은 이런 성취를 오랫동안 동화의 기준이라고 생각했다. 미국 내 한인 커뮤니티의 거의 절반이 미군과 가족 관계로 연결되어 있는 것만 봐도 한인들이 이를 통해 이곳에 오게 되었고, 이 궤적은 한미 간의 친밀하면서도 폭력적인 관계로부터 탄생한 것임에도, 사회학이라는 학문은 한인의 이민에서 미국 군사주의의 역할에는 별 관심을 기울이지 않은 채 동화를 덮어놓고 바람직한 결과로만 다룬다. 아시아계 미국인들은 미국 내에서 오랜 세월 동안 배제되어왔음에도 미국 내 아시아인들은 대단히 동화를 잘 했고 잘 할 수 있는 집단으로, 심지어는 '명예 백인'으로 기호화되어 있다.

동화 이론의 고전 모델에서 동화는 선형성을 특징으로 하는 정상적인 사회 과정으로 이해된다. 로버트 박Robert Park은 그것을 "진보적이고 불가역적"이라고 평가하고 허버트 갠스Herbert Gans는 새로운 세대와 함께 누적적인 성격("직선")을 갖는다고 말한다.[23] 하지만 양공주와 그의 혈연이라 할 수 있는 디아스포라의 주체들은 트라우마에 짓눌려 있는 경우가 많고, 트라우마의 시간성은 비선형적이다. 우리가 한인 디아스포라를 따라 이동해온 무의식적인 트라우마들에 주의를 기울일 경우, 앤 안린 쳉의 표현을 빌리면 "역사의 분절적이고 역행적인 피배회성에 관심을 둘" 수 있다.[24] 동화는 거의 피할 수 없으며 선형적인 과정이라는 기본 가정은 동화 이론의 초창기 이후로 사회학 안팎에서 수차례 도전을 받았지만 동화된 아시아인이라는 관념은

여전히 학계와 일반 담론에서 생산되고 있다.[25]

　　모범적인 소수 인종의 성공담을 담은 가장 근래의 대중문화 작품 중 하나는 김씨 자매의 논란 많은 책《계급의 최상위: 아시아 부모들은 어떻게 우등생을 키우는가Top of the Class: How Asian Parents Raise High Achievers》이다. 이 책은 심지어《뉴욕 타임스》의 지면을 화려하게 장식하기도 했다.[26] 이와 유사하게 사회학자들은 아시아계 미국인들을 사례로 제시하며 동화 이론을 재서술할 것을 요구해왔다. 이주에 관한 주도적인 사회학의 설명들은 아시아인의 "상대적으로 높은 국제결혼율은 (…) 이들이 많은 백인에게 잘 받아들여지고 (…) 깊은 인종적 차이점이 부재함을 시사한다"는 가정을 내세운다.[27] 민평갑과 미아 투안Mia Tuan 같은 사회학자들이 국제결혼을 한 부부와 혼혈 자녀들이 자동적으로 "받아들여진다"는 가정에 반기를 들며 주의를 당부하고 있음에도, 일부 선도적인 이민 사회학자들은 계속해서 동화의 표준 지표들을 당연시한다.[28] 가령 뉴욕시립대학교에서 열린 '이민자와 미국 사회의 변화에 관한 세이어 세미나' 주최의 한 토론회에서 리처드 알바Richard Alba는 동화 모델의 인종 중심적인 편향에 관해 최근 밀어닥친 비판의 물결을 반박하며 동화 개념을 옹호했다. 그는 청중에게 아시아계 미국인을 성공적으로 동화한 비유럽 집단의 사례로 간주하라고 주문했다. 알바가 내세운 증거 중에는 "아시아 어린이들은 아시아 언어를 할 줄 모른다" 같은 진술도 있었다. 또 다른 사례로 낸시 포너Nancy Foner는 이 토론회에서 발표를 하면서 아시아계

246

미국인은 '명예 백인'이라고 말했다.[29] 이민 연구 분야에서 정상급 사회과학자인 알바와 포너 두 사람은 계속해서 아시아인은 명예 백인이라는 스토리라인에 집착하고 있지만 다른 분야의 학자들은 이 동화 패러다임과 연결된 정치적·정신적 폭력의 문제들을 제기하며 이 개념에 반기를 든다.

가령 아시아계 미국학 학자들은 동화 개념이 디아스포라의 역사에 내장된 트라우마적인 측면들을 삭제하고 백인성을 이상화한다며 비판해왔다.[30] 이들의 주장에 따르면, 동화는 인종화된 몸들에 경계를 설정함으로써 백인 시민성에 특권을 부여하는 국가적 의제의 일환이지만 필연적으로 배회를 야기하는데, 이는 "이 이민자들이 미국이 망각하고자 하는 바로 그 제국주의의 기억을 가지고 있"기 때문이다.[31] 이런 아시아계 미국학 학자들이 동화를 연구할 때 사용하는 이론적인 틀은 동화를 이민자들이 거치는 정상적인 사회과정의 일환으로 바라보는 전통적인 사회학 모델과는 크게 다르며, 오히려 사회학이 깊이 발을 담그고 있는 규율과 통제의 네트워크를 통해 실시되는 정상화 프로젝트로 바라보는 관점에 더 가깝다. 우리가 아무리 동화라는 틀을 당연시한다 해도, 양공주의 역사는 국제결혼과 영어 사용만으로 동화 과정을 측정할 수 있다는 생각, 즉 한국인들이 아시아계를 통틀어 가장 동화가 잘 되었다고 판단하는 그 기준을 궁지로 몰아넣는다.[32]

하지만 일부 한국계 미국 사회학자들은 이런 '성공'의 기준에도 의문을 제기한다. 사회학자 민평갑은 국제결혼을 통해

네이팜탄을 맞은 여자들

미국으로 이주한 한인 여성들 가운데 "대다수가 미군과 결혼을
한 상태이고 (…) 미군과 결혼한 한인 여성들은 일반적으로
사회적 지위가 낮았다. (…) 이 가운데 많은 수가 농촌에서
태어나 어린 시절을 보내다가 도시의 일자리를 찾아서 서울이나
다른 대도시로 이주했다"고 지적하며 국제결혼이 로맨틱하다는
관점을 문제 삼는다.[33] 민평갑은 이 가운데 많은 여성들이
얻은 도시의 일자리, 남편을 만나게 된 경로가 된 그 일자리가
기지촌의 성노동이었을 가능성은 언급하지 않고 있음에도,
그 결혼의 질이나 맥락은 전혀 질문하지 않은 채 국제결혼을
한인이 미국의 주류에 성공적으로 동화한 당연한 척도로
바라보는 관점을 비판한다. 민평갑은 이어서 한인 군인 신부에

대해 이렇게 말한다. "이들의 언어 장벽과 동화의 결핍은 결혼 생활을 아주 어렵게 만든다. (…) 게다가 국제결혼을 한 많은 미군이 한국에서 자신의 곁을 지켜주던 여자가 이 나라에서는 더 이상 자신에게 큰 가치를 갖지 않는다고 결론 짓고서 자신의 한국인 아내를 무시하고 심지어는 학대한다."[34] 사회과학자이자 역시 미군과 결혼한 한인 여성인 종연 브루어Jong Yeon Brewer는 집에서 영어만 쓰는 것이 동화의 바람직한 결과라는 주장을 반박한다. 대신 그는 이런 가족들이 집에서 영어만 쓰다가 결과적으로 아이에게는 언어의 상실이라는, 어머니에게는 소통의 상실이라는 트라우마를 안긴다고 주장한다. 다시 말해서 이런 류의 동화에는 "부모와 자녀가 향유하는 친밀한 장치"의 상실이라는 대가가 따른다.[35]

　　이런 사회과학적 비평에서는 동화의 지표들이 이들 가족 안에 있는 불화와 고통을 어떻게 눈가림하는지는 분명히 드러나지만, 동화 담론이 어떻게 기지촌의 규율 논리와도 관련이 있는지는 상대적으로 간과된다. 한인들이 미국에 쉽게 동화한다는 서사는 가정폭력 사건들을 가리기만 하는 게 아니다. '신부 학교' 같은 실천들을 통해 기지촌에서 시작되는 성공적인 국제결혼의 수행은 미군 통제하의 가장 억압적인 조건 속에 살아가는 사람들에게 미국의 미화된 이미지를 심어줌으로써 트라우마로 얼룩진 한미 관계의 역사를 양순하게 길들인다. 이 여성들에게 미국으로 갈 기회가 주어질 때 이들은 국제결혼한 아시아 여성과 그 자녀들을 '동화되었다'고

기호화해온 사회과학자들의 시선으로부터, 그리고 자신의
자녀들로부터 종종 과거를 숨긴다. 감사한 마음을 가지고
조신하게 처신하며 자신의 과거에 대해서는 함구하는 이들의
묵묵한 노력은 명예 백인이라는 판타지를 생산하는 데 있어서
주도적인 역할을 해왔다.

양공주 1은 인터뷰어에게 남편을 어떻게 만났는지에 관해
미군 클럽에서였다는 말 외에는, 그리고 자신이 처음
그곳에서 일하기 시작했을 때는 남자들을 위해 춤을 추도록
고용된 어린 처녀 애였다는 말 외에는 별로 자세히 말하지
않는다. 그리고 그 뒤 여자는 전화 교환수 일자리를 얻었고,
그러다가 나중에 무도회에서 조니 하사관을 만났다.

양공주 2는 실명을 공개하지 않는다면 자신의 이야기를
하겠다고 동의한다. 여자는 가슴에 맺힌 게 많아서
'에린'이라는 이름으로 말하기로 한다. 그리고 만일 자신이
과거에서 벗어날 수 없다면, 피로 얼룩진 자신의 늪과 같은
역사에서 그 과거를 그냥 풀어내고 싶다고 말한다. 하지만
가슴에 쌓인 게 워낙 많다 보니 여자는 과거의 작은 조각
밖에 풀어내지 못하는데, 그건 자신이 미국에서 혼혈 자녀를
데리고 고향으로 돌아갔을 때 남동생에게 받은 상처에
관한 이야기이다. "한국에 있는 가족들을 방문했을 때 (…)

남동생이 자기 친구들이 왔다면서 우리더러 잠시 숨어
있으라는 거야, 자기 입장에서는 혼혈아가 부끄럽다면서 (⋯)
나한테 숨어 있으라고 두 번이나 그러더라니까. (⋯) 걔한테
너무 실망했어. 내가 우리 가족을 어떻게 챙겼는데. 남동생들이
전에는 나한테 그랬어요, '누나가 나이 먹어서 돈 없고 아프면
우리가 누나를 보살필게'. 난 너무 실망했어."[36] 여자가 말할
수 있는 건 남동생의 수치심과 여자에게 숨어 있으라고 했던
반복적인 요구, 그리고 그들이 이렇게 소원해진 데 대한
여자의 해소되지 않은 슬픔뿐이다. 녹취록에는 공백이
있다. 그러다가 인터뷰어가 여자의 남편에 관해, 그리고 좀
더 일반적으로 군인 신부들이 남편을 어떻게 만나는지에
관해 질문을 한다. 여자는 말한다. "90퍼센트는 매춘을 통해
만났지." 하지만 물론 여자는 매춘부가 아닌 10퍼센트의
여자에 속했다.

양공주3과 **양공주4**는 입을 모아 말한다. "이런 여자들은
대부분이 양갈보였어. 하지만 난 아니야. 난 아니었어."

슬픔의 부정

내 어머니 이전에 존재했던 그 숫자조차 파악할 수 없는 여자들의

이야기가 그렇듯, 내 어머니의 개인사는 당연히 침묵과 그늘 속에 남아 있었다. 어머니는 서민이었고 여자였으니까. 하지만 난 어머니가 당신과 당신의 어머니를 '나쁜 여자'라고 폭로하고 싶지 않아서 그 삭제에 순응한 거라고 생각한다. 나는 어머니가 내가 '나쁜 여자들'의 긴 계보 출신이라는 걸 알지 못하게 함으로써 그 유산에서 나를 보호하고 싶은 마음에 그렇게 했다고 생각하는 편이다.

· 일레인 김, 〈나쁜 여자들Bad Women〉

동화 프로젝트를 위해 무엇이 부정되는가? 데이비드 엥은 아시아계 미국인의 역사는 배제의 역사라고 주장한다. 미국의 공식 역사로부터 아시아인들의 몸을 배제하고, 미국으로의 이주에서 아시아인들의 몸을 배제해온 역사라고. 엥은 이런 누락을 "존재를 흔적 없이 지워버리겠다고 위협하는 결핍"이라고 일컫는다.[37] 엥의 목록에 추가해야 하는 다른 배제들도 있다. 아시아 이민자들은 애당초 이주를 촉발한 트라우마로 얼룩진 역사로 인해 겪는 슬픔을 부정당할 뿐 아니라 "인종화된 타자를 배제하면서도 붙들고 있어야만" 그 민족적 이상이 유지되는 나라에서 겪은 트라우마로 얼룩진 출발로 인해 겪게 되는 슬픔 역시 부정당한다.[38] 아시아 이민자들은 동화 프로젝트에 참여하기 위해 결코 동화에 닿지 못하는 "거의 백인에 가까운" 역할을 수행해야 한다. 이들은 "자신이 결코 될 수 없는 것에 특권을 부여하는 지배적인 인식 체계 안에서 살아가는 사람들이 달고 사는 뿌리 깊은, 무형의,

심리적 문제"에 시달린다.[39] 이들은 자신의 슬픔을 부정하면서
존재가 지워질 위험을 감수해야 한다.

양공주5는 남편감을 찾지 못했다. 한국인도 미국인도 그와
결혼하려 하지 않았다. 그래서 한국에 남아 기지촌 술집
뒷방에서 일하다가 어느 날 알몸의 시신으로 발견되었다.
그의 몸은 돼지구이처럼 꼬챙이에 관통당한 상태였다.
살해당한 이 양공주5가 반미 정치를 움직였고 한국에서
알 만한 사람은 다 아는 이름이 되었다. 미국의 한인들
사이에서도 유명해졌다.

양공주1은 자신이 운이 좋다고 생각했다. 그 하사관을
만나지 못했더라면 그의 운명도 양공주5와 별반 다르지
않았을지 몰랐다. 일부 다른 소녀들은 그가 어떻게 그런 나이
많은 남자와 결혼할 수 있는지 의아해했다. 하지만 그는 나이
많은 남자는 여자를 보살피는 법을 안다고 그를 안심시켜준
여자들의 조언을 받아들였다.

양공주2는 과거를 깨끗하게 지웠지만 특히 요즘과 같을 때,
그 흔적이 희미하게 되살아난다. 그는 양공주5 살인 사건
때문에 받은 충격을 숨겼다. 자신에게 어째서 그렇게 나쁜
감정이 드는 것인지 설명할 길이 없었기에, 다른 모든 것과

함께 그 충격을 숨겼다. 여자는 양공주 5에 관해서, 또는
그 여자가 살았던 세상이나 그 여자의 죽음이 촉발한 전
국민적인 드라마에 관해서 전혀 아는 게 없는 척했다. 대신
여자는 입을 다물고 자기 자식들에게 정치에는 "절대 신경을
끄라"고, 그냥 얌전한 시민이 되라고 가르쳤다.

양공주 3은 자기 자식들이 불쾌한 일을 겪지 않게 하려고
온 힘을 다 했다. 그런데도 여자는 자식들을 남편에게 결국
빼앗겼다. 게다가 여자는 아이들을 밀어냈다는 책망까지
받았다. 자주 있는 일은 아니지만 아이들이 전쟁 기간 동안
여자가 어떻게 살았는지를 물었을 때 여자는 다른 데서 들을
수 있는 정도의 정보 외에는 절대 이야기하지 않았다. 대신
여자는 말했다. "너희는 왜 그런 게 알고 싶은 거야? 우린 이제
미국에 있는데."

양공주 4는 이혼과 재혼을 거쳐 자신의 대가족과 멀리
떨어진 뉴욕시로 거처를 옮겼다. 여자는 양공주 5처럼 멍들고
피를 흘리는 일이 점점 많아졌다. 차이가 있다면 여자는 죽지
않았고 온 나라가 여자의 편을 들어주지 않는다는 정도였다.
여자의 살 위에서 불거진 갈등은 눈에 띄지 않았다. 여자를
공격한 사람은 처벌을 받지 않았고 여자에게 쉼터를 알선해준
복지사 외에는 누구도 여자의 상처를 알아차리지 못했다.
거기서 여자는 양공주 6을 만나게 된다.

한국인을 명예 백인으로 그리는 사회학의 서사는 슬픔을 부정하는 데서 출발하지만 사회복지 분야의 대항 서사는 동화 과정에 의해 망가진 여자라는 완전히 다른 양공주의 모습을 제시한다. 한국계 미국인 커뮤니티에서 사회복지 활동을 하는 사람들의 연구 결과를 보면, 한국 여성과 미군의 결혼에서 나타나는 불평등한 권력관계로 인해 미국으로 이주한 여성들의 동화가 오히려 더 어렵다는 점을 알 수 있다. 타카기와 박은 이런 결혼의 80퍼센트가 이혼으로 막을 내리고, 이 중 많은 여성들은 학대 끝에 결혼 생활에서 벗어나 홈리스가 되거나 정신 질환에 시달린다고 추정한다.[40] 이 분야의 연구는 이제 막 시작되어서 많은 증거가 일화적인 수준에 머물러 있음에도, 뉴욕시에서 미군과 결혼한 홈리스 또는 가정폭력 피해를 당한 한인 여성을 위한 쉼터인 레인보우센터와, 서울 인근의 기지촌에서 여성에게 유사한 서비스를 제공하는 두레방 같은 조직들의 활동은 국제결혼을 한 한인 여성들 가운데 주택 원조, 사회복지 서비스, 정신의학적 돌봄이 필요한 경우가 상당함을 뒷받침한다. 사회복지 분야의 대항 서사는 미군 신부로서의 양공주들이 양갈보로서의 양공주만큼이나 비참한 환경에서 살고 있음을 시사한다. 실제로 두레방의 사명은 매춘부나 미군의 아내인 여성들의 어려움을 보살피는 것으로, 두 형태의 성노동 모두를 기지촌이라는 학대가 만연한 환경 속에서 파악한다. 이 상대적으로 새로운 지식들은 리사 로웨가 말한 "미국 내 아시아인들의 '외부인인 동시에 내부인인' 조건 덕에

가능해진 재의미화 실천"이 무엇인지를 보여준다. 이 과정에서
국제결혼은 완전한 시민성을 획득하기 위한 진보의 표식이
아니라 폭력의 원인이자 결과로 그 위치가 재설정된다.[41] 하지만
미군 신부의 비참함은 아메리칸 드림이라는 반짝이는 치장으로
몸을 숨기고 있어서 여간해서는 잘 드러나지 않는다.

양공주 6은 한 남자와 결혼했지만 남자는 여자가 미국
땅에 발을 딛자마자 여자를 떠났다. 그래서 여자는 아무런
자원 없이 어린 두 아이와 함께 새로운 생활을 시작했다.
여자는 마사지실에서 일자리를 얻었고, 여자가 아이들만
집에 남겨둔 어느 날 밤 막내가 사고로 목숨을 잃었다.
사고였는데도 여자는 살인으로 기소되었다. 여러 요소가
배심원단에게 영향을 미쳤다. 양공주 6은 성노동자였고
노스캐롤라이나의 법정에서 거슬리는 영어 발음을 가진
외국인이었다. 여자가 기소당했다는 소식이 퍼져나갔고,
심지어 한반도의 한국인들마저 마치 한국 자체가 미국에
재판을 받고 있기라도 한 것처럼 여자의 문제를 놓고
시위를 벌이기 시작했다. 7년 뒤 양공주 6 석방을 위한 국제
위원회의 노력으로 여자가 감옥에서 풀려났다.

양공주 1은 텔레비전으로 딸이 공연하는 모습을 시청하다가
양공주 6에 관한 소식을 접했다. 양공주 1은 딸을 자랑스럽게

대학에, 그다음에는 대학원에 보냈고, 딸은 영문학 박사 학위를 받았지만 엄마의 바람대로 교수가 되는 대신 자신의 출생 환경을 제외한 모든 것에 분노를 쏟아내는 구술 시인이 되었다. 딸은 언론 인터뷰에서 부모님이 처음에 어떻게 만났는지 질문을 받은 적이 있었다. "몰라요"라는 딸의 대답에 양공주1은 가슴을 쓸어내렸다.

양공주2와 3은 미국에 있는 사람이든, 한반도에 있는 사람이든 한국인에 관한 뉴스에는 더 이상 신경을 쓰지 않았다. 이들은 미국에 도착했고, 그래서 불평할 게 정말 아무것도 없었다.

양공주4는 **양공주6**을 쉼터에서 만나기 전까지는 그에 대해 한 번도 들어본 적이 없었다. 양공주6은 출소한 지 몇 년 만에 길거리 생활을 하는 홈리스가 되었고 환각 증세가 있었다. 양공주6 석방을 위한 국제 위원회는 석방에 따른 이 모든 문제를 전혀 고려하지 못한 듯했지만 어쨌든 양공주6은 자신과 비슷한 처지의 다른 여자들로 가득한 쉼터를 가까스로 찾아냈다. 양공주4는 그곳의 모든 여자가 미국인과 결혼했다는 사실이 이상하다고 생각했고, 이제까지 줄곧 미국 남자들이 더 낫다고 생각한 자신이 틀렸던 건 아닐까 고민하기 시작했다.

미군 신부에 관한 한인 디아스포라의 담론은 그동안 동화에 관한 사회학의 이야기에 끼워 맞추느라 배제해왔던 것을 폭로하기 시작했고, 명예 백인성을 얻기 위해 지불해야 했던 비용 중 일부를 밝히기도 했다. 디아스포라의 주체들이 동화하려고 할 때 경험하는 정신적 폭력은 어쩌면 동화 프로젝트가 유발하는 가장 큰 골칫거리인지 모른다. 마이클 피셔Michael Fischer가 아시아계 미국인들의 이민 경험에 대해 말한 것처럼, 1세대는 늘 자신의 궤적을 감춤으로써 이 프로젝트에 참여하고, 이로써 이들의 삶은 그 자녀들에게는 불가해한 것이 된다.

> 어머니는 이야기하지 않으셨지만 난 아주 오래 전에 어머니가 가졌던 두려움을 느낄 수 있었다. (…) 어머니는 옳은 일만 하라고, 그냥 열심히 일하고 공부하라고, 정치와 사회적인 것은 근처에도 가지 말라고 우리에게 말씀하셨다. (…) 그래서 나는 그렇게 했다, 교육을 받으라면 받고, 직업을 구하라면 구하고, 그다음에는 집을 (…) 그런 다음 스스로에게 질문을 던진다. "이제는 뭘 하지? 이제는 뭘 해야 하는 거지?"
>
> · 서정(램지 림, 〈역사, 트라우마, 그리고 정체성History,Trauma,and Identity〉에서 인용)

하지만 미군 신부로서의 양공주가 자기 몸 안에 있는 양갈보로서의 양공주를 억압할 때, 그래서 자기 과거의 유령에 의해 배회당할 때 무슨 일이 일어나는가? 이런 유형의 정신적

폭력은 동화 프로젝트가 유발하는 가장 큰 골칫거리이기만 한
게 아니라 동화 프로젝트에 가해지는 가장 큰 골칫거리이기도
하다. 양공주가 명예 백인성이라는 판타지 주변을 배회하기
때문이다. 양공주에게는 뒤에 남겨진 모든 양공주들과 죽음을
통해 기지촌을 탈출한 이들뿐만 아니라, 감춰진 그 자신의
과거가 유령처럼 들러붙는다. 양공주가 그 자신에 관해, 그리고
자신이 상징하는 역사적 트라우마에 관해 간직하고 있는
비밀은 디아스포라 전체에 무의식적으로 전파된다. 미국에서
'성공했다'고 여겨지는 이들마저도 또 다른 이의 과거에서
흘러나와 주위를 맴도는 공포에 의해 여전히 배회당한다.

양공주 7은 다른 많은 이들이 그렇듯 자녀들에게 자신이
남편을 어떻게 만났는지 말하지 않는다. 딸이 엄마는
한국에서 생계를 위해 무슨 일을 했느냐고 물을 때 여자는
아무 말 없이 마치 그 질문이 들리지 않는다는 듯 벽에 있는
작은 점을 응시한다. 하지만 여자의 딸이 재차 묻는다. 처음에
양공주 7은 자신이 웨이트리스였다고 말하지만 나중에
선생님이라고 대답을 바꾼다. 선생님이 훨씬 존경받는
직업이기 때문이다. 질문이 나올 때마다 여자는 누가 봐도
두려움에 사로잡힌다. 여자는 눈에 띌 정도로 불안해 하고, 이
불안감은 불운한 바람처럼 온 집안을 흘러다닌다.

나는 아직도 숙이 꿈을 꾼다. (…) 숙이는 거의 매일 밤 내 꿈에 나타난다. (…) 잠에서 깨어나 나는 숙이의 얼굴을 그려보려고 애쓰지만 (…) 숙이의 형상들은 여러 겹의 사진 원화들을 통과한 것처럼 (…) 서로 뭉개진다. (…) 열네 살 때 우리가 닥터 박의 성병 진료소에 갔을 때 얼굴에 쓰고 있던 종이 가방 밑으로 빼꼼이 내다보던 숙이. 열일곱 살 때 자기 엄마의 화장품을 얼굴에 덕지덕지 바르고 미군 클럽 뒷방에서 '허니문' 하는 법을 내게 가르쳐주던 숙이. 스무 살 때 흠뻑 젖은 채 울어대는 뮤뮤를 내 팔에 밀어넣던 숙이. (…) 내가 가지고 있는 숙이에 대한 모든 기억에서 나는 숙이의 말을 듣고, 숙이의 몸짓을 볼 수 있지만, 숙이의 얼굴만은 산산이 부서진 채 흐릿하다.

· 노라 옥자 켈러, 《여우 소녀》

미군 신부로서 양공주가 자기 몸 안에 있는 양갈보로서의 양공주를 억압할 때, 그는 자기 과거의 유령에 의해 배회당하고 이 유령들은 여러 세대를 거쳐 대물림되어 가족사에 관한 앎의 틈새라는 형태로 자녀들을 배회한다. 아브라함과 토록에 따르면 초세대적인 배회의 긴장—배회당하는 사람들은 "그 비밀의 텍스트와 내용이 내면에 각인되어 있음에도 부모나 가족이 지키려고 하는 비밀을 깰 수도 있다는 두려움" 때문에 침묵하게 된다—은 디아스포라 한인들의 꿈 작업에서 드러난다.

이들은 양공주와 어떤 식으로든 관련되어 있을 가능성이 있지만 한인들이 미국으로 이주하게 된 그 배경을 고려했을 때 그 관계는 입증이 불가능하다.[42] 노라 옥자 켈러의《여우 소녀》에 등장하는 주인공이 시사하듯, 이 인물은 완전한 살이 입혀지지 못하고 불현듯 떠오른 기억의 봉합선에 의해 채워진 어렴풋한 윤곽으로 존재할 뿐이다. 양공주는 꿈의 상태로 존재할 때는 조금 더 확실한 형체를 갖추는 듯하지만 꿈을 꾸던 사람이 깨어날 때는 모호한 유령 같은 존재가 된다. 양공주는 그곳에, 잠듦과 깨어 있음의 사이, 정신의 역사와 사회의 역사 사이의 경계 공간에서 서성인다. 그는 꿈꾸는 자의 무의식 속에서, 명예 백인성이라는 깨어 있는 판타지를 위협하는 수치스러운 가족의 비밀과 트라우마로 점철된 순간들의 아상블라주로 살아간다.

초세대적인 배회의 증거는 디아스포라 한인들이 저술한 문헌에서 발견할 수 있다. 거기서 양공주는 트라우마가 새겨진 집단 기억의 표지로, 그리고 모호한 개인의 기억으로 등장한다. 이런 문헌들은 자신의 어머니나 또 다른 친지를 중심으로 미군 매춘부라는, 어떤 공통된 배회의 주제가 있음을 시사한다. 양공주가 등장할 때 저자와 이 양공주의 관계는 비밀 또는 불확실성이라는 프레임으로 서술될 때가 많다. 가령 박이슬은 자신의 시에서 미군과 이모의 결혼이 "가족의 비밀"이었음을 언급한다. 바로 이 결혼 때문에 나머지 가족들이 이주를 할 수 있었는데도 말이다.[43] 양공주와의 유대 문제는 하인즈 인수 펜클Heinz Insu Fenkl과 노라 옥자 켈러 같은 군인 신부의 직계

후손인 혼혈 한국계 미국인의 작품에서 특히 두드러진다. 이런
작품에서조차 양공주는 대단히 모호한 존재이긴 하지만 말이다.
펜클의 자전적 소설《고스트 브라더》와 켈러의 소설《여우 소녀》
모두 양공주와 그의 친족들이 어떻게 상실과 억압이라는 조건
속에서 아메리칸 드림에 발을 들이는지를 보여준다.

　《고스트 브라더》는 펜클의 어머니에게 비밀을 말해주려는
거대한 뱀에 관한 꿈으로 시작한다. 하지만 어머니는 그 비밀이
드러나기 전에 잠에서 깬다. 이 꿈은 펜클이 태어나기 전
어머니가 꾼 마지막 꿈이다. 이 꿈은 "노랑 머리 군인"이 자신을
임신시켜놓고 결혼을 거절하자 스스로 목숨을 끊은 사촌의
죽음과, 펜클 가족의 비밀이 된 사라진 형에 관한 억압된 기억을
회복하는 이 소설의 대단원을 암시하는 복선이다. 결국 소년
화자는 무의식 속에 있는 길을 따라가다가 사라진 형을 "본다".
직접적인 기억을 통해서가 아니라 펜클이 갓난 아이였을 때
찍은 가족사진이 불현듯 불러낸 기억을 통해, 그리고 그것이 그
사진에 또 다른 아이가 존재했다는 모호하고 일시적인 회상을
자극함으로써 자신의 형을 발견하는 것이다. 결국 어머니는
펜클의 아버지와 결혼하는 조건으로 형을 미국으로 입양
보냈다고 고백한다. 미군이었던 아버지가 다른 남자의 자식을
키우는 걸 원치 않았던 것이다. 미국행 티켓을 손에 넣기 위해
자식을 포기하는 이 행동을 누군가는 탐욕스럽고 도덕적으로
타락했다고 읽을 수 있다. 특히 그 당사자가 이미 매춘부라는
신분 때문에 낙인이 찍힌 상태라면 더더욱. 하지만 이는 용기와

사랑의 행위로 읽을 수도 있다. 한국인들의 정신 속에 미국의 위대함이 부풀려진 상황에서 그곳에서 자랄 기회를 주는 것보다 어머니가 아이에게 줄 수 있는 더 나은 선물이 과연 있을까? 하지만 이런 희생과 함께 미국은 어머니의 꿈을 훨씬 더 많이 배회한다. "거기는 모든 위대한 것들이 나오는 곳이고, 거기는 그 아이가 있는 곳이기" 때문이다. "언젠가 내가 그 앨 찾아낼 거야. (…) 그래서 내가 미국에 가려는 거야."[44] 그러므로 더 나은 미래를 위한 희생은 과거에 우울하게 골몰하는 상태로 전환된다.[45]

하지만 펜클의 자전적 소설에 나오는 유령은 사라진 형만이 아니다. 사실 그 작품에는 유령이 넘쳐난다. 다만 다른 유령들은 사라진 형처럼 가능성이 억제된 인물이 아니라 판타지화된 미국의 이미지 아래 자리한 폭력적이고 회복 불가능한 상실로 작동한다. 특히 그 판타지가 백인성이라는 '명예'로 채색되어 있을 때 더욱 그러하다. 펜클의 소설 말미에서 펜클의 꿈에 나오는 고스트 브라더는 자신의 이부 형일 수도 있지만 목욕탕에서 불가사의하게 물에 빠져 죽은 펜클의 흑인 혼혈 친구로도 볼 수 있다. 펜클의 이모부가 그 아이의 죽음은 우연이 아니었다고 암시한 뒤, 이 사라진 아이는 그 이야기에서 불편한 존재감을 남기는 또 다른 인물이 된다.

"생각해봐. (…) 네가 똥갈보야 그런데 미군놈 애를 배서 미군 하나를 낚는단 말이지, 그런데 이놈이 베트남에 가서 뒈져요. 그래서 넌

위대한 미 제국한테서 수당을 받긴 하지만 이제 먹여야 할 흑인 새끼가 딸려 있고 돈은 충분하지가 않단 말이지. 그래서 이제 또 다른 미군 남편하고 새출발을 하고 싶어. 계급이 더 높은 백인 놈이랑, 응? 근데 누가 흑인 새끼가 딸린 갈보랑 결혼을 하려고 하겠어?" "어쩌면 그 년은 그 검은 피부색을 박박 문질러서 지우느라 애 머리를 세면대에 너무 오래 처박고 있었을 거야."[46]

아메리칸 드림에, 그리고 그 인종적 위계에 몸을 싣기 위해 기지촌을 벗어나려는 그 처절한 시도 속에서 이 어머니들은 자신의 결혼 가능성을 높이기 위해 매춘부로서의 과거와 단절을 시도한다. 그것이 과거의 물질적 증거인 혼혈 자녀를 사라지게 하는 의미라고 해도 말이다. 펜클은 결국 어머니와 함께 기지촌을 벗어나지만 미국에서 살도록 보내진 백인 혼혈 형과 한국에서 죽어가도록 방치되었던 흑인 혼혈 친구 모두에 의해 계속 배회당한다.

켈러의 소설과 펜클의 자전적 작품에 나오는 기지촌은 1960년대의 풍경이다. 캐서린 문의 《동맹 속의 섹스》(이 책의 4장을 보라)가 논하듯 몇 년 뒤 그곳은 흑인 병사와 백인 병사 간의 인종적 긴장을 완화하기 위한 '정화 운동'의 표적이 된다. 1968년에 작성된 브루스 커밍스의 일기는 이 시기 기지촌의 또 다른 초상을 제시한다.

미군 기지 인근 지역들이 급격히 궁핍해졌다. (…) 여기에는 기생충

264

같은 동네 사람들이 (…) 더럽고 낙후하고 수치심으로 얼룩진 '생활 시설'에서 살아간다. 하지만 최악은 매춘 구역이다. (…) 미국인만 들어갈 수 있는 '클럽' 밀집 지역이 있다. 그곳에서는 로큰롤이 쾅쾅 울려대고, 요란한 그림과 제목으로 치장되어 있고, 말도 안 되는 모습으로 화장을 한 한국 소녀들—아주 어린 소녀들이 종종 있다—이 문 앞을 빼꼼이 내다본다. 이런 소녀들이 미니스커트를 입고 있는 모습보다 더 기가 차는 풍경은 없다. 내가 지나가는데 이들 가운데 몇몇이 나에게 야유를 보냈다. (…) 하지만 무엇보다 가장 당황스러웠던 것은 애 둘을 매달고 있던 한 중년 여성이 길 한복판에서 내게 침대로 가자고 유혹을 해온 일이었다. (…) 그 동네에는 혼혈아들이 넘쳐났다. 그 아이들은 보살핌을 상당히 잘 받는 듯했다. 확실히 구걸을 하지는 않았으니. (…) 이 아이들이 보살핌을 잘 받는 것은 어쩌면 마을 전체가 이런 혼혈아들을 끔찍하게 대하는 부유한 한국인들의 편견에서 멀리 떨어진, 밑바닥 상태에 있기 때문인지 모른다. 이 아이들을 괴롭힐 하등의 이유가 없다. (…) 이 아이들은 열네 살이 되면 매춘부나 포주로 돈을 넉넉히 벌 테니. 얼뜨기처럼 생긴 멍청한 군인들이 종종 아주 어린 소녀에 불과한 매춘부들과 팔짱을 끼고 걸어간다. 아주아주 어린 소녀에 불과한.[47]

커밍스의 관찰은 이 시대 기지촌에 관한 다른 묘사와 어느 정도 일맥상통함에도 불구하고 그의 어조는 대단히 도덕군자 같아서 "얼뜨기처럼 생긴 멍청한" 미군 고객들과 "기생충 같은 동네 사람들"을 싸잡아서 비난하면서도, 독자들을 "더럽고

낙후하고 수치심으로 얼룩진 (…) 매춘 구역"에 연루시키지
않은 채 관음증적으로 바라보게 만든다.[48]

반면 켈러의 소설《여우 소녀》는 똑같은 세계를
조명하면서도 이 세계는 미국의 이상과 완전히 상호적으로
연루된 세계이다. 펜클처럼 켈러 역시 식민화와 전쟁, 그리고
매춘이 가족사를 어떻게 모호하게 만들고 유령들 사이에서
인종적 위계를 만들어내는지를 살핀다.《여우 소녀》의 배경은
1960년대 한국의 한 아메리카 타운으로, 미군과 그들에게
서비스를 제공하는 한국인들이 모여 사는 동네이다. 이 세계는
스스로를 바깥에 있다고 여기기를 좋아하는 사람들의 시선을
반영한다. 이곳에서 혼혈아들은 인종적으로 오염되었다는
이유로 혐오의 대상이 되지만 미국으로 가게 될 경우 질투의
대상이 되고, 미제 물건은 "갈보의 쓰레기"라며 멸시를 받지만
새로운 세대의 소녀들을 기지촌으로 유혹할 정도로 충분히
매혹적이다.

때로 우리는 서랍을 열어서 이상한 음식을 찾아내곤 했다. 호호도
그렇게 찾은 음식이었다. 내가 처음으로 그 초콜릿 과자를 입에 댔
을 때 과자를 감싼 설탕 크림이 너무 달기만 해, 그만 뱉고 말았다.
이 세상에서 뭐든 가질 수 있는 미국 사람들이 그런 음식을 먹는다
는 걸 믿을 수가 없었다. 나는 숙이가 그 반짝이는 포장지에 든 선
물을 내밀며 미제니까 분명 맛있을 거라고 말했을 때 날 놀린 거라
고 생각했다. (…) 숙이와 내가 그 상자를 다 먹어버리기 전에 나는

그걸 좋아하기로 결심했다. 나는 그날 이후 그 호호 포장지를 내 침실 벽에 짓이긴 밥풀로 붙여놓고 오랫동안 간직했다.[49]

이야기는 현진(화자)과 묘하게 피부색이 어두운 절친인 숙이, 두 십대 소녀를 중심으로 굴러간다. 2세대 양공주가 되는 두 소녀는 나중에 이부 자매로 밝혀지고, 기지촌의 쾌락과 위험에 휘말리면서 이들의 삶은 서로에게 점점 복잡하게 뒤얽힌다. 《여우 소녀》의 풍경에서 이 소녀들을 매춘으로 이끄는 것은 미국을 향한 초세대적인 정신적 유대이다.

한 장면에서 흑인 군인을 아버지로 둔 열일곱 살 소년 포주와 두 소녀는 제대로 된 뜻도 모르면서 영어로 함께 노래를 부른다. 이들은 미군이 행진을 할 때 이 노래를 하는 걸 들은 적이 있다. 소년 포주는 양키 아버지에게 이 노래를 배웠지만 그가 주머니에 넣고 다니는 미국에서 온 편지처럼 아버지에 대한 기억 역시 점점 희미해지고 있다 보니 정확하게는 알지 못한다. 이들은 단어를 하나하나 해독한다. "토드toad"는 쉽다. 두꺼비. 하지만 몇몇 단어는 한국어로 직역할 수가 없어서 그보다는 더 어렵다. 한 소녀가 설명한다. "퍽fuck은 (…) '니네 엄마가 죽을 거'라는 뜻이야. 그러니까 그건 말하면 안 돼." 두 번째로 힘든 단어는 "호어whore"다. 아이들은 이 문제 앞에서는 아무 말이 없어진다. 어쩌면 이 단어의 의미는 머리보다 몸에 새겨져 있는지도 모른다. "우린 호어가 무슨 뜻인지 알았다. 우린 누구네 엄마가 그건지도 알았다."[50]

나는 길가에서 창녀를 발견했지.

두꺼비처럼 죽어 있다는 걸 단박에 알았어.

여자의 피부는 배부터 머리까지 완전 맛이 가 있었네.

하지만 난 떡을 쳤지, 여자가 죽었는데도 거기다가 떡을 쳤어.[51]

켈러는 이 작품을 통해 양공주의 아이들은 번역할 언어가
부재하더라도 자신의 가족사를 몸으로 파악한다고 말한다.
《여우 소녀》에 자주 등장하는 표현 중 하나는 "피는 못
속인다"이다. 이는 양공주의 아이들이 살게 될 미래를 일컬으며
하는 말이다. 물론 이 말은 군인 대상 매춘에 세대 연속성이
있음을 시사한다. 여기서 '피'는 유전적 기질이라고 생각할 수
있지만 전쟁과 식민화의 폭력에 더욱 긴밀하게 연결된 사람들이
비슷하게 엮여 있는 초세대적인 배회로 독해할 수도 있다.

양공주 7은 딸에게 "커서 나처럼 되면 안 된다"고 말하지만
그게 무슨 말인지는 설명하지 않는다. 여자는 딸에게 나이트
클럽과 술집을 멀리하라고 말한다. "남자들을 멀리해."
여자는 딸에게 미국에 오기 전에 무슨 일이 있었는지 묻지
말라고 말한다. "그냥 학교 가서 말 잘 들어. 학교 가서 열심히
공부해, 그러면 넌 네가 하고 싶은 건 다 될 수 있어, 나하고는
다르게." 양공주 7은 딸의 미래 경로를 바꾸려고, 그래서
역사에서 자신의 피를 씻어내려고 할 수 있는 모든 일을 한다.

《여우 소녀》의 이야기가 전개될수록, "똑같은 갈보의 피가 흐른다"고 등장인물들이 추정하는 가족의 혈통은 점점 모호해지고 미국 아버지에 대한 기억도 점점 희미해져간다.[52] 이 불확실성 속에서 《여우 소녀》의 젊은이들은 아메리칸 드림의 악몽에서 점점 헤어나지 못하게 된다. 누가 봐도 흑인이 아닌 유일한 십대 인물인 현진은 소설의 끝부분에서 기지촌을 탈출하지만, 한국에, 매춘에 머물러 있으면서 밤마다 자신의 꿈에 나타나는 숙이의 형상으로 구현된 자신의 과거에 계속 배회당한다. 현진의 기억에서 숙이가 그림자 같은 인물이라면 아마 현진은 유령 같은 행위자성을 가장 극명하게 드러내는 인물일 것이다. 현진은 동시에 모든 곳에 존재하는 것으로 보이기 때문이다. 현진은 양공주이자 무의식 속에 양공주의 기억이 남아 있는 디아스포라적 주체이다. 그는 아이를 미국에서 키우기 위해 한국을 탈출하는 미군 신부이자 어머니의 비밀에 의해 초세대적으로 배회당하는 딸이다. 그는 유령이자 꿈이다.

이 혼란스러운 무의식의 경계들과 미군의 지배가 낳은 모호한 가족사의 전개가 작가 자신의 트라우마와도 관련이 있는지 독자들은 궁금해 하지 않을 수 없다. 《아시안위크》와의 인터뷰에서 켈러는 "등장인물들이 당신을 배회하나요?"라는 질문을 받는다. 켈러는 어떻게 자신 역시 자신이 작품에서 그리는 세계의 일원이 되었는가를 설명한다. "난 이중의 삶을 살고 있는 기분입니다. 내 실제 삶인 깨어 있는 삶은 가족이 중심이에요. (…) 그다음에는 내 다른 삶, 글쓰는 삶이 있는데, 그건 보통 밤의 어둠 속에서 일어나죠. (…) 아침에 일어났을 때 그 어둠을 떨쳐내는 게 힘들었어요. (…) 이 책을 탈고할 무렵 등장인물 가운데 일부가 내 인격으로 스며들고 있는 기분이었죠."[53] 어쩌면 켈러의 글쓰기가 일으킨 효과는 아브라함과 토록이 말한 "부모가 무언가를 숨기고 있다는 사실을 무대 위에 올리는 (…) 깨어 있는 꿈"이었는지 모른다.[54] 우리로서는《여우 소녀》가 한국계 미국 혼혈인 켈러 자신의 배경을 얼마나 반영하고 있는지 확실히 알기 힘들지만 한국 내 미국 군사주의의 유령, 그리고 한미 국제결혼의 유령은 켈러의 무의식 속에서뿐만 아니라 켈러의 글에서도 분명하게 그 모습을 드러낸다.

난 아직도 그 여자 꿈을 꾸지만, 여자의 이미지는 우리 삶을 포착하는 그 흔한 스냅 사진과는 달라. 나는 여자가 몇 살에 처음으로 미군 클럽에서 일했는지 말할 수가 없어. 여자가 양공주로 변신한 과정을 직접 목격하진 못했으니까. 그 여자의 꿈을 꾸는 밤이면 여자는 나의 혼란으로 착색된 윤곽일 뿐이거나 그보다 더 형체가 없이 텅 빈 기억의 공간들을 떠다니는 어떤 에너지이지. 완벽하게 초점이 맞는 단 하나의 이미지가 있는데, 나는 눈으로 할 수 있는 것보다 더 분명하게 그걸 봐.

270

눈 멀고 무력한 소녀에게 먹을 것을 주는 미군

나는 그늘 속에 서 있고, 도시는 종말이 닥친 미래의 뉴욕 같은
모습이야. 남아 있는 거라곤 건물의 시커먼 몸체뿐이거든.
그것들 역시 죽어 있어. 공중에서 어떤 목소리가 나를 그
커다란 건물들에서 빠져나오도록, 그러다가 어느 황량한
풍경을 가로지르는 흙길을 걷도록 이끌지. 나는 길을
걷고 또 걷다가 나무로 된 작은 집에 들어가. 그 목소리는
내게 안으로, 주방으로 들어가라고 이끌고, 거기에는 내
어머니의 언니가, 지금처럼 나이 든 여자가 있어. 나는 거실로
들어가고, 거기서 껌을 씹으면서 텔레비전을 보고 있는
어머니를 마주하지. 어머니는 나보다 훨씬 어려, 거의 아직
어린애야. 다른 존재들도 있어, 얼굴은 회색으로 뭉개져
있는 그림자 같은 사람들, 다른 모든 것, 심지어 몸과 함께

불타버린 사진에 담겼던 얼굴들. 하지만 어머니는 그가
"죽었다"고 절대 말하지 못하지. 그냥 "사라졌다"고 할 뿐.
난 더 이상 미래의 뉴욕에 있지 않아. 옛날 경상도의 어느
지방에 있어. 1960년이고 난 아직 태어나지 않은 상태지.
하지만 나는 거기에 있어, 텔레비전을 보고 있는 십대의
어머니와 함께 성인인 여자로. 화면에는 빨간 립스틱을
바르고, 머리에 컬을 넣고, 백인 미군의 무릎에 앉아 있는
어린 고아 소녀가 나오고 있어. 미군은 무릎에 앉은 소녀를
튕겨 올리면서 소녀가 카메라를 향해 미소 짓게 하려는
중이지. 소녀는 카메라를 똑바로 쳐다보지만 미소를 짓지는
않아. 이 쇼는 앞으로 빨리감기를 해서 시애틀의 어떤 배에서
내리는 파란 스웨터 차림의 여자를 보여줘. 카메라가 번쩍
번쩍 터지고 미국인들이 여자에게 장미와 애정을 퍼붓지만
이 도착 장면은 내 어머니의 이미지 때문에 다시 끊겨.
어머니는 서양식 웨딩드레스 차림으로 환한 미소를 짓고
있는데, 발에는 붕대가 감겨 있어. 어머니는 마치 그 고아
소녀가 성장한 것 같은 모습이야. 아버지 행세를 하던 미군
중 한 명과 결혼하게 된 고아 소녀. 꿈은 그렇게 끝나지만
이야기는 여기서 끝이 아니야. 한국전쟁 이후 어머니의
유년기부터 미국에 도착하기 전까지 몇 년간 일어난 일에
관한 이야기, 그리고 도착과 동화 사이에 일어난 이야기들도
있지.

트라우마의 동화 불가능성

픽션의 외피를 쓰고 있는 켈러의 작품과 펜클의 자전적
작품에 상세히 표현된 정신적 역학 관계는 한국인을 명예
백인으로 묘사하는 서사에서, 폭력적 관계를 배제하는 데
기대는 그 서사에서 종종 자취를 감추는데, 이러한 배제 자체가
폭력적이다.[55] 동화의 수단으로 당연시되는 국제결혼은 한미
관계의 상호적인 프로젝트와 미국이라는 판타지를 생산하는
데 있어서 우화적인 기능 역시 수행한다. 이 결혼은 인종 간의
화합과 국제 협력의 증거이고, 바로 이 프레임 안에서 미군
신부로서의 양공주는 '명예 백인'인 후손을 만들어내는 동화의
모범이다. 그런데 '동화된' 사람 중 한 명이 공적인 기억에서는
망각된 폭력적인 관계를 아직 기억하고 있다면 어떻게 될까?
분단과 파괴의 역사에 배회당하다가 이민을 떠나 그 분단을
유발하고 유지하는 데 적극적인 역할을 했던 나라에 동화된다는
건 어떤 의미일까? 명예 백인의 삶에는 어떤 대가가 따를까?[56]
동화를 새로운 세대와 함께 한 단계씩 진보하는 과정으로
바라보는 사회학 이론들과는 달리, 동화 프로젝트의 의도하지
않은 결과 중 하나는 유령의 대물림이다.

　　그늘 속에 있는 그 여자가 아니었으면 동화라는 진보
서사도, 아메리칸 드림도 존재하지 못했으리라. 양공주가 한때
이곳에서 아시아계 미국인들이 명예 백인 타이틀을 거머쥐도록
도울 수 있었던 것은 백인 미국인과 결혼한 비중이 높고,

한국어를 하지 못하는 혼혈 자녀를 낳고, 한국에서의 과거를 함구하기 때문이다. 하지만 자신의 삭제에 스스로 공모해온 만큼 양공주는 그 꿈을 교란시키기도 한다. 어렵지 않게 동화될 줄 알았던 자신의 자식들에게 양공주가 전달하는 초세대적인 트라우마는 동화 그 자체가 유발하는 새로운 트라우마만큼이나 명예 백인성을 훼손한다. 켈러와 펜클의 작품이 시사하듯 잊힌 전쟁의 트라우마 효과는 이민자 성공 서사에 완전히 동화되지 못한다. 아메리칸 드림에서 배제된 자들의 유령은, 미국에 와서 사회학이 말하는 백인성 속에 녹아든 자들의 기억을 계속해서 배회한다.

양공주 7은 동화에 필요한 모든 시험을 통과한다. 그는 백인 남자와 결혼했다. 절반은 백인인, 영어로 말하는 자식을 낳았고, 대학까지 보냈다. 지금은 부유한 백인 교외 지역에 살고 있다. 그는 이웃들이 그의 다름을 알아보지 못한다는 의미에서 잘 동화되었다. 이웃들은 그를 전혀 보지 못하기 때문이다. 그는 원을 그리며 뱅글뱅글 도는 것을, 여기서 저기로 옮겨다니는 것을 그만두었다. 사실 그는 거의 움직이지 않는다. 양공주 7은 자신의 피부와 뼈에 새겨진 삭제의 표시들을, 파괴하고 개조하고 자취를 지우고, 어떻게든 살기 위해 궁극적으로는 아귀가 안 맞아 보이는 삶을 픽션화하는 여러 겹들을 입고 있다. 하지만 그의 한恨은 양공주가 한인 디아스포라를 배회해온 방식은 명예 백인 서사를 두 가지 수위에서 복잡하게 만든다. 한편으로 공식 서사에서 삭제된 경험들은, 글쓰기 실천을 통해 자신들과 단절된 과거를 무의식적으로 기억해내는 한국계 혼혈 미국인들의 창작품과 사회복지의 대항 서사처럼, 양공주를 다시 불러내는 다른 서사의 형태로 되살아나 배회한다. 군인 신부로서의 양공주는 아메리칸 드림에 대한 과잉 투여에 의해 존재하게 된 인물, 자신의 인생사를 불가해 하게 만들어야만 동화가 가능한 인물이다. 그는 트라우마로 얼룩진 인물이지만 트라우마는 그 트라우마를 간직한 주체의 의지와는 독립적인 힘이라는 점에서 급진적 잠재력을 가지고 있다. 양공주의 배회는 그를 억압하려고 하는 모든 이들에게, 그 삭제에 공모하거나 그것을 알지 못하는 이들에게 퍼져나간다. 이러한 배회는 전에는 보이지 않던 무언가를 발견하는 문제이기만 한 것이 아니라 전에는 그곳에 없던 새로운 무언가를 어떻게 생성하는가의 문제이기도 하다. 또 다른 한편으로, 양공주는 대항 서사를 넘어서는 새로운 저항의 장소를 가능하게 한다. 트라우마는 종종 감각 수용의 수위에서 기입될 뿐 의식으로 완전히 진입하지 않는다는 점에서 이 인물은 서사에 고유한 휘발성을 불어넣는다.

양공주의 한은 그를 알지만 잊으려는 사람들뿐만
아니라, 다른 이의 비밀을 알지는 못하지만 그 영향권에
있는 사람들에게도 흡수된다. 이 한은 양공주가 추방되거나
부활한 경로를 따라 이동하고, 이질적인 몸과 장소들 사이에서
새로운 경로를 만들어낸다. 양공주와 함께 돌아다니는
유령에 씌인 비밀들은 서사의 표면 밑에서 틈을 만들어냈고,
미군 기지촌에서 상처받고 버려진 몸들의 축적된 폐기물을
미국이라는 나라로 다시 가져옴으로써 "동시대 지배의
수사들"을 파열시켰다.[57] 엥과 카잔지언이라면 이런 파열은
"실현되지 못한, 또는 이상화된 잠재력의 유령 같은 잔해"라고
주장할 것이다.[58] 양공주가 지닌 한의 이런 유령 같은 잔해들은
아시아인의 동화나 명예 백인 같은 지배적인 서사로도,
미국 내 한국인 군인 신부들의 투쟁에 관한 대항 서사로도
동화되지 못하는 과잉이다. 양공주의 트라우마가 동화 담론을
뒤흔드는 것은 바로 이 트라우마의 동화 불가능성 때문이다.
존스턴은 그것이 "정신적 장치에 의해 기입되기는 하지만
개인의 유의미한 '경험'으로 새겨지지는 않는다"고 말한다.[59]
양공주가 차단당할 때 등장하는 것은 바로 '명예 백인' 근처를
늘 얼쩡대다가 번뜩 스치는 기억의 형태로 가시화하는 이 동화
불가능성이며, 이는 백인성이라는 판타지를 차단당한 자들과 그
판타지에 닿을 듯하면서도 결코 완전히 도달하지는 못하는 자들
사이에 정동적인 유대를 빚어낸다. 하지만 트라우마의 동화
불가능성은 동화가 빚어낼 수 있는 위험한 결과를 막아주는

보호의 공간이기도 하다. 이 맥락에서 완전한 동화는 정신적 장치의 과잉 상태 속에 있는 것을 동화시킨다는 의미이기 때문이다. 그러므로 완전한 동화는 광기에 사로잡힐 위험을 무릅쓰는 것이고, 그 판타지를 완전히 터무니없게 만드는 것이다.

5장

디아스포라의 비전: 트라우마를 보는 방법들

발화 불가능한 것은 무엇의 몸짓으로 표현되는가? 그 자체가 좋든 싫든 또 다른 정치인 이 다른 종류의 사회학 안에서는, 유령이 기억에 남겨진 것과 망각된 것 모두를 위해 빛을 뿜어내면서 발화 불가능한 것을 몸짓과 신호로 표현하고 때로는 그것을 모방한다. 이 다른 사회학은 우리 상상의 한계 속에서, 그리고 지금 재현 가능한 것의 한계 속에서, 우리를 향해, 우리가 거주하는 사회 세계가 그렇듯, 뻗어나간다.

· 에이버리 고든,《유령 문제》

토니 모리슨의《가장 파란 눈》마지막 부분에서 화자는 "작은 흑인 소녀는 작은 백인 소녀의 파란 눈을 갈망하고, 그 갈망의 핵심에 자리한 혐오를 능가하는 것은 그 갈망의 실현이 몰고 오는 후폭풍뿐이다"라고 우리에게 말한다.[1] 그것은 한 아이의 불가능한 바람에 관한 이야기, 바람이 실현됨과 동시에 인물이 파멸하는 이야기이다. 소설의 마지막 부분에서 주인공 페콜라의 정신적 붕괴는 듀보이스W.E.B Du Bois가 말한 "이중 의식, 늘 타인의 눈을 통해 자신을 바라보고, 조롱과 동정을 담아 관망하는 세상의 잣대로 자신의 영혼을 평가하는 이 감각"이 낳은 해로운 결과를 예시한다.[2] 또는 앤 안린 쳉이 말한 "그들이 결코 될 수 없는 것에 특권을 부여하는 지배적인 인식 안에서 살아가는 사람들이 겪는 고질적이고, 형체가 없는 심리적 합병증"의 해로운 결과를 구체적인 형태로 보여준다.[3] 페콜라의 내면은 자신이 꿈에 그리던 파란 눈뿐만 아니라 성적

학대와 인종적 폭력의 경험들이 구체화된 결과인 분열된 자아를
받아들인다.

이제 다 끝이야.

맞아.

정말 끔찍했지?

응.

난 더러운 얘긴 하기 싫어.

나도. 다른 얘기하자.

뭘 할까? 무슨 얘기하지?

음, 네 눈.

아, 그래. 내 눈. 내 파란 눈.[4]

페콜라는 감히 누구도 예쁜 파란 눈을 가진 아이를 해치지
못할 것이므로 자신의 파란 눈이 더 심각한 트라우마로부터
자신을 지켜줄 거라고 믿지만, 자신보다 더 파란 눈이라는
위협이 여전히 어른댄다. 화자는 페콜라의 충격적인 결과를
곱씹으며 그가 이 세상의 모든 쓰레기이자 아름다움 그
자체였다는 결론을 내린다. 사람들은 그에게 쓰레기를
쏟아부었고, 또 다른 사람들의 아름다움은 그의 추함 옆에서
비로소 드러났다. 적대적인 토양에 묻힌 씨앗. 그해에는 그
땅에서 어떤 꽃도 올라오지 않았고 다만 갈기갈기 조각난
어린 소녀만이 있었다. 《가장 파란 눈》의 비극적인 결말에도

282

불구하고, 우리는 바로 페콜라의 목소리가 제자리에서 이탈했기 때문에 트라우마로 얼룩진 페콜라의 기억이 표현될 기회가 열렸다는 점을 곱씹게 된다. 하지만 여기서 정확히 무엇이 절합되는지를 파악하는 건 그리 쉬운 일이 아니다.

이 소설의 독자는 다른 누군가의 눈을 통해서만 이 여성 인물을 보아왔고, 그의 이야기는 우리에게 그를 경멸과 동정의 대상이자 정신적 투사의 집합으로 제시했던 화자에 의해, 그의 경험을 알지 못하지만 그의 결과에 완전히 연루된 화자에 의해 전달되었다. 하지만 이야기 전반에서 화자는 또한 윤리적인 문제를 제기한다. 바로 사람들이 전혀 신경을 쓰지 않으면서도 자신들이 권력을 끌어오는 그 원천을 제공한다는 점에서만 관심을 가지는, 이 보이지 않는 소녀에 대한 질문이다. 이 소녀의 모순된 상태가 너무 심각해서, 소녀를 틀림없이 보기는 하지만 그의 절합을 전혀 파악하지 못하는 관찰자가 소녀에 관한 서사를 풀어내기가 난망할 때, 이 소녀의 결과에 연루된 사람들은 어떻게 되는가? 어떤 몸들이 이 씨앗이 심겨진 토양을 구성하는가? 그리고 우리는 이 이야기의 나머지를 어떻게 전해야 할까?

화자는 결말에도 여전히 존재하지만, 이 화자가 스스로에게도 다른 존재가 되는 어떤 다른 세상을 향한 몸짓 역시 존재한다. 이제 우리는 더러운 것의 수치심에 관한 내면의 독백, 흰 것에 대한 갈망, 사회적 질병의 증상에 관한 정신병적 상상을 통해 그를 엿본다. 그러므로 이 결말은 화자가 우리에게

말하기 힘든 무언가를 행위로 표현하는 쪽으로 한 걸음
이동한다. 재키 오어의 표현을 빌리면 "사회적인 것은 편치-
않은 몸이 소통을 하려는 증상적인 시도, 때로는 부드럽고도
치유적인 그 시도의 차원에서 수행하는 실천의 한 조각이
된다".[5]

이제 나는 다시 양공주라는 인물로, 미국에 이식되어 거의
백인으로 통하는 한인 여성에게로 돌아간다. 미국은 그를,
또는 그 토양이 어떤 방식으로 그에게 적대적인지를 보지
않는다. 오늘날 미국의 구조는 흑인 소녀들에게 살갑지 않았던
1941년의 상황과는 다르지만, 내가 결과와 연루된 몸들과 남은
이야기들을 전달하는 방식에 관해 던지는 질문은 동일하다.

이 다른 사회학을 써나가는 현장에서 나는 니콜라
아브라함과 마리아 토록의 초세대적인 배회 이론을 마지막으로
검증한다. 이들은 "유령이 (…) 애정 대상의 삶의 일부를
감춤으로써 우리 안에 생성된 틈일 뿐이라는 건 사실"이라고
주장한다. 그 비밀은 유령의 형태를 취하지만 다시 한 번 가면을
바꿔서 "개인 또는 집단의 환각"처럼 보일 역량을 갖춘다.[6]
형태를 바꾸는 비밀의 힘은 우리가 바라보는 방식에도 영향을
미친다. 이제 나는 말해지지 않은 것이 환각으로 변하는 현상,
그리고 우리가 광기라고 알고 있는 것의 일반적인 해석을
해체하고 지각의 한계에 도전하는 그 역량으로 초점을
이동한다.

앞 장에서 논한 대로 디아스포라 한인들의 글은

기지촌으로부터의 탈출과 미국에서 '성공하기'가 어떻게 동전의 양면으로서 종종 양공주의 안녕을, 때로는 그의 목숨 자체를 희생하여 완성되는지를 보여준다. 미국에 도착한 미군 신부는 끊임없이 유예된 동화의 폭력과 이 동화를 위해 트라우마로 얼룩진 역사를 삭제해야 하는 압력 때문에 정신적 붕괴에 직면할 때가 많다. 무언가가 주체의 지각 장치를 훼손하지 않고는 이 주체의 경험 속으로 동화되지 못할 때, 동화는 양공주를 위험할 정도로 광기에 가깝게 몰아간다.[7] 이 장에서 나는 미국을 향한 바람이 그 바람의 충족이라는 비극으로 대체될 때 무슨 일이 벌어지는지, 그리고 어째서 그 결과가 전적으로 비극적이지만은 않은지를 풀어낸다.

정신 질환과 함께 찾아오는 실제 고통을 인정하는 것은 중요한 일이긴 하나, 그렇다고 해서 양공주가 광증에 빠지는 이야기가 환각을 늘 위험하다고 전제하는 (서구의) 더 큰 정신이상에 관한 서사의 일부라는 점을 비판적으로 살펴볼 여지를 배제하는 건 아니다.[8] 정신 질환의 문화적 구성에 관한 최근 학계 논의는 드와이트 피Dwight Fee의 표현을 빌리면 다음과 같은 입장을 취하고 있다. "정신 질환은 정신적 기능과 대인 관계, 그 외 사고와 행위의 측면들에 해를 입히는 뚜렷하면서도 체감할 수 있는 조건으로서만이 아니라 사회생활과 언어에 뒤얽힌 현상으로도 파악해야 할 긴급하면서도 종종 실용적인 필요가 존재한다."[9] 이와 유사하게 언어적 환각에 관한 이반 루다르Ivan Leudar와 필립 토머스Philip Thomas의 연구는 '목소리

〈탱크와 소녀〉 ⓒ황인주/〈어제 안에 오늘〉, 2005. 천, 실, 먹, 잉크. [이 책의 88쪽에 등장하는 사진을 토대로] 탱크 앞에 서 있는 소녀를 천 위에 그렸다. 그런 다음 천을 잘라내고 다른 재료들과 다시 조합했다. 작가의 표현을 빌리면 "무언가가 부서졌다가 다시 맞춰질 때 그것은 아주 다른 진실성을 창출하지만 새롭게 창조된 이미지는 여전히 부서진 파편들의 역사를 담고 있다".

듣기'의 문화적·정치적 함의를 살피는 데 초점을 맞춘다. 이들은 '목소리 듣기'가 "신비화와 병리화라는 암벽 사이에 끼어 있다"고 주장한다.[10] 이들은 환각이라는 표현이 현대 심리학의 언어에서 유래했고, 이는 보통 "지각상의 오류"이자 억눌러야 하는 증상으로 이해된다고 지적한다. 루다르와 토머스는 목소리를 듣는 것이 제거해야 하는 무언가일 뿐이라는 데 의문을 제기하고, 대신 환각 속 목소리의 기원과 기능을 해석하는 방법을 고민한다. 뒤늦은 기억, 평범한 내면의 발화, 어린시절 성적 학대의 증상, '부모' 기억의 소산, 슬픔의 표현, 신적인 힘의 표지, 과거와 현재의 뒤섞임, "과거 경험의 (⋯) 살짝 변형된 반복," 생경한 정령 또는 "무형의 존재"라는 식으로.[11]

환각 속의 목소리가 이 중 그 무엇도 될 수 있는 만큼, 나는 그것이 중요한 정보원이자 디아스포라에 전달된 인정받지 못한 트라우마를 독해할 가능성을 쥐고 있는 수단이라고 제안하고 싶다. 나는 목소리 듣기가 우리로 하여금 어떻게 트라우마를 보게 만드는지, 보기와 말하기가 트라우마의 아상블라주에서 어떻게 서로 중요한 부속인지에 특히 관심이 있다. 이 보기 능력은 질 들뢰즈와 펠릭스 가타리가 말한 '유포된 지각' 또는 존 존스턴이 말한 '기계 비전'의 기능이다. 여기서 "지각된 것은 그 어떤 단일한 장소와 순간에 위치하지 않고, 이 지각이 일어난 원인이 된 행위는 단일하거나 고립된 행위자성의 결과가 아니라 동시에 또는 병렬적으로 작동하는 여러 가지 행위자성의 결과이다.”[12] 유령은 시공간을 가로질러 유포되며 목소리를 낼 수 있는 몸들을 찾아 또 다른 형태의 몸, 조립된 몸을 창조하고자 한다. 이 조립된 몸의 목적은 트라우마를 직접 살아낸 이들이 보지도 말하지도 못하는 트라우마를 보고 말하는 것이다. 이 과정에서 비밀의 힘은 발화 불가능한 트라우마를 둘러싼 침묵과 발화하는 환각 속의 목소리 모두를 독해하는 대안적인 방법들을 창조하기 위해 그것을 보이게 하는 미디어 기술들과 힘을 모은다.

이 마지막 장은 여러 개의 목소리들과 지난 기억의 변형된 반복을 통해 유령의 귀환을 공연함으로써 마지막 목적지를 향해 나아간다. 1장에서 나는 어떻게 해야 유령에 살을 입힐 수 있는지, 그리고 어떤 방법들이 배회에 의해 생성되는지를 질문했다.[13] 유령이 감시병이 서 있는 비밀의 요새를 나와서 비합리적인 발화의 범람지로 이동할 때 이 이탈과 횡단을 거치며 목소리는 비전을 확장시키고, 이로써 감각이 교차되는 새로운 종류의 경험주의를 향하게 된다. 트라우마를 보고 말하기 프로젝트는 서사화할 수 없는 것을 드러내는 글쓰기 형태들뿐만 아니라, 트라우마의 동화 불가능성을 드러내는 지각의 형태들을 활성화하는 새로운 방법론을 요구한다. 공연은 배회와의 친연성이라는 측면에서, 그리고 사회적인 것의 증상으로서 ‘편치-않은 몸’을 절합해낸다는 측면에서 이런 일을 할 수 있는 방법 중 하나이다. ‘유령을 생성하는 언어phantomagenic words’는 종종 ‘무대 위의 언어’가 된다는, 다시 말해서 무의식을 타고 전달된 비밀과 금기의 언어들은 배회당하는 이들에 의해

종종 공개적으로 행동으로 표출된다는 아브라함과 토록의
생각을 최종적으로 검증하기 위해 나는 한인 디아스포라의
배회당하는 역사 속 유령들을 의식적으로 "무대에 올린다".[14]
이 글에서 환각의 목소리들은 한국사에서 중요한 순간에, 특히
여성의 군사화된 성노동의 역사에 말을 건다. 1945년 9월은
늘 존재하는 우리의 귀환 지점이고, '유령을 생성하는 언어'의
반복적 말하기는 서로 뒤얽힌 무의식적 트라우마와 몸들의
일부를 가시화한다.

　　이렇게 유령처럼 시작점으로 귀환하기는, 양공주라는
인물에서 벗어나 그 잠재력이 양공주에 관해 말할 수 있는 어떤
이야기의 범위를 넘어선 유령 같은 행위자를 향해 가는 것이다.
그럼에도 [혼불을 일으킬 수 있는] 인이 풍부한 토양에 보일 듯 말듯
뿌리내린 채 거기서 얻은 자양분으로 화려한 상상을 펼치는 이
여인 때문에 배회가 일어난다. 그리고 이 여인은 횡단할 때 꽁꽁
싸맨 가족의 비밀 혹은 지리적 비밀을 품고 있었고, 그 속박
속에 지정된 매립지를 넘어 넘쳐흐르는 인간의 폐기물, 대해로
흘러들어 가는 슬픔의 범람을 가둬두었다.

비전

　　깨닫는 것은 그러므로 생존의 의무를 간직하는 것(…)
　　보지 않는 것이

무엇을 의미하는가를

말해야 하는 사람으로서.

· 캐시 캐러스Cathy Caruth, 《주인 없는 경험Unclaimed Experience》

우리의 역사를 알지 못했던 나를 용서하세요, 하지만 내가
물었을 때조차 당신은 당신의 삶에 관한 진실을 내게 말하지
않으려 했죠. 딱 한 번 내가 당신은 어째서 당신이 태어난
나라를 고향이라고 부르지 않는지 물은 적이 있었잖아요.
하지만 당신은 내게 말로 답하지 않았어요. 당신은 그 방에
다른 무언가가, 내 눈에는 보이지 않는 무언가가 있다는 듯
정면을 응시하면서 말이 없었어요. 당신은 당신이나 내가
어떤 환경에서 태어났는지에 관해서나 내가 직접 목격하기
전에 일어난 일에 대해서는 일절 말하지 않았어요. 그리고
난 상황이 당신이 말한 대로였다는 걸, 심지어는 당신이
진실을 말할 수 있다는 걸 당연하게 생각했어요. 어쩌면
당신은 당신이 한국에서 인생을 시작하기 전에 일어난 일을
기억하기에는 너무 어렸을 수도 있고, 그 이후에 일어난
일을 기억하기에는 너무 망가져 있었을 수도 있어요. 하지만
당신도 알다시피 나는 우리 둘 중 어느 쪽이 9시 45분에 무슨
일이 일어날지 알기 훨씬 전부터 당신이 말하지 않은 이런
사건들을 기록하기 시작했죠. 그리고 그런 다음 그 시간의
꾸준한 반복은 내 기억을 활성화시켰어요. 그리고 나는

당신의 말에, 말과 말 사이의 틈에, 소음과 침묵의 패턴에
가만히 귀 기울였죠. 매일 늘 같은 시간에 시계에 맞춰 울리는
당신의 목소리는 내게 그 시간에 뭔가가 일어났다고 혹은
뭔가가 막 일어나려 한다고 말했어요. 그 모든 세월 동안 내가
차곡차곡 모은 정보를 읽어낼 능력이 이제야 생겼네요.

*   나는 역사를 파헤치기 시작했다

1945년 8월 24일, 오후 5시 20분. 1만 명의 조선인 승객을
태운 일본 해군 함대가 일본의 해안을 벗어나 차분한 물살을
가르며 항해한다. 이 배의 앞쪽에서 폭발이 일어나고 배가
화염에 휩싸인다. 산산조각난 배와 승객의 몸이 폭발력 때문에
대해로 빨려 들어간다. 일부 몸들은 갑판에 매달리지만 두 동강
난 배가 모두 침몰하자 결국은 물 속으로 사라진다. 아래쪽
갑판에 물이 차면서 밑에 갇힌 승객들은 혼란에 빠진다. 두
연인은 서로를 찾아다니지만 그들의 절박함보다 힘센 해류
때문에 몸이 의지와 반대로 떠밀린다. 동강난 배가 완전히 물에
잠긴 뒤 다시 한 번 정적이 찾아오고, 물에는 시신과 잔해들이
둥둥 떠 있다. 처음에는 조용하지만 그다음 순간 생명의 소리가
등장한다. 한 아이가 흐느끼는 소리가 들린다. 아이는 물 위에 떠
있는 배의 파편 위에 자리를 잡고 있고, 멀지 않은 물에서 손이
하나 올라와 위를 향한다. 사랑하던 이를 수년 동안 그리워하던

남자 연인의 손이다. 그가 노동 수용소로 징발된 뒤 그와 연인은 떨어져 지냈다. 그는 결국 이 배에 타서 연인을 찾았지만 이 재앙 때문에 다시 한 번 그들은 헤어졌다. '한국판 타이타닉'이라고 부르기도 하는 이 이야기에서 유일한 생존자는 남자와 어린 소년이다.[15]

북한 영화 〈살아있는 영혼들〉은 1945년 8월 22일에 조선인 강제징용자들을 싣고 일본에서 한국을 향해 출항한 첫 배에 관한 이야기를 멜로드라마로 재연한다. 영화는 이제 막 자유의 몸이 된 조선인 강제징용자 수천 명으로 가득한 일본의 해군 함대 우키시마호가 2차 세계대전이 끝난 지 겨우 9일째 되던 날 일본 마이즈루 해안 인근에서 폭발한 실제 사건을 극화한다. 영화는 일본 강제징용소에서 일했던 기억과 귀향을 축하하는 광경, 부산항을 향해 출항한 배 위에서의 소소한 일상 사건들을 엮는다. 그리고 이를 통해 그 배에 승선한 조선인 수천 명의 죽음으로 훨씬 비극성을 띠게 된 일본 강제징용의 악랄함을 이야기할 뿐만 아니라, 자유와 고국을 향한 조선인들의 좌절된 갈망을 표현한다. 두 동강이 난 배와 그로 인해 죽거나 사랑하는 이와 헤어지게 된 승객들에 대한 영화의 묘사는 외세에 의해 이미 분단되고 점령당한 나라이자 곧 전쟁에 의해 유린될 나라로 돌아가는 조선인들을 상징한다. 하지만 귀향은 말 그대로 불가능하다.

조선으로 다시는 도착하지 못하는 것이 우키시마호에 승선한 이들의 운명이었어. 그 운명의 또 다른 결정은 내 어머니를 그 첫 배에 태우지 않는다는 거였던 모양이야. 일본 관료들은 9월까지 기다렸다가 나의 어머니와 그분의 어머니를 두 번째 배에 태우려고 했어. 어쩌면 세 번째 배였을 수도 있어.[16] 하지만 어떤 경우든 첫 번째 배는 아니었지. 나의 어머니는 1945년 그날에는 죽지 않아.

〈살아있는 영혼들〉에 담긴 많은 내용이 1945년 8월의 이틀 동안 벌어지는 일이다. 그 이틀 동안 배는 조선과 일본 사이의 바다에서 원을 그리고, 그 사이 승선한 조선인들은 조선에서 그들을 기다리는 자유를 기대하며 흥분을 감추지 못한다. 배는 목적했던 종착지에 닿지 못하고, 조선인들을 귀국시키지 못한 채 원을 그린다. 대신 우리는 그 배의 일본인 선원들이 승선한 조선인들과 함께 그 배를 날릴 계획을 세우고 있었다는 걸 알게 된다.[17] 한 조선인 등장인물은 이 모의를 목격하지만 강제징용 시절에 혀가 잘려서 발화가 가장 절박한 그 순간에 말을 하지 못한다. 그는 혀를 사용하지 않고 거친 몸짓, 신음소리, 공포에 질린 눈으로 다른 승객들에게 위험을 알려야 한다. 승객들은 그의 동작과 소리를 통해 배가 곧 폭파될 거라는 사실을 알게 되지만 비극을 막기엔 이미 너무 늦었다. 조선인들로 가득한 배는 어디로도 가지 못하고 결국 폭발한다. 하지만 이 재앙에는 생존자가 있다. 너무 어려서 무슨 일이 일어났는지 전혀 이해하지 못하는 어린 소년 같은. 소년은 아무것도 보지 못한 듯하지만 몇 년 뒤 이야기를 전하기 위해 배가 침몰된 그 현장으로 되돌아간다.

〈살아있는 영혼들〉은 일본 식민 통치자들의 만행을 다룬 묵직한 이야기이지만 결코 확실하게 알 수 없는 역사, 그럼에도 불구하고 발화되기를 갈망하는 역사에 의해 집을 잃은 자들의 이야기로 독해할 수도 있다. 영화는 분단 이전의 고국에 대한 향수를 표현하고 있고, 통합된 고국은 일본의 민족 정체성 압살과 정반대되는 것으로 평가할 수 있음에도 불구하고, 완수되지 못한 귀향의 마지막 이미지들은 조선인들이 영구적인 탈구의 상태로 남게 됨을 시사한다. 남북한이 정치적·지리적으로 분단된 상태임에도, 남한의 우키시마호 사건 생존자 모임이 일본 정부를 대상으로 제기한 소송과 함께 진행된 이 영화의 제작기는 남북한 양측 모두 모호하고 불확실한 역사로 인해 유사한 불안정 상태에 있다는 걸 보여준다. 〈살아있는 영혼들〉과 이 영화가 토대로 하고 있는 실제 사건 모두 자기 장소를 잃은 주체의 보기와 말하기와 생존에 관해 질문을 던진다.

나는 역사를 찾기 시작했어. 나 자신의 역사를. 난 내가 이제까지 들었던 이야기들이 진실이 아니라는 걸, 일부가 삭제되었다는 걸 줄곧 알고 있었거든. 무언가가 내 주위를 배회한다는 느낌, 내가 유령으로 가득한 집에서 살고 있는 듯한 느낌이 점점 커져온 걸 기억하고 있어. (…) 이 장소를 그들은 알았지. 나는 아직 한 번도 거기 가본 적이 없지만 기억은 있었어. 내가 태어나기 전에 엄청난 슬픔의 시기가 있었다는 걸 기억할 수 있었어. 우리는 어쩔 수 없이 밀려났지. 뿌리 뽑힌 채. (…) 그 여자는 자신이 기억하지 못하는 것에 관해 이야기해.[18]

우키시마호 비극은 한국에서는 거의 잊혔고 그 외 다른 나라들은 사실상 모르는 일이었지만, 일련의 사건들이 펼쳐지면서 1945년 그 침몰 사건이 다시 사람들에게 기억된다.

2001년 6월 21일: 〈살아있는 영혼들〉이 '영혼의 저항Souls Protest'이라는 제목으로 모스크바의 한 영화제에서 국제적으로 첫 선을 보인다.

2001년 6월 27일: 〈살아있는 영혼들〉이 홍콩 영화제 개막작으로 상영되고 홍콩의 한 영화 수입사가 이 영화의 배급권을 구매한다.

2001년 8월 23일: 일본 판사가 우키시마호에 승선한 조선인 강제징용자들을 안전하게 이송시키지 못한 일본 정부를 상대로 제기된 소송에서 판결을 내린다. 재판부는 일부 원고에게 유리한 판결을 내리고 일본 정부에게 이 재난에서 살아남은

한국인 15명에게 총 미화 37만 5000달러를 지급하라고
명령한다. 다른 원고 65명의 청구는 그들이 배에 승선했음을
증명하지 못한다는 이유로 기각된다.

2001년 8월 24일: 우키시마호 사건 56주년이다. 남한
운동가들이 피해자를 위해 추모 행사를 열고 보상을 받지 못한
65명의 원고에게도 "일본이 전적인 책임을 질 것을 촉구"한다.
또한 폭발의 원인을 밝히는 수사를 재개하고 생존자와 피해자의
가족들에게 공식적으로 사과할 것도 요구한다.[19] 그러는 동안 그
사건을 기리는 또 다른 일본 영화와 함께 〈살아있는 영혼들〉이
서울에서 처음으로 상영된다.

2001년 8월 24일과 25일: 한국과 일본의 신문들이 1945년 8월
24일 사건에 관한 공식 보고서에 의문을 던지며 새로운 논란을
보도한다. 일본 정부의 기록에 따르면 "배에는 4000명이 있었다.
(⋯) 한국 쪽 자료에서는 승객이 7000명, 7500명, 심지어는
1만 명이라고 말한다. 사망자 수는 조선인 524명, 일본인
25명이었다."[20] 한국 단체들은 5000명의 조선인이 목숨을
잃었지만 이 피해자들은 일본 측의 공식 기록에 존재하지
않는다고 주장한다. 일본 측의 수치에 따르면 3500명에
가까운 승객이 생존했어야 하지만 일본 정부를 상대로 한
소송에 나선 한국인 생존자는 80명뿐이었다. 이 가운데 65명의
주장은 "이들이 배에 탑승했다는 사실을 입증할 수 없기에"

기각되었다.[21] 이들의 생존, 이들의 존재는 공식 문서에는
등장하지 않았다. 폭발 원인에 관한 일본 측의 공식적인 설명과
생존자들의 기억 사이의 간극은 그보다 훨씬 논란이 많다.
《코리아 타임스》는 이렇게 보도한다. "일본 정부는 배가 미군이
마이즈루항에 심어놓은 지뢰를 건드렸다고 주장한다. 하지만
생존자들은 일본 선원들이 배가 가라앉기 전에 소형보트를
타고 배에서 도망치는 모습을 보았다고 기억했다. 이 때문에
이들은 일본이 자신들이 전쟁 기간 동안 저지른 극악무도한
행각을 목격한 조선인들을 없애기 위해 자기들 손으로 그 배를
폭파한 것으로 의심했다."[22] 또 다른 보도는 이렇게 주장한다.
"그 사건에 관한 자료와 여러 정보를 보면, 그 폭발이 조선인
피해자와 생존자들에 관한 어두운 기록들, 그리고 그들을
상대로 자행된 만행을 지우려고 일본 군 지도부가 획책한
계략임을 알 수 있다."[23] 〈살아있는 영혼들〉을 만든 김춘송
감독은 이 영화는 역사적으로 정확하다고 주장하면서 "숱한
북한 사학자와 연구자들이 역사적 사실을 더 깊이 파고들고
모든 관련 정보를 모으기 위해 시나리오 작가와 힘을 모은
끝에 절반은 다큐멘터리의 성격을 갖는 영화가 완성되었다"고
밝힌다.[24]

> 나는 (…) 일부가 삭제되었다는 걸 (…) 줄곧 알았어. (…) 길을 잃은
> 기분이었지. 발 디딜 땅이 없는 기분. 내 인생은 없는 채로 다른 사
> 람들이 자기 삶을 살고 있는 걸 구경하는 것만 같았어. (…)

그 여자는 자기가 기억하지 못하는 것을 이야기하지만 나는 기억해, 자신이 어째서 기억을 잃었는지는.[25]

우키시마호의 귀환을 둘러싼 일련의 사건들을 펼쳐놓다 보면 일종의 배회가 두드러진다. 영화 제목이기도 한 '살아 있는 영혼들'이 마치 그 배에 올랐던 수천 명의 사람들을 일컫는 것만 같다. 공식 기록에서는 죽었다고도, 살았다고도 인정하지 않는 그 사람들을. 혹은 그 침몰한 배에서 살아남았다고 주장하지만 정부 문서에 기록되지 않았다는 이유로 존재하지 않는 사람들이 되어버린 그들을. 살아 있는 영혼들이 그것을 삭제하려는 시도에 의해 구멍이 뚫린, 그리고 그 목격자들과 함께 사멸되도록 내버려진 역사를 배회한다. 한국인들의 상상 속에서 일본인들은 자신의 만행을 목격한 증인을, 증거의 흔적을 없애고자 했다. 배는 그 사고 이후 9년 동안 해저 바닥에 버려져 있었다. 마치 그 사건에 대한 기억 역시 수면 아래 감출 수 있다는 듯. 사고였든 아니든 일본에서의 잔혹한 노예살이를 증언할 수 있는 첫 배의 승선자들은 모두 제거되었다. 일본 군인들이 폭발 전에 작은 배를 타고 도망치는 장면을 묘사한 목격자들, 그럼에도 불구하고 공식 기억에서는 지워진 그 사람들만 빼고.[26] 하지만 우키시마호의 침몰을 둘러싼 사실은 여전히 불확실하다. 역사의 자격을 획득하는 것 안에는 틈이 있다. 그리고 그 틈은 초세대적인 배회에 의해 생명을 얻는다.

망자의 혼령을 제외하면 목격자가 전혀 없는 그런 사건들이 있지.[27]

〈살아있는 영혼들〉은 망자의 기록되지 않은 기억뿐만
아니라 생존자의 개인적인 기억에 초점을 맞추면서, 1945년
8월에 직접 그 상황을 목격한 사람들의 기억을 복원하고 이
사건을 목격하지 못한 사람들의 기억을 새롭게 창조하며,
이로써 디아스포라에 트라우마로 얼룩진 기억을 유포한다.
이 영화는 유포된 지각의 일례를 제시한다. 보기는 하지만
말하지 못하는 남자와 그 사건을 보지는 못하지만 몇 년 뒤
그 이야기를 전달하기 위해 되돌아오는 소년 화자 모두가 이
이야기를 전달하는 데 똑같이 중요하기 때문이다. 마치 기억의
메커니즘이 그 비극이 일어난 현장에 있었던 개인이 아니라,
시간을 관통하며 유포된 눈과 혀와 그 외의 부분들이 결합된
아상블라주라는 듯이.
  이 아상블라주는 픽션이 섞인 이 이야기의 경계를 넘어서,
침몰 사건이 일어나고 56년이 지난 뒤 그 우키시마호를 보고
있는 사람들의 눈까지 포괄한다. 존스턴은 이런 형태의 보기를
'기계 비전'이라고 부른다. 그것은 수동적인 감각기관인
눈뿐만 아니라, 환경 속에서 이질적인 조건들과 협력하는
유포된 눈들의 아상블라주의 기능이다. "(새로운 유형의 집합적인

_{정신 장치에 해당하는)} 이 아상블라주의 사회적 공간들 안에서는, 이미지를 보기 또는 흡수하기가 일반적인 형태의 기계 비전을 구성한다."²⁸

존스턴이 밝히듯 기계적 아상블라주가 "새로운 유형의 집합적인 정신 장치"라면 우리는 초세대적 배회를 기계 비전의, 그리고 좀 더 일반적으로는 유포된 지각의 사례로 파악할 수 있다. 대신 말해줄 다른 몸들을 찾는 초세대적인 유령이 그렇듯, 주체가 자신의 눈 앞에서 일어나는 트라우마를 보지 못하는 까닭에 주체의 눈은 몸과 세대를 횡단하여 유포된다. 디아스포라의 기계 비전은 어쩌면 배회당하는 역사를 '볼' 수 있는 유일한 수단인지 모른다. 우키시마호가 폭발하는 영화 속 이미지 안에, 그 영화를 보는 사람들의 눈 속에, 그 사건을 기억하지만 그에 관해 전혀 발설하지 않는 사람들의 침묵 속에, 생존자들의 슬픔 속에, 그 슬픔을 흡수한 사람들의 몸 속에, 배에서 발견된 유해들 속에, 그리고 그 재난 자체의 효과 속에 동시에 자리한 감각들의 유포를 통해. 디아스포라의 비전은 자신의 눈으로는 제때 보지 못하는 트라우마를 볼 수 있게 만드는 기술적 장치를 통해 전파된 배회당하는 주체의 문화적 생산물과 초세대적인 배회가 남긴 신체 기억이 결합한 아상블라주이다.

2002년 4월 14일: 주최자들이 미국 최초의 북한 영화제라고 선전하는 뉴욕시의 한 행사에서 〈살아있는 영혼들〉이 상영된다.

상영관은 만석이어서 서서 볼 자리밖에 없다. 대부분 한국계
미국인 관람객들은 강제징용자들이 모욕과 구타에 시달리고
신체 부위가 절단되는 참혹한 장면을 지켜본다. 한국인의 몸은
직접적인 통제에, 불순한 혀를 잘라내고 도망치려는 다리를
절단하는 가혹한 처벌에 휘둘린다. 화면에서 고초를 당하는
몸에서 나오는 소리에 맞춰 때로 관객들은 헉 하고 숨을 내쉰다.
마치 이 영화를 보는 행위가 산 자와 죽은 자의 몸을 서로 가까이
끌어당겨 마침내 관객들 역시 삭제된 역사를 향해 나아가, 1945년
부산 바깥의 저 바다 위에 둥둥 떠 있게 된 것만 같다. "이미지가
목소리의 실패를," 우리가 막 본 것을 파악하게 해주는 이해
가능한 담론의 부재를 "존재로 바꿔낸다."²⁹ 상영이 끝난 뒤 영화
내용이 어느 정도 역사적으로 정확한지, 이 역사에 접근하지
못했던 사람들로서 한국계 미국인들과 미국 거주 한인들이 이
영화에 얼마나 동질감을 느낄 수 있는지에 관한 토론이 이어진다.
하지만 〈살아있는 영혼들〉을 보고 난 뒤 "관객인 우리는 1차
목격자와 우리를 동일시하기에 이 공간에 있는 게 아니다. (⋯)
우리의 몸이 우리로 하여금 이 자리에, 지각의 조건 그 자체가
도전받는 장소에 있게 하기 때문에 이 공간에 있는 것이다."³⁰

"죽음 때문에 기이해진 이 세상으로 우리를 이동시킬
때" 나의 동일시 그리고 이 장소에 내가 존재함은 결말에
가까워져. 결말에서 나는 난파선의 잔해 사이에 둥둥 떠서

소년 생존자를 바라봐. 그리고 운명에 관해, 이제는 "공통의 현실"인 "죽음의 '기이함'"에 관해 생각하지.[31] 그 배의 침몰에서 살아남은 어린 소년처럼 나의 어머니 역시 그 다음 배에 오른 덕에 그 배의 침몰에서 살아남았어. 하지만 그렇게 살아남아서 당신이 벗어나기를 처절하게 갈망하는 그런 삶을 산다는 건 무슨 의미일까?

1946년, 내가 스물네 살이 되던 해에 우리를 집에 다시 데려갈 배가 왔지. 난 돌아가기 싫었지만 타야 했어. 조선인들은 모두 집으로 돌아가라는 명령이 정부에서 내려왔거든. 그 배에는 위안부들이 한 가득이었어. 나는 가족도, 친척도, 돌아갈 집도 없었단 말야. 내 나라로 돌아가느니 물에 빠져 죽는 게 더 나을 거라고 생각했지만 바다에 혼자 몸을 던질 용기가 없었지.

· 이용숙, 〈난 더 이상 한을 품지 않을 것이다 Will No Longer Harbour Resentment〉
(키스 하워드Keith Howard, 《한국 위안부의 진짜 이야기True Stories of the Korean Comfort Women》에서 인용)

당신은 삶이라는 운명을 모면하기 위해 바다에 몸을 던질 생각을 해본 적 있나요? 1945년 나의 어머니는 너무 어려서 그런 유혹을 느끼지도, 나중에 죽음을 소망하게 되리라는 걸 알지도 못했죠. 당시 어머니는 앞을 향해 나아가는 네 살이었어요……

목소리

목소리는 유령 같은 자율성을 획득한다. 그것은 절대 우리 눈에 보이는 몸에 속하지 않는다. 그래서 우리가 살아 있는 사람이 말하는 모습을 볼 때조차도 늘 어느 정도는 복화술이 작동한다.

· **슬라보예 지젝**, 〈**나는 눈으로 당신을 듣는다**Hear You With My Eyes〉

속에서 웅얼거린다. 웅얼웅얼한다. 속에는 말의 고통, 말하려는 고통이 있다. 그보다 더 큰 것이 있다. 더 거대한 것은 말하지 않으려는 고통이다.

· **차학경**,《**딕테**》

여자는 자신이 기억하지 못하는 것을 이야기하지만 (…) 정신을 놓은 아름다운 여자.

· **리 타지리**Rea Tajiri, 〈**역사와 기억**History and Memory〉

양공주의 역사를 쓰다보면 루다르와 토머스의 표현처럼 종종 "신비화와 병리화라는 암벽 사이에 끼게" 된다.[32] 양공주는 기억하지 못함과 강요된 침묵, 이 둘 때문에 발생한 자기 역사 내부의 거대한 구멍에 의해 신비화된다. 양공주는 그의 고난을 폭로하려는 노력에 의해 병리화된다. 한국 성노동자와 구타당하는 군인 신부에 관한 사회복지 계열의 문헌과 디아스포라 한인들의 픽션과 영화가 제시하는 양공주의 인생사에는 친숙한 서사 패턴이 있다. 이 서사는 농촌의 가난으로 시작해서 정신병으로 끝난다. 경 리처즈Kyung Richards의 이야기를 예로 들어보자.[33] 그는 한국에서 십대의 어린 나이에 일자리를 찾아 도시에 와서 미군 부대 근처에서 매춘부로 일하기 시작한다. 그는 손님 중 한 명과 결혼해서 미국으로 이주한 뒤 백인 동네에 정착한다. 이들은 슬하에 두 자녀를 두지만 남편이 점점 폭력 성향을 드러내고 결국 경 리처즈 혼자서 두 아이를 책임지게 된다. 그는 두 아이 중 하나가 사고로 목숨을 잃자 이 때문에 투옥된다(그리고 어쩌면 이 부분이 그의 서사에서 유일하게 남다른 부분인지 모른다). 몇 년 뒤 그는 석방되지만 살아 있는 자녀의 양육권을 되찾지는 못한다. 이 이야기가 끝날 때쯤 우리는 그가 홈리스이고 조현병 증세가 있으며 "군사화된 매춘과 굶주림 사이에서, 경찰의 불시 단속과 폭력적인 고객들 사이에서, 정신 질환과 향정신성 약물 사이에서 '선택'을 강요받았다"는 말을 듣는다.[34]

경 리처즈처럼 한인 디아스포라의 상상 속에 있는 트라우마를 가진 인물은 몸이 성적으로 유린당하고, 즉 어떤 주도적인 힘에 의해 어쩔 수 없이 성노동을 하거나 강간을 당하고 결국 목소리를 쓰지 못하는 젊은 여성일 때가 많다. 〈살아있는 영혼들〉에는 문자 그대로 말을 하지 못하는 두 인물이 등장한다. 한 명은 배가 곧 폭발한다고 뒤늦게 경고한, 혀가 잘린 남자이다. 그는 혀가 없긴 하지만 자신의 생각을 유의미한 언어로 번역해서 중요한 정보를 소통할 능력을 갖추고 있다. 영화에서 자신의 목소리를 잃은 또 다른 인물은 위안부로 끌려가 노예처럼 살았던 젊은 여성이다. 이 여성은 감히 입에 올리지 못하는 단어인 위안부를 온몸으로 체현하지만, 위안부의 가공할 삶에 대해서는 발화하지 못한다. 궁극적으로 여자는 아무말도 하지 못하게 된다. 여자는 말하기 대신 자신의 몸이, 최정무의 표현을 빌리면 타자의 힘에 의해 움직여지는 "텅 빈 몸"이 되어 축 늘어진 채 웃는다.[35] 자신의 유별난 상황을 설명하기 위해 위안부라는 단어가 발화되는 바로 그 순간 이 여성의 곁에 있던 다른 여성들은 눈을 내리깔고 침묵에 휩싸인다.

김경현이 '트라우마 이후의 한국 영화' 속 등장 인물들에 관해 말하며 주장했듯, 이 인물이 말하지 못하는 상태라는 것은 "경합하는 역사 쓰기contested historiography"를 뜻하는 것일까? 김경현은 1980년 광주 학살을 그린 영화〈꽃잎〉에 등장하는 정신적으로 불안정한 십대 홈리스 소녀를 광주 그 자체의 유령 같은 상징―"길거리 모퉁이에 그리고 일상생활 속에 살아가는 유령"―이라고 상정한다.[36] 소녀는 가족의 학살을 목격하면서 여러 트라우마를 참아내고, 홈리스이자 고아로 남겨지고, 강간을 당한다. 트라우마로 얼룩진 자신의 기억을 이해 가능한 방식으로 발화하지 못하는 소녀의 상황은 광주 학살이라고 하는 더 큰 역사적 사건에 관한 모호하고 분절적인 서사와 나란히 포개진다. 김경현은 이렇게 지적한다. "라캉이 말하듯 어린아이가 오이디푸스적 위기로부터 스스로를 자유롭게

만드는 핵심 수단이 언어라면 언어가 돌아오지 않는 한 소녀의
정체성은 영구적으로 훼손될 것이다. 하지만 소녀는 히스테리
상태이다. 불완전한 말밖에 하지 못하는 소녀에게는 역사를
재구성하고 흩어진 이미지를 언어적인 담론으로 변환할 능력이
없다고 여겨진다."[37]

　　군사화된 성노동에 관한 저작들뿐만 아니라 〈살아있는
영혼들〉과 〈꽃잎〉 같은 한국 영화들 역시 상징적 질서 속에서
자신의 정신과 장소를 잃은 여성을 통해 파편화된 디아스포라의
역사를 그린다. 위안부와 양공주 모두 광기를 향해 가는 궤적
위에 놓여 있다. 이 광기의 특징은 자신의 목소리를 침묵당할
뿐만 아니라 다른 목소리들을 듣는다는 것이다. 지젝에 따르면
"우리가 상징적 질서에 들어서는 순간, 메울 수 없는 틈이
인간의 몸을 '그것의' 목소리로부터 영구적으로 갈라놓는다. 그
목소리는 유령 같은 자율성을 획득한다."[38] 어떤 이가 상징적
질서 속에서 자신의 장소를 잃을 때 그는 몸과 유령 같은 목소리
사이의 틈에 다리를 놓게 되고, 이로써 유령의 목소리가 그 몸
안에 안착한다. 듣기는 하지만 말하지 못하는 여자의 경우 이
여자의 침묵은 유령들이 배회하는 역사의 목소리들과 함께
공명한다.

　　나는 역사를 찾기 시작했어. 나 자신의 역사를. 나는 내가 들은 이
　　야기들이 진실이 아니라는 걸, 그리고 일부가 삭제되었다는 걸 줄
　　곧 알았거든. (…) 우린 어쩔 수 없이 밀려났지. 뿌리 뽑힌 채.[39]

1941년: 내가 정확히 알지는 못하는 환경 속에서 일본에서 태어남. 일본에서 출생했을 때 부모의 몸이 어땠는지는 확실하지 않음. 어머니는 어떤 이유로 징집되었을까? 아버지는 어떤 사람이었을까?

1945년: 해방 직후 한국으로 돌아옴. 전에 한 번도 가본 적 없는 곳이긴 했지만, 어쨌거나 '돌아옴'. 정확한 귀국 날짜는 기록에 없음. 아마 해방 직후인 9월이었을 것. 그 여자는 고국에서도 자유를 전혀 발견하지 못하긴 하지만 어쨌거나 '해방'되긴 했음. 그 여자는 그곳에서 한 번도 살아본 적이 없었지만 어쨌거나 '고국'이라고 함. 1945년 해방 직후, 아마 9월에 자신의 고국으로 돌아옴. 당시 여자는 네 살이었고, 앞으로 나아가고 있었음…….

1950년 6월 25일: 생일이 되기 며칠 전, 아직 아홉 살을 채우지 못함. 수년이 흐른 뒤 여자는 자녀들에게 자신이 그날 또는 그 이후 수천 일 동안 무슨 일을 했는지 아무 이야기를 하지 않음. 여자는 절단된 팔다리와 버려진 아기들을 넘어간 일이나 냅킨과 이쑤시개가 가득한 미국인들의 쓰레기를 먹은 일이나 하늘에서 떨어지는 폭탄을 본 일 같은 이야기는 전혀 하지 않음.

1971년: 자신보다 스물다섯 살 많은 미국인 고위 장교와 결혼함. 어쩌면 다른 여자들이 나이 많은 남자는 여자를 보살피는 법을 안다고 여자를 안심시켰을지도 모름. 하지만 나는 이 또한

5장   디아스포라의 비전: 트라우마를 보는 방법들

확신하지 못함.

1975년: 자녀들을 데리고 미국으로 이주한 뒤 다시는 돌아오지
않음.

공감각: 타인의 목소리를 통해 보기

> 그 여자의 목소리는 과거에 일어난 '부모 사건들'에서 (…) 기인한
> (…) 과거 경험들이 아주 살짝만 변형된 반복이었다. (…) 그 경험들
> 에 대한 기억은 여자의 나머지 인격과 유리되어 있다. (…) 이런 망
> 상은 새로운 환각의 '부모 사건들'이 될 수 있다.

· 이반 루다르와 필립 토머스,
《이성의 목소리, 광기의 목소리Voices of Reason, Voices of Insanity》

그리고 그런 다음 그 시간의 꾸준한 반복은 내 기억을
활성화시켰어요. 매일 늘 같은 시간에 시계에 맞춰 울리는
당신의 목소리는 내게 그 시간에 뭔가 일어났다고 혹은
뭔가가 막 일어나려 한다고 말했어요. 그러니까 난 당신의
증인이었던 거예요. 당신이 노동 수용소에서 태어났을 때
나의 눈은 이미 그곳에 있었어요. 당신의 어머니와 같은
방식으로, 다만 또 다른 나라의 군대를 위해 노동하려고.

주체가 자신의 역사를 말하지 못할 때, 역사가 이해 불가능하거나 이해 불가능하게 되었을 때, 누가 또는 무엇이 주체를 위해 이야기할까? 직접적으로 발화되지 못하는 것은 "복화술사처럼, 주체 자신의 정신적 지형도 내의 이방인처럼 작동하는" 유령이 된다.[40] 4장에서 논한 바와 같이 이 유령은 몸을 타고 아래로, 몸을 횡단하여 전달되고, 목소리는 다양한 화자를 통해 스스로를 유포함으로써 표현 방법을 찾아낸다. 알리사 르보는 한 세대의 기억이 다른 세대의 기억으로 자리를 옮기거나 한 시기나 장소의 기억이 미래에 투사되어 일상의 여기와 지금처럼 보이는 곳에서 한 자리를 차지할 때 나타나는 이 현상을 "한다리 건너뛴 기억memory once removed"이라고 부른다. 다른 세대의 목소리가 침투된 무의식은 르보가 "간접적인" 혹은 "전이적인 자서전"이라고 부르는 글쓰기의 형태를 만들어낸다. 이런 이야기에서 화자는 원 사건이나 자신의 경험에 대해서는 전혀 말하지 않고 지난 삶의 흔적을 담고 있는, 그래서 원래의 것을 환영으로 만드는 새로운 어떤 것에 대해 말한다.[41]

초세대적인 배회 이론과 언어적 환각에 관한 이론 모두 일종의 전이성을 시사한다. 피에르 재닛Pierre Janet의 이론처럼 "목소리가 누군가의 해리된 과거 경험에서 유래한 충동적인 행위"라면,[42] 그리고 아브라함과 토록의 믿음처럼 초세대적인 배회가 "한 세대의 목소리가 또 다른 세대의 무의식에 살아 있기" 위한 조건이라면 해리된 경험의 과거는 어떤 과거인가?[43] 목소리를 듣는 사람의 목소리는 자신의 과거 목소리인가 아니면 자기 과거의 과거 목소리인가? 그리고 초세대적으로 배회당하는 자들, 다른 이의 목소리를 듣는 자들의 경우는 어떠한가? 아브라함과 토록의 말마따나 "돌아와서 배회하는 유령은 타인의 내면에 망자가 매장되어 있음을 증언한다". 그러므로 배회는 타인 안에 있는 망자의 유령에 의해 일어나고, 경우에 따라 한 세대 이상의 거리를 두고 일어나기도 한다.[44] 전이성과 초세대성 개념은 기억이 한다리를 건너뛸 뿐만 아니라 여러 다리를 건너뛸 가능성을 빚어낸다. 누군가의 어머니의 목소리는 그 할머니의 기억들일 수 있다. 양공주의 유리된 과거는 그 자신의 것이기만 한 게 아니라 위안부의 것이기도 하다.

> 무언가가 내 근처를 배회한다는 느낌, 유령으로 가득한 집에서 살고 있다는 느낌이 서서히 자라나던 게 기억나. (…) 그들은 이 장소에 관해 알지 못했지. 난 거기 한 번도 있어본 적이 없지만 그에 대한 기억은 있었어. 내가 태어나기 전 엄청난 슬픔의 시간을 기억할 수 있었지. (…) 어머니는 자신이 기억하지 못한 것에 대한 이야기를 하고 있어.[45]

당신은 내가 이 역사에 접근하지 못하게 하려고 갖은 애를 썼지만, 어떤 비밀들은 이미 알아서 드러났어요, 마치 당신이 노동 수용소에서 태어난 1941년에 내 눈이 그곳에 있기라도 했던 것처럼. 당신의 어머니와 같은 방식으로 노동하기.
당신 어머니의 몸이 경상도에 있는 고향집에서 오사카로
억지로 끌려갔을 때 내 눈은 이미 거기 있었어요. 거기서
당신 어머니의 임무는 일본 제국을 위해 봉사하는 것이었고,
거기서는 한국어를 쓰면 혀가 잘릴 수도 있었죠. 그래서
당신의 어머니는 혀를 사용하지 않고 말하는 법을, 발을 재게
놀리는 소리로 언어를 만드는 법을 배웠어요.[46]

    트라우마로 얼룩진 기억의 유포된 지각은 전이적일 뿐만
아니라 공감각적이다. 한 감각기관에 속한 감각은 그 외 다른
감각기관을 통과하며 반향을 일으킨다. 말하는 목소리의
음향이 눈으로 보지 못하는 것의 속을 가득 채우거나, 한
세대의 경험들이 다른 세대의 경험을 관통하며 살아날 때처럼.
지젝에 따르면 "반향을 일으키는 음 그 자체가 침묵의 인물을
보이게 만드는 토대를 제공한다. (…) 목소리는 우리가 무엇을
보는가라는 측면과는 다른 수위에서 끈질기게 이어질 뿐만
아니라 보이는 것의 영역에 있는 틈을, 우리의 시선을 회피하는
것의 관점을 가리킨다".[47] 너무 많은 것을 본 나머지 시력이
손상될 때, 혹은 역사가 지워짐으로써 그것이 보이지 않게
될 때, 우리는 다른 목소리 쪽을 바라봄으로써 그 틈에 몸을
부여할 수 있다. 하지만 그 목소리가 우리에게 보여주는 것은
루다르와 토머스의 표현대로 "부모 사건의 직접적인 재현"[48]이

아니라 베넷이 말하는 그 몸에서 보여진 "트라우마적인 힘의
이미지"이다.[49] 타자의 목소리, 본 모습을 감춘 채 파묻힌
트라우마인 그 목소리는 무언가가 벌어졌다는 정동적인 감각을
전달하고 이를 통해 우리는 "일련의 절충된 입장에서 (⋯)
애도하는 자의 몸에서, 애도하는 자와 공간을 공유하는 자의
몸에서, 이 둘 사이의 틈에서 볼 수 있게" 된다.[50]

말을 무대에 올리기: 보는 목소리

속에서 웅얼거린다. 웅얼웅얼한다. (⋯) 속에서 들끓는다. 상처, 액
체, 먼지.

· 차학경,《딕테》

그리고 나는 당신의 말에, 그 사이의 틈에, 소음과 침묵의
패턴에 가만히 귀 기울였죠.

틈이 상처나 수치스러운 비밀의 자리, 유령의 배양소,
타협하지 않고서는 볼 수 없는 장소라면, 우리는 애당초 어째서
거기에 무엇이 있는지를 알고자 할까? 때로 우리의 봄을
허용하는 목소리는 발화 불가능한 말들을 정신의 무덤에서

사회적인 것의 무대로 이동시킴으로써 우리의 봄을 바라는 목소리이기도 하다. 하지만 이 목소리는 발화하는 것처럼 보이는 그 사람에게 전적으로 속하지 않는다. 아브라함과 토록에 따르면 "사람들이 '나'라고 말할 때 실은 자신의 신분증에 기록된 그 정체성과는 상당히 다른 무언가를 지칭하는 것일 수 있다."[51] 그러니까 '나'는 디아스포라의 무의식을 배회하는 유령 같은 목소리, 청자는 보지 못하는 것을 보고 타인의 과거를, 그리고 자신이 물려받은 과거를 목격한 목소리인지 모른다.

시계에 맞춰 울리는 당신의 목소리는 내게 그 시간에 뭔가가 일어났다고 혹은 뭔가가 막 일어나려고 한다고 말했어요. 그러니까 난 당신의 증인이었던 거예요. 이제야 비로소 당신이 물 위를 항해하는 모습이 보여요. 당신이 당신 자신을 침묵시킬 미래를 향해 나아가고 있다는 것도 모르는 채로요. 미군이 도착한 1945년 9월에 당신은 네 살이었어요.

1945년 8월 22일: 우키시마호가 약 1만 명으로 추정되는 조선인들을 고향으로 돌려보내려고 부산항을 향해 출항했다. 이 첫 배에 승선한 이들은 다시는 조선에 도착하지 못할, 되돌아가지 못할 운명이었다. 당시 네 살이었던 나의 어머니가

그 첫 배를 타지 않은 것 역시 운명이었으리라. 일본 관료들은
9월까지 기다렸다가 나의 어머니와 그분의 어머니를 조선으로
돌려보낼 것이었다. 나로서는 정확히 알 길은 없지만, 그 이전에
나의 어머니는 일본 제국의 신민이었으리라. 나는 어머니가
한때 일본인이었음을 입증하는 그 어떤 기록도 본 적이 없다.
유일한 증거는 어머니가 죄책감을 인정했다는 것이다. 자신의
출생지가 오사카였던 것이, 첫 모국어가 한국어가 아닌
일본어였던 것이, 어머니에게는 죄책감을 안기는 일이었다.
나중에 서류는 어머니를 한국 국민으로, 한국 어머니와 한국
아버지의 딸로 복구했다.[52]

그 일이 일어났을 때 난 아직 당신의 자궁에 자리잡지도
않았지만 내 일부는 이미 조합되어 움직였어요. 당신이
학교를 중퇴하고 도시에서 일자리를 알아볼 때 내 눈은
이미 그곳에 있었고, 나는 당신의 어머니가 당신을 '맹수'
미군들로부터 안전하게 지키고 싶어 한다는 걸 보았죠.
그분은 당신의 삶이 달라질 수 있다면 그분의 목숨이라도
내놓고 싶어 했어요. 그분은 여느 한국 어머니들이 그러듯
당신의 타락을 본인의 탓으로 돌렸지만 그분의 탓에는
역사의 무게 역시 실려 있었어요. 그분이 입 밖에 낼 수 없는
단어를 몸으로 체현하지 않았더라면 당신은 도망치고 싶다는
뜻을 품지 않았을지 몰라요. 하지만 당신은 미국 남자를 향한

욕망에, 미국을 향한 욕망에도 끌렸죠.

1945년 9월: 조선이 일본에서 해방된 지 18일 만에 미군이 한반도에 들어와서 군정을 세운다. 일본 식민지 시절의 성 노예제에 대한 대응으로 미국은 한국에서 매춘을 공식적으로 금지하지만, 비공식적으로는 위안소를 일본의 통제에서 미국의 통제로 넘긴다.

나는 우리 가족 안에서 위안부라는 단어를 한 번도 들어보지 못했어. 양공주라는 말도. 이 두 단어는 우리 가족 안에서는 한 번도 나온 적 없는 발화 불가능한 말이지. "침묵에 싸인" 단어. "유령을 생성한다"고 표현할 법한 단어, "유령에 실체를 부여하는 (…) 비밀에 부쳐진 단어 (…) 온 가족의 역사를 지배하는 바로 그 단어".[53] 피로 그려진 지도를 따라가야만날 수 있는 단어. 하지만 나는 거기에 대한 기억이 전혀 없었어. 어쩌면 이 단어의 소리가 한 번도 내 의식으로 진입하지 못했고, 그래서 기억하지 못하는 것일 수 있지만, 위안부와 양공주의 흔적은 뇌와 피부의 "공명하는 판" 안에 접힌 채 저장되어 있었어.[54]

말할 수 없는 트라우마에 의해 배회당하는 무의식 안에는 말하기와 말하지 않기 사이의 꾸준한 긴장이 있다. 아브라함과 토록의 이론에서는 만일 비밀에 부쳐진 말이 비밀로 남을 경우 이는 여러 세대를 따라 내려가면서 그것을 물려받은 이에게 심리적인 피해를 초래하지만, 궁극적으로 '유령 효과'는 사라지게 된다. 한편으로 말하기, 또는 구체적으로 표현하자면 '말을 무대에 올리기staging of words'는 "유령의 영향을 사회적인 영역에 위치시킴"으로써 무의식을 해방시킨다.[55] 비밀에 부쳐진 말을 발화하는 개인의 무의식적인 시도는 유령을 사라지게 만들지 못한다. 그보다 "공유된 혹은 상호 보완적인 유령들이 무대에 올려진 말들을 따라서 사회적인 실천으로 확립될 방법을 찾아낸다".[56] 비밀에 부쳐진 말을 발화하는 행위는 유령을 해방시키고, 위안부와 양공주처럼 공통점이 있는 유령들은 서로를 찾아낸다. 침묵은 목격자인 사람에게는 종종 비밀에 부쳐진 말을 들을 수 있는 배경막이 되기 때문에, 태생적으로 불안정하다는 점에서 이 유령들에게는 자체적인 행위자성이 있다.

캐시 캐러스의 《주인 없는 경험》에서 유령은 상처를 통해 발화하는 목소리이다. 이는 청자가 친밀하게 연결되어 있지만 그 낯선 형태 때문에 유대 관계를 알아보지 못하는 타인의 목소리이다. 캐러스는 이탈리아의 시인 타소Tasso의 서사시 〈해방된 예루살렘Gerusaleumme Liberata〉을 상처로부터 발화하는 목소리의 사례로 제시한다. 주인공 탄크레드는 자기도 모르게 연인 클로린다를 살해하고, 그 뒤 연인을 알아보지 못함으로써 그 영혼에 두 번째 상처를 안긴다. "그는 칼로 큰 나무를 벤다/ 하지만 그 잘린 자리에서 피가 흐르고 그 나무 안에 영혼이 갇혀 있던 클로린다의 목소리가, 탄크레드가 연인에게 다시 한 번 상처를 안겼다고 불평하는 소리가 들린다."[57] 이 시나리오에서 목소리는 이질적인 것으로 등장하지만 실제로 그것은 몸에서 분리되어 변형된 친숙한 이의 목소리, "탄크레드 자신이 완전히 알지 못하는 진실을 목격한 목소리"이다.[58] 그것은 보는 목소리, 경청을 요구하는 목소리이다. 캐러스에 따르면 "우리는 여기서 목소리의 발화를 (…) 한 사람의 트라우마가 다른 사람의 트라우마에 어떻게 묶여 있는지, 그러므로 트라우마가 어떻게 또 다른 이의 상처에 귀 기울일 가능성과 그 놀라움을 통해 또 다른 이와의 조우로 이어질 가능성을 담고 있는지에 관한 이야기로 독해할 수 있다."[59] 상처로부터 발화하는 목소리와 [그 목소리를 듣는] 청자는 함께 일종의 스토리텔링 기계, 보는 요소, 말하는 요소, 듣는 요소로 이루어진 아상블라주를 이룬다.

조현병적 다중성: 기억으로서의 광기

여자는 자신이 기억하지 못하는 것을 이야기하지만, 한 가지는 기억한다. 자신이 어째서 기억하기를 잊었는지. (…) 정신을 놓은 아름다운 여자.

· 리 타지리, 〈역사와 기억〉

어떤 목소리가 참나무에서 나왔어. 그 나무 줄기 안에 영혼이 갇힌 어떤 친한 이의 목소리였는지, 이 목소리가 여자는 보지 못하는 걸, 혹은 여자의 어머니는 말하지 못하는 걸 여자에게 말하려고 했는지, 이게 침묵당한 역사의 목소리인지 나는 알지 못해. 여자는 나무에서 나오는 이 목소리를 접했고 그 비밀에 부쳐진 말들을 발화함으로써 그걸 세상에 풀어놨지. 하지만 그 말들을 내뱉는 건 목소리를 증식시키는 일이기도 했어.

유령에 관한 아브라함과 토록의 논의에는 집안의 무의식을 피배회에서 벗어나게 만드는 두 가지 대안이 있다. 침묵을 유지함으로써 유령들이 여러 세대를 거치며 알아서 위축되게 만드는 것, 그리고 발화를 통해 유령을 풀어놓는 것. 하지만 유령의 비밀을 털어놓는다는 것은 그것을 세상뿐만 아니라 서로에게 폭로한다는, 그리고 그들이 서로를 발견하여 자체적으로 증식함으로써 새로운 유대를 빚어낸다는 의미이다. 아브라함과 토록의 유령 퇴치 처방은 늘 죽은 타인을 마침내 땅에 묻어주는 결말로 이어지지만, 때로는 거기에 그치지 않고 증식이라는 예측하지 못한 효과를 빚기도 한다.

속에서 웅얼거린다. 웅얼웅얼한다. (…) 여자는 한 번 더 숨을 삼킨다. (한 번 더. 한 번만 더 하면 된다.) 준비 중. 아주 고조된다. 끝없는 웅얼거

림이, 스스로 자가 공급하는. 자율적인. 자생적인.[60]

우리는 목소리의 이런 다중성을 어떻게 이해해야 할까? 루다르와 토머스는 이렇게 주장한다. "사고의 **일부** 양상은 조현병을 시사할 수 있고 기억의 **일부** 양상은 트라우마와 학대를 시사할 수 있긴 하지만 목소리 듣기는 사고하기, 기억하기, 그 외 다른 심리적 기능이 그렇듯 그 자체로는 정신 질환을 시사하지는 않는다."[61] 기억의 한 양상인 목소리 듣기는 디아스포라적 비전의 한 요소로서 우리로 하여금 트라우마를 당한 주체는 직접 보지 못하는 역사 속의 그 트라우마 사건을 볼 수 있게 해준다. 라캉의 정신분석이 트라우마를 병리의 영역에서 꺼내 일반적인 인간 주체성의 조건으로 재개념화하듯, 나는 조현병을 꾸준히 제자리를 잡지 못하고 배회당하는 역사의 목소리와 함께 진동하는, 디아스포라 무의식의 일반적인 기억 양상이라고 주장하고자 한다. 이 배회당하는 역사의 목소리들 역시 제자리를 잡지 못하고, 과거의 과거로부터 발화하고, 불확실성의 그늘 속으로 기원을 던져넣는다.

목소리 듣기가 병리적인 경우라 해도 이 목소리를 의학적으로만 접근하거나 다른 방식으로 사라지게 만드는 대신 이 목소리에 귀 기울이는 생산적인 수단을 개발할 방법들이 존재한다. 가령 정신병은 보통 결핍의 측면에서, 정상 상태에서 무언가가 빠져 있다는 측면에서 사고되지만 (라캉을 읽은) 지젝에게 있어서 정신병은 과잉의 결과이다. "라캉은 '현실 경험'의 일관성은 그것으로부터 작은 타자[object petit a, 어떻게 해도 도달할 수 없는 대상이라는 점에서 욕망을 자아낸다고 규정되는 라캉의 핵심 개념]를 배제하기에 달려 있다고 지적했다. 우리가 정상적으로 '현실에 접근'할 수 있으려면 무언가가 배제되어야, '근원적으로 억압'되어야 한다는 것이다. 정신병에서는 이 배제가 이행되지 않는다. (…) 물론 그 결과는 '현실 감각'의 해체이다."[62]

〈살아있는 영혼들〉에는 글자 그대로 말을 하지 못하는 두 사람, 혀가 잘린 남자와 위안부가 등장한다. 위안부는 이해 가능한 발화를 할 수 있는 능력이 붕괴됐지만 혀가 잘린 남자의 경우와는 달리 이 붕괴는 현실이 더 이상 배제되지 않아서 일어난 것, 결핍이 아니라 과잉 때문에 일어난 것이다. 이해의 틀을 넘어서는 무언가가 주체 안에 흡수되었을 때 그것을 트라우마라고 한다면, 이 주체의 시스템은 과부하 상태가 된다. 하지만 이 과잉에는 트라우마를 보고, 기록하고, 전달하는 새로운 방법을 만들어낼 잠재력도 있다.

어떤 일들은 관찰 중인 카메라가 있을 때 이 세상에서 벌어지고, 그래서 우리는 그 이미지들을 가지고 있다.

어떤 일들은 관찰 중인 카메라가 없는 동안 벌어지고, 그래서 우리는 그 이미지를 만들기 위해 카메라 앞에서 그 일을 재상영해야 한다.

어떤 일들은 벌어지긴 했지만 유일하게 존재하는 그것의 이미지는 당시 그 자리에 있던 관찰자의 마음 속에만 남아 있다.

어떤 일들은 벌어지긴 했지만, 망자의 영혼을 제외하면 남아 있는 목격자가 아무도 없다.[63]

상징화로 포착되지 않는 과잉을 붙드는 방법은 다양한 미디어와 시간성의 아상블라주인 새로운 글쓰기의 형태와 관련이 있다. 존스턴에 따르면 이 글쓰기는 "20세기 후반 미국 미디어 저장 능력의 돌발적이면서도 막대한 확장, 그리고 그 후에는 망자의 영역의 확장을 반영하는 서사화가 불가능한 이질적인 영역을 만들어낸다".[64] 이러한 글쓰기 형태는 "몰적인 서사molar narrative"에서 벗어나 존스턴이 말한 "서사에서 주변적이거나 내재적인, 기체 같고, 분자적이거나 프랙탈 같은 인식", 혹은 들뢰즈와 가타리가 말한 "미소 인식microperceptions" 혹은 순수한 인식을 나타내는 쪽으로 이동한다.[65] 인간 몸의 역량을 포함해서 트라우마를 읽고 저장하고 전달하는 다양한 미디어가 있는 상황에서 유령은 증식되고, 이로써 우리에게 무언가를 보는 행위는 그것을 변화시키기도 한다는 것을 상기시킨다. 이 유령들은 인간의 형상이기만 한 게 아니고, 수치심에서 환각으로 형태를 바꾸는 에너지처럼 개별 인간보다 하위에 있는 힘들의 유령이기도 하다. 가령 한 유명한 사례에서 피에르 재닛의 환자인 마르셀은 인식 가능한 그 어떤 종류의 인물과도 관계는 없지만 감각으로 느껴지는 목소리를 경험했다. 재닛은 그 뒤 목소리가 감각에 그 존재를 알리는 다양한 방법을 이론으로 제시했다. 사람은 '근육을 가진' 혹은 '운동 감각적인 이미지'를 통해 목소리를 느끼거나, 목소리가 글을 쓰는 것을 보거나, 목소리가 말을 하는 것을 들을 수 있다. 마르셀에게 운동 감각적인 목소리는 보통 자기 자신의 말하는 목소리였다. 마르셀은 그것을 듣지 못하는 대신 외부에서 자신의 몸으로 들어오는 존재로서 그것을 느낄 수 있었다.

대체로 운동 감각적인 조현병적 다중성의 또 다른 고전적인 사례로, 대니얼 폴 슈레버Daniel Paul Schreber 판사가 자신의 회고록에 '신경 질환'에 관해 기록한 것이 있다. 그의 설명에 따르면 이 질환 때문에 그는 목소리를 듣기만 한 게 아니라 직접 그의 신경에 삽입되는 "신의 광선들"이 내뿜는 "목소리를 쓰지 않는 발화sub-vocal speech"와 "침묵의 신경 언어"로 경험했고, 그것들과 "자신의 몸을 공유"했다. 또한 슈레버는 대부분은 인간의 발화라고 인식할 수 없는 "기계적인 악구"를 뿜어내는 새들을 들었다고 보고했다. 슈레버는 이런 식의 지각을 "영혼"이나 "초자연적인 행위자성"과의 조우라고 범주화했다.[66]

집 주변의 작은 과수원은 여자의 슬픔을 잠잠하게 가라앉혔고 가장 내밀한 순간에 그늘이 되어주었어. 여자와 그 나무들은 슬픔을 공유하게 되었지. 어떤 고목들은

자신의 가장 쓰린 기억들을 여자의 내면에 꼭꼭 숨겼어. "난
전기고문을 당했어."[67] 아니면 "일본어가 아니라 한국어를
썼다고 맞았어."[68] "살아도 죽은 것 같았어."[69] "내 지난
인생을 떠올리면 말로 할 수 없는 분노가 목청에서 솟구치는
기분이야."[70] 하지만 나무들은 목청이 없었고, 그래서 여자는
나무들에게 자신의 목청을 빌려줬어. "내 분노가 일종의
병이 된 거야."[71] 스스로에게서 이 쓰라림을 지워내려고
그들은 가끔 같이 노래했어. "그 노래는 (…) '내 몸은 여름에
천대받으며 썩어가는 호박 같아' (…) 뭐 그런 식이었어."[72]
어쩌면 그보다 더 중요한 건 그 나무들이 여자에게는 가장
믿을 만한 정보원이었다는 점인지 몰라. 나무들은 언제
어디서든 꿰뚫어보는 능력이 있었으니까. "우리들 사이에
어떤 임신부가 있었지. (…) (그 여자가) 딸을 낳았어."[73]
나무들은 여자의 어머니가 여자를 낳기 전날 밤에 꾼 꿈을,
"선녀처럼 예쁜 얼굴을 하고 검은 머리카락을 길게 늘어뜨린
흰 옷차림의 유령" 꿈을 들여다볼 수도 있었어. "이 유령은
일본 장교 유령과 함께 나타났지만 그들은 서로를 보지
못했어."[74]

"마르셀은 여자의 목소리에 발작적인 반응을 보였지만
그 목소리의 명령에 저항할 수도 있었지."[75] "내 딸들은
내 과거에 대해서는 아무것도 몰라," 여자가 말했다. "난
걔들한테 얘기할 필요는 없다고 생각해."[76] 그리고 나무들은
고집을 부리지 않았어. 그들 역시 말하기의 위험을 알고

있었으니까. 그래서 나무들은 자신들의 비밀이 새어나가지 않도록 비언어적인 메시지 전달 시스템을 고안했고, 여자는 그걸 금세 배웠지. 사실 여자는 혀를 사용하지 않고 소통하는 법을 이미 늘 알고 있었어. 이건 나무들이 엿들은 대화의 자투리를 소통하는 방법이기도 했지. "그들은 '이 여자애들은 말을 잘 들어,' '이런 이런 장소의 여자애들은 우리 말을 잘 안 들어,' '그리고 (경상도) 지방에서는 여자애들한테 일을 시키기가 쉬워,' 같은 말을 하곤 하지."[77] 자기가 알고 있는 걸 아는 데 따르는 책임이 너무 커서 버거울 때도 있었어. 그래서 참나무가 도토리를 왈그락대며 떨어뜨렸을 때 여자는 그 의미를 단박에 알아차렸지. "난 해변으로 갔어, 물에 몸을 던질 생각으로. (…) 난 발 끝을 디디며 물러섰고 아무에게도 말하지 않았어."[78] "하지만 마르셀의 목소리는 자기 자신에게 자동적으로 말하고 있었다는 걸 기억해."[79] 여자의 표현에 따르면 "그건 목소리가 아니야, 난 소리를 듣는 게 아니야, 무언가가 내게 말을 건다고 느끼는 거지".[80]

현대 심리학은 이런 경험을 '지각상의 오류', 그러니까 지각되는 것과 기억되는 것 사이의 혼란이라는 오류라고 설명할 것이다. 하지만 지각되는 것과 기억되는 것을 구분하면 과거가 현재 속에 있는 초세대적인 배회의 가능성을, 또는 '순수한 지각'이 몸 안에 저장된 기억에 방아쇠를 당기는

정동적인 기억의 가능성을 엿보게 된다. 환각은 지각된 것이
사실이 아니므로 일축해도 되는 상태인가? 아니면 현실이
몸과 목소리 사이의 틈으로 지나치게 흘러 들어가서 관찰자가
그것을 파악하려면 새로운 형태의 지각에 스스로 열려 있어야
하는 그런 상태인가? 이 문제는 트라우마를 입은 주체가
자신의 역사를 서사의 형태로 기억하고 서술하지 못할 때 특히
중요해진다. 주체가 말하지 못할 때, 말하지 않기에 연루된
것은 누구 또는 무엇인가? 주체의 목소리가 정상적인 기능을
발휘하지 못할 때, 누구 또는 무엇이 주체를 위해 발언하는가?
누구 또는 무엇이 주체에게 말을 거는가? 주체의 트라우마는
해리된 과거로부터의 목소리, 역사의 상처로부터의 목소리라는
형태로 표출된다.

집 앞 참나무에서 나는 목소리들도 있고, 텔레비전, 신문,
시계에 있는 이미지에서 나는 목소리들도 있었어.
그 목소리들은 여자에게 명령을 내렸지. "오늘 밤 자살을 해.
아이들이 자고 있을 때 하라고." 하지만 보통 목소리들의
명령은 그보다는 훨씬 일상적이었어. "이제 된장을 더 이상
발효시키지 마. 너무 오래됐어." 그리고 "막내 생일에 초콜릿
케이크를 만들어." 여자에게, 여자에 관해서 언어로 말할
때도 있고, 비언어적인, 비인간적인 음으로 소통할 때도
있었지.

여자의 자동차 지붕 위에 톡톡 떨어지는 도토리들은 여자가
정부의 음모에 휘말렸다는 신호였어. 주방의 타이머가
울리는 건 로널드 레이건이 여자의 집에 감시 장치를
설치했다는 의미였지. 종국에는 많은 소통의 주인공들이
원 출처로부터 말하기를 중단했고, 그래서 여자는 늘
자신에게 들리는 걸 믿어도 되는지가 의문이었어. 기술의
목소리는 종종 참나무처럼 말했고, 어떨 땐 작은 개로
위장했지. 메신저들은 때로 여자 자신의 목소리 형태를
취해서, 여자를 통해, 여자에게 말을 걸었어. 열두 시간에 한
번씩 9시 45분이면 시계는 여자의 목소리를 빌려서 시간을
알리곤 했지만, 형식은 날짜였어. 9월, 45년. 어쩌면 그건
여자의 목소리를 통해 말하는 시계 목소리clock voice를 통해
말하는 또 다른 시간의 목소리인지 몰랐어. 하지만 여자는
시계 목소리가 말할 때는 그걸 듣지 못했어. 그걸 들을 수
있었더라면 이 날짜가 자신에게도 중요하다는 걸 알아차렸을
텐데. 하지만 어쩌면 여자는 아직 어려서 9월, 45년에 무슨
일이 일어났는지 기억 못 했던 건지도 몰라. 그때 여자는 앞을
향해 나아가는 네 살이었지…… 앞을 향해 나아가는……

나는 역사를 찾기 시작했어.[81] 나 자신의 역사를. 난 내가 이제까지
들었던 이야기들이 진실이 아니라는 걸, 일부가 삭제되었다는 걸
줄곧 알고 있었거든. 무언가가 내 주위를 배회한다는 느낌, 내가 유

령으로 가득한 집에서 살고 있는 듯한 느낌이 점점 커져온 걸 기억하고 있어. 속에서 웅얼거린다. 웅얼웅얼한다. 그들은 이 장소에 관해 알지 못했어. 속에는 말의 고통, 말하려는 고통이 있다. 나는 거기 가본 적이 한 번도 없었어. 더 큰 것이 있다. 더 거대한 것은 말하지 않으려는 고통이다. 그래도 난 그걸 기억했어. {9월, 45년.} 나는 내가 태어나기 전 커다란 슬픔의 시간을 기억할 수 있었어. 우린 어쩔 수 없이 밀려났지. 뿌리 뽑힌 채. 속에서 들끓는다. {9월, 45년.} **상처, 액체, 먼지.** 여자는 자신이 기억하지 못하는 걸 이야기하지. 여자는 한 번 더 숨을 삼킨다. (한 번 더. 한 번만 더 하면 된다.) 준비 중. 하지만 하나는 기억해. 자신이 왜 기억하는 걸 잊었는지…… {9월, 45년.} 웅얼거린다. 그것은 증대된다. [웅얼웅얼] …… 아주 고조된다. 끝없는 웅얼거림이, 스스로 자가 공급하는. 자율적인. 자생적인. 실성한 아름다운 여자. 그것이 말하기를 원하는 고통에 대항하는 마지막 의지를 마지막 노력으로 삼켜버린다.

뒤얽힘의 윤리

근대 주체의 역사는 연루의 역사. 주체는 자신이 전적으로 경험하거나 주관화할 수 없는 것과의 불가분한 얽힘에 의해 인정받는다. 그리고 이 끝나지 않는 되기, 살아남기, 타인과 함께 있기는, 존재의 형태이자 그 역사이다. 트라우마 속의 주체, 혹은 트라우마의 주체는 그러므로 (…) 문화적으로, 그리고 정치적으로, 주체성을 향해 가는 도중에 있는, 디아스포라적 주체이다.

· 페타르 라마다노비치Petar Ramadanovic,
〈'자유 속에 죽다'가 영어로 적혀 있을 때When To Die in Freedom' Is Written in English〉

나는 보통은 결론이라고 부르는 최종 목적지에 거의
도착했다. 하지만 완전히 거기 닿아본 적은 없으니 이 자리에서
잠시 쉬면서 발견한 것들을 점검해보고 방법론적 절차들을
되짚으며 함의에 관해 이야기해보려고 한다.

* 난 처음에는 아무것도 없다고 생각했던 곳에서
  과잉을 발견했다
  _____

자신의 어머니가 기억하지 못하는 것을 자신이 볼 수
있도록 메시지를 창조한 리 타지리처럼, 나는 나 자신의
역사이자 사회적인 것의 역사이기도 한 어떤 역사를 찾기
시작했다. 이 탐색이 언제 또는 어디에서 시작되었는지는
나도 분명하게 말할 수 없지만 아마 내가 성인기에 접어들던
1990년대 초 언젠가였던 듯 싶다. 당시 나는 한국인들이
한이라고 부르는 해소되지 않은 감정적 찌꺼기가 내 어머니가
듣는 이상한 것들, 집안에서 전해져 내려오는 비밀, 말로
표현되는 것이 별로 없음에도 너무 많은 것을 듣고 있는 모순과
얽히고설켜 내 숨통을 조이고 있다는 느낌에 시달렸다. 어쩌면
나의 탐색은 거기서 시작되었는지 모르지만, 한참이 지난

뒤에도 그게 분명해지진 않았다.

　당연히 출발점은 많았지만 내가 확신하는 한 시점은 처음으로 이 프로젝트에 대한 글을 쓰고 무의식의 방법들을 실험하던 2002년이 될 수 있다. 나는 유령을 보려면 '급진적인 새로운 보기의 방식'이 요구된다는 가정하에 시작했지만, 이 프로젝트가 트라우마를 보는 어떤 새로운 방법을 만들어낼지는 상상하지 못했다. 이 프로젝트를 시작하면서 나는 매일 밤 서너 가지 꿈들을 연달아 꾸었고, 충실하게 기록하고 강박적으로 분석하면서 일기장 수백 장을 채웠다. 그리고 그중 일부는 이 책의 지면에 실렸다. 발화되지 않은 것, 그리고 어머니의 환각과 나의 꿈 사이의 어떤 연결 고리를 모색하면서 나는 무의식의 이미지들이 기억을 향해 뒤로, 그리고 연구를 향해 앞으로 흘러넘친 흔적들을 추적했고 늘 비합리적인 것과 뒤섞여 있는 과학의 증거를 발견했다.

　그리고 그 사이 몇 년 가운데 어느 무렵, 나는 유철인이 말한 "맺힌 원한, 좌절의 슬픔 또는 억울함을 풀어내는 (…) 신세 한탄" 비슷한 것을 실행하기 시작했다. 이는 "마음에서, 몸에서, 인간들 사이에서 (…) 되풀이되는 엉킴"에 대처하기 위해 수행되는 의식이지만, 여기서 자아는 마치 무당처럼 다른 목소리나 매개체를 통해 말한다.[82] "환자는 자신의 언어로 자기 이야기를 하지 못하기 때문에 무당이 환자의 목소리를 빌려 이야기를 전달한다."[83] 이 매개체는 주로 "환자를 치유하거나 사회적 탈구까지" 치유한다고 여겨진다.[84] 나는 다른 이의 목소리로 혹은 탈구된 나 자신의 목소리로 말하기라는 매개를 통해 '신세 한탄'을 실행하기 시작했다. 한편으로 "자기 자신이 말하는 것을 듣기"는 우리에게 주체성의 경험을 안긴다. 하지만 다른 한편으로, 지젝을 인용하자면

> 하지만 그 목소리가 동시에 주체의 자기 존재감과 자기 투명성을 대단히 근본적으로 해치는 건 아닐까? 나는 나 자신이 말하는 것을 듣지만 내가 듣는 것은 전적으로 나 자신은 아니며 내 심장 안에 있는 이질적인 몸, 기생충이다. 그리하여 그 목소리는 산 것도 죽은 것도 아니다. 그보다 그 원초적인 현상학적 상태는 자신의 죽음에서, 그러니까 의미의 퇴색에서 살아남은 유령 같은 허깨비의 상태, 살아 있는 죽음의 상태이다.[85]

리 타지리처럼 나는 일부분이 삭제된, 진실이 아닌 이야기를 들으며 지냈고, 종국에는 새로운 이야기들, 과거 사건 혹은 만개한 환각을 아주 조금 변형한 반복들, 진실도 전부도 아닌 셀 수 없이 많은 이야기들을 썼다. 결국 내가 할 수 있는 유일한 이야기는 주체에게 묶이지는 않았지만 디아스포라의 무의식 속에 살아 있는 기억의 정동적인 표현이다.

*   유령은 분석 속에서 체계성을 해체한다.
      고로 유령은 비전을 유발할 수 있지만 보이지는 않는다.

유령이 또 다른 정신의 무덤에서 등장하여 내 정신적 삶에 구멍을 내는 객체화된 비밀 '일 뿐'이라면 그것의 금기어들을 내가 무대 위에 올렸을 때 어떤 해법이 등장하는가라는 질문이 남는다. 폭력적인 역사가 은밀하게 매장되어 있을 때, 우리는 어쩌면 무덤의 내용물을 발굴할 수도 있지만 우리가 찾아내는 몸들은 너무 형체가 뒤틀려서 신원을 확실히 규명하기 힘들다. 사실 그 몸들은 이미 다른 무언가로 변형되어버렸다. 우리의 발굴품은 불확실하고, 자크 데리다의 표현처럼 이 불확실성에는 "분석 과정에서 이것을 해체해버릴" 기이한 힘이 있다. "애도를 하는 데 있어서 혼란이나 의심보다 나쁜 건 있을 수가 없다. 애도를 하려면 누가 어디에 묻혀 있는지를 알아야 한다—그리고 그가 남긴 것 속에 그가 계속 있다는 것(을 아는 것—확신하는 것)은 필수다."[86]

이 책을 시작하면서 나는 자문화기술지적인 짧은 삽화들을 이용해서 "불확실한 디아스포라의 기억에 몸을 부여"하기 시작했고, 이 과거의 장소, 공동묘지로도 망자의 슬픔을 담는 데 실패한 그 장소로의 귀환에 대한 글을 썼다. 한국전쟁 당시의 학살이 수면 위로 올라온 뒤에도 땅에서 올라온 불꽃은 여전히 산 자의 슬픔에 불을 붙인다. 산 자들이 자신의 가족이 매장된 정확한 장소를 찾을 수 없기 때문이다. 이 수색의 과정에서 나는 어떤 몸들을 발견했지만, 그들이 누구에게 속해 있는지 완전히 확신하지 못하고, 불확실성은 자문화기술지의 몸통과 방법을 다시 한 번 해체한다. 그래서 유령이 나를 기만하고 내가 가고 있다고 생각했던 방법론적 경로에서 나를 이탈하게 만든 것처럼 보인다.

　나는 배회의 증거를 찾다가 환각, 꿈, 기록물, 사진, 마음과 몸 사이의 틈, 그리고 내가 들여다볼 생각이 없었던 장소에서 합리적인 동기에 의한 삭제의 눌린 자국들을 발견했다. 경계를 횡단하는 삭제의 움직임을 좇다 보니 이'것'이 자기가 돌아다니는 공간에 속속들이 스며 있는 이름 붙일 수 없고 정량화할 수 없는 상실이라는 정동을 축적해왔음이 분명해졌다. 그러므로 유령은 대상화된 비밀'일 뿐'인 게 아니라 그 대상을 초과한 나머지 무의 상태처럼 느껴지는 비밀이다. 양공주는 한인 디아스포라를 배회하는 인물일 수도 있지만, 그것을 넘어선다. 왜냐하면 유령은 어떤 단일한 형상에 순응하지 못하는 행위자성, 어디에든 존재하지만 발견할 수 없는 행위자성이기 때문이다.

　그 어떤 전통적인 의미에서도 유령을 본다는 것은 불가능하지만 '조현병적 다중성'을 통해—몸 안의 '운동 감각적 이미지'를 통해, 증인인 다른 목소리라는 매개를 통해, 원격 기술을 통한 트라우마 이미지의 유통을 통해, 디아스포라의 예술과 글쓰기에서 '감정 보기'를 통해—감지할 수는 있다. 환각은 어쩌면 배회를 '보는' 최고의 방법으로 등장했는지 모른다. 정보와 경험 사이의 양립 불가능성을 설명하고, 이로써 직접 경험이 불가능한 것의 환영을 만들어내기 때문이다. 유령을 감지할 수 있게 해주는 것은 배회의 움직임과 그 다양하고 다중적인 효과이므로, 이 환영은 근본적으로 디아스포라적이다.

존스턴에 따르면 "시각의 조현병적 다중성" 쪽으로 방법론을 근본적으로 이동시킨다는 것은 "인간의 한계, 그리고 필연적으로 인간이 통제할 수 있는 것의 한계를 은연중에 시사한다."[87] 그러므로 발견되지도, 통제되지도 않는 이것은 우리가 지식과 지식 생산에 관해 사고하는 방식 역시 재조정한다. 연구자나 독자들이 우리의 정신적·인식론적 균열 속으로 무엇이 스며들 수 있는가에 관하여 기존과는 다른 가능성과 질문의 집합에 개방적인 태도를 가지지 않을 수 없게 만들기 때문이다. 브라이언 마수미Brian Massumi는 이 이동을 이렇게 설명한다. "문제는 그게 참인가가 아니다. 그게 효과가 있는가, 그것이 어떤 새로운 생각을 가능하게 하는가, 그것이 어떤 새로운 감정을 느낄 수 있게 하는가, 그것이 몸 속에서 어떤 새로운 감각과 지각의 문을 여는가이다."[88]

이 연구를 진행하는 동안 내가 줄기차게 꿨던 꿈들은 어쩌면 표출이 가능해진 '새로운 것'이었는지 모른다. 연구와 함께 (혹은 연구로서) 기록된 그 꿈들은 폭력의 새로운 비전을 유도했고 이는 '우리가' 지금 이 장소에 있도록 했다. 그리고 아래쪽 어딘가, 너무 깊이 묻혀 있어서 꿈의 표면으로 올라오지

못하는 저 아래 어딘가에, 인물로서는 아니지만 디아스포라의
트라우마를 일시적으로 보여주는 표현으로 작용할 수 있는 어떤
몸이 있었다. 하지만 서로 연결되어 있는 트라우마의 분산된
효과들을 라마다노비치가 말하는 "이탈의 모든 가능성 너머에
있는 뒤얽힘"으로 볼 수 있기까지는 시간이, 꿈으로 나타나는
수천 개의 이미지, 수천 쪽의 독서와 글쓰기, 나 자신의 목소리를
듣고 그것을 다른 사람의 목소리로 착각하는 수천 번의 경험이
필요했다.[89]

*   '우리'는 틈에 의해 묶여 있다
_____

그리고 이제는 내가 이 피배회의 사회적 유산에
휘말리기 이전의 시간으로 돌아갈 수가 없다. 이제 나는
유대 관계가 가족이나 민족에 국한되지 않고 트라우마의
유사성과 그 불확실성에 의해 형성되는 것을 본다. 이 모든
과정을 거치고 나니 이제 한 가지, 과거에 억눌렸던(억눌렸다고
생각했던) 어떤 힘을 풀어내는 데는 대가가 따른다는 사실
하나만큼은 분명하다. 데리다가 말하듯 마술이 "주도권을
중화하거나 어떤 권력을 전복하는 문제"이고, 따라서 정치적인
프로젝트라면, 거기에는 늘 저항이 따를 것이다.[90] 다양한
헤게모니적 힘들은 한인 디아스포라에 관해 감춰진 내용들을
한인 디아스포라로부터 떼어놓으려고 애써왔다. 하지만
양공주를 중심으로 발달해온 불확실성의 유대에는 한 사람이

군사화된 폭력과 맺고 있는 관계를 바꿔놓을 잠재력이 있고,
따라서 양공주와 혈연으로 연결되어 있다는 증거는 또 다른
사람의 트라우마에 자신이 연루되어 있음을 인정하는 것보다
덜 중요해진다. 이 프로젝트는 분명 잊힌 전쟁의 유령들을
마법으로 불러내려는 시도로 전개되었지만, 잊힌 전쟁은 유령을
만들어내는 그 폭력을 보지 않음으로써 유지되는 헤게모니의
은유이기도 하다.

　　하지만 에이버리 고든에 따르면 "유령이 결코 순수하지
않은 것 역시 참"이며, 변장을 한 유령이든 정신병적인
이상 상태이든 환각 속의 목소리 역시 반드시 무해하지는
않다.[91] 그것들은 사실 상당히 파괴적이어서 그것을 감지한
사람들에게 해를 입힐 수도 있지만, 루다르와 토머스의 말처럼
"대중매체에서 일반적으로 하는 소리와는 반대로 (…) 목소리는
보통 목소리를 듣는 사람에게 행동을 강요하지 않는다. (…)
환각 속의 목소리는 사람들이 말을 통해 서로에게 영향을
미치는 것과 너무나도 똑같은 방식으로 그 목소리를 듣는
사람들의 행동에 영향을 미친다."[92] 목소리가 강요를 하긴
해도 그 목소리를 듣는 사람을 통제하지는 않는다. 특히 듣는
사람이 새로운 관점과 지각에 저항할 때만큼은. 그리고 어떤
사람들은 트라우마의 고통을 풀어놓았을 때 뒤따를 수 있는
합병증의 위험을 피하려 할 수도 있다. 그런데 이러한 두려움의
기저에는 고통이 개인의 신체 안에 한정되어 있다는 전제가
있다. 그러니까 고통이 베넷의 표현을 빌리자면 일찌감치

"일체의 주어진 몸의 경계 너머로 솟구치는 것"이라는 인식과는 거리가 먼 것이다.[93] 쇼샤나 펠먼과 도리 라우브는 바로 고통의 분산과 그것을 지각하는 감각들이야말로 회복 불가능한 감각적 과부하 없이 "트라우마의 경험 안에 들어 있는 '거대하고 아찔한 블랙홀'을 인정하고 대면"할 수 있게 한다고 믿는다.[94]

나는 유령이 모호한 존재이긴 하지만, 수치심 때문이든 탐욕 때문이든 아니면 내가 또 다른 자신/또 다른 가족/또 다른 민족과 공모함으로써 나 자신/내 가족/내 민족을 상처로부터 지킬 수 있다는 착각 때문이든, 어떤 몸들을 존재하지 않는 상태로 강등시키는 사회에 가차없이 부담을 주기를 바란다. 베넷에 따르면 "그렇다고 해서 상실의 트라우마가 몸과 분리되어 그 일차적인 주체가 아닌 사람에게 양도될 수 있다는 말이 아니라, 오히려 또 다른 사람의 트라우마에 자신이 연루되어 있음을 보는 능력이 모든 몸 안에는 빼앗을 수 있는 생명이 들어 있음을 깨닫게 해줄 수도 있다는 말이다".[95] 그러므로 또 다른 사람의 트라우마를 보는 데서 비롯되는 고통은 필연적으로 상처와 그에 대한 책임 모두의 유포를 의미한다. 사실 이런 인정은 재클린 로즈가 말한 "엮이고 싶지 않은 괴물 같은 가족"을 만들어낼 수도 있다.[96] 하지만 이 괴물 같음 속에서 뒤얽힘의 윤리 역시 떠오를지 모른다.

유령을 이 세상에 풀어놓는 데에는 대가가 따른다는 걸 알지만, 확실하진 않아도 나는 자아를 배회하는 타자를 인정하지 않을 때 거기에 따르는 대가가 더 클 거라고 감히 생각한다. 라마다노비치에 따르면 뒤얽힘의 윤리는 이제 우리로 하여금 타자를 볼 수 있게, "그리하여 타자가 드러나고 내가 있었던 그곳으로 오도록" 만들 수 있을지 모른다. "나는 (…) 당신이 되지 못하고, 당신이 난데없이 나와 입장을 바꾸지는 못하지만, 중요한 것은 타자(나와 다르고, 당신과도 다른), 이름 붙일 수 없는 것, 이상한 것이다."[97] 지금 '우리'가 볼 수 있게 된 타자는 "디아스포라적이고 뒤얽힌 또 다른 '우리'"가 출현하게 만든다.[98] 이 비전이 우리를 미래로 이끌어, 또 다른 뒤얽힌 '우리'로 하여금 불가해한 것을 생명을 지탱하는 근원으로 인정하게 하고, 그 사이 공간에 존재하는 새로운 가능성을 탐구할 수 있게 해준다.

난 이제 거의 최종 목적지에 도착했어. 죽음 때문에 기이해진 다른 세상으로 건너는 다리 근처에, 어떤 그림자 같은 인물이 회복의 몸짓을 취하려고—우리의 응어리진 한을 풀어내는 방식으로, 우리가 아직 묶여 있긴 하지만 그 매듭을 헐겁게 만드는 방식으로 풀어내는 의식을 수행하려고 기다리고 있어. 그리고 거기 그 가장자리, 틈 위에서 맴도는 공간 안에서, 난 아래쪽 어딘가에서 그 여자를 볼 수 있지. 우리가 그 여자를 몰래 묻었다고 생각했던 그곳이 아니라, 삶의 질감 속, 내가 나 자신이라고 부르는 것의 가능성을 품고 있는 지면 속에서.

〈귀환의 다리〉©임율산/〈어제 안에 오늘〉, 2005. 나무, 천, 돌, 잉크. 매듭을 지은 천,
주춧돌, 널빤지, 천으로 된 울타리 같은 다리를 이루는 여러 요소들은 상처, 분단, 무당의
치유 의식, 화해, 영혼이 평화를 향해 건너감을 상징한다. 이 상호적인 성격의 작품은
관객에게 다리 위에 올라가서 건너가보라고 권유한다.

출발 전날 이 원고를 마쳤다. 유년기 이후 한국으로 돌아가는
건, 한국인들이 출생지를 일컫는 표현인 '고향'으로 돌아가는건
두 번째였다. 나는 내가 태어난 장소이자 어머니가 집이라고
부르는 곳으로 다시 돌아갔다. 비록 나는 한국의 어떤 장소도
집이라 여기지 않고, 어머니는 그곳에서 태어나지 않았지만. 두
번째 귀국의 목적은 삭제된 역사의 흔적을 찾으려는 게 아니라
미국과 한국의 뗄 수 없는 관계를 체현한 운동가로서 현대 한국
정치에 자리하기 위해서였다.

　한국 사회에는 지금 이 순간에도 과거가 해소되지 않은
채로 현존한다. 반미 운동 집단들은 여전히 미군이 한국
여성들에게 저지르는 범죄에 맞서고 있고, 이산가족들은 여전히
북에 두고 온 혈육과의 생이별을 슬퍼하고 있으며, 점점 그 수가
줄어드는 할머니들은 여전히 매주 수요일이면 일본 대사관
앞에 모여서 배상을 요구한다. 신제국주의에 맞서 오늘날
정치 투쟁의 풍경을 흠뻑 물들이는 새로운 저항들도 있다. 쌀
농사를 짓는 농민들은 한미 자유무역협정 때문에 상실된 식량

주권에 맞서 투쟁을 벌이고, 어떤 농민들은 미군 기지 확장으로
땅과 집을 잃고 슬픔에 빠져 있다. 미국의 꾸준한 지배가 낳은
효과들은 나를 오늘날의 한반도로 불러들여 내 출생지이자 내가
나중에 도착한 장소에 완전히 발을 담그는 기분이 어떤 것인지
알게 해주었다.

　나는 아버지의 고향에서 보낸 유년기 기억의 일부를 가지고
이 책의 서두를 열었다. 그 마을은 나에게 늘 겉도는 기분을
안겼고 그 기분은 살면 살수록 더 심해졌다. 특히 내 유년기
저녁식사 테이블에서의 기억에는 아버지의 존재감이 대단히 큰
반면 어머니는 아버지의 그늘 어딘가에 있었다. 가장 두드러진
사례는 매년 6월 25일에 우리가 함께했던 저녁식사였다. 하지만
우리 가족 중 누구도 전쟁에 대해서는 한마디도 하지 않았고 6월
25일에 우리가 기억할 수 있는 게 아버지 생일뿐이라는 사실을
이상하게 여긴 건 나 한 사람 밖에 없었던 듯하다.

　첫 장에서 나는 한국전쟁이 발발한 바로 그날 내 아버지의
생일이 어땠을지 상상한 내용을 이야기한다. 내가 이렇게 하는
것은 트라우마와 뒤얽힘으로써 미래 속으로 끌려 들어가는
감각을 구축하는 한편, 양공주가 만들어지고 미국에서 한인
디아스포라가 출현하는 데 있어서 1950년 6월 25일이 갖는
의미에 관한 또 다른 이야기를 전개하기 위한 단초를 마련하기
위해서이다. 처음에는 아버지에 관한 다른 삽화들을 넣을
생각이었지만, 때로는 내 어머니의 형태를 취했던 그 유령
같은 힘이 결국에는 내 아버지에게 그림자를 드리웠다. 그리고

아이러니하게도 자신의 한국계 자녀를 책임지겠다고 자청한 몇 안 되는 미국 남자 중 한 명이었던 아버지는 이 텍스트에서 결국 부재하게 되었다. 실제로 아버지는 망자가 늘 우리와 함께 있다고 느껴지는 감각을 제외하면, 내가 글을 쓰며 지낸 대부분의 시간 동안 부재했다.

어쩌면 아버지가 자신의 인생에 관한 이야기를 기꺼이 들려주었기에 내가 아버지의 유령 같은 비밀을 물려받지 않았던 것인지도 모르지만, 그렇다고 해서 아버지의 역사 역시 나를 배회하지 않았다는 의미는 아니다. 아버지가 당신에 관해 내게 들려준 이야기, 아버지가 남긴 가족사진이 입증하는 이야기는 이렇다. 아버지는 농촌 마을에서 나서 자랐고 유년기에는 대공황을 겪었다. 경제적으로 황폐한 시골의 가난한 아이였을 뿐만 아니라 한부모 가정이 드물던 시절에 아버지가 없는 아이였던 아버지는 당신의 아버지가 사라지기 직전에 찍은 사진 속 이미지 외에는 아버지에 대한 기억이 전혀 없었다. 그 사진에는 "나의 사랑하는 아내와 아들에게"라는 문구가 적혀 있다. 아버지는 청년 시절에 농부가 되었고 돼지를 기르며 큰 자부심을 얻었다. 아버지가 기른 많은 돼지가 주에서 열린 축제에서 상을 받았기 때문이다. 아버지는 동물들을 계속 기르는 것 외에는 아무것도 바라는 게 없었지만 가난했고, 그러다가 전쟁이 터졌다. 아버지는 2차 세계대전 기간 동안 해군에 들어갔고 복무 기간을 마친 뒤 농장으로 돌아왔다. 하지만 아무리 당신의 일을 사랑해도 생계를 유지하기가 힘들었고, 그래서 1960년대에 상선원이 되어 아시아의 모든 주요 항구 도시를 다니며 미군 인력에게 주어지는 특권을 누렸다. 이 과정에서 내 어머니를 만났다.

부모님이 만난 1960년대에 남한은 그야말로 3세계 국가였고 이 때문에 아버지는 당신 자신과 어머니와 관련해 당신이 만들어낸 구출 판타지에 더 깊이 빠져들었다. 어머니는 자신 같은 여성과 그 자녀의 이동 능력을 차단해버리는 사회적 맥락 속에서 가족을 부양하기 위해 힘쓰는 젊은 여성이었다. 아버지는 새로운 세대의 부양자가 되는 이미지에 몰두해 있었고, 아버지의 첫 아내는 아이를 갖지 못했으므로 어머니를 향한 아버지의 욕망은 당신이 가져보지 못한 아버지가 되고, 힘겹게 아등바등 살아가는 가족을 재정적으로 부양하고, 당신 자신의 헛헛한 결핍을 메우고자 하는 것이기도 했다. 아버지의 이야기는 어머니의 그것과는 아주 동떨어진 시공간의 트라우마에 뿌리내리고 있지만 그들이 서로에게 끌린 것은 이질적인 트라우마의 현장들이 서로를 배회한다는 이론의 또 다른 시험대이다. 아버지와 어머니의 로맨스 이야기는 사랑과 지배의 이야기, 한미 관계의 친밀한 폭력이 가족의 동학 안에서 어떻게 펼쳐지는가에 관한 이야기이기도 하다.

그리하여 나는 초세대적인 배회를 통해 아버지와 어머니 모두에게 정동적으로 연결되어 있다. 아버지는 당신 자신에 관한 이야기를 내게 들려주긴 했지만 나는 아버지로부터 정신적으로 물려받았으되 내가 접근할 수 없었던 발화 불가능한 트라우마가 많이 있다고 확신한다. 서로 얽히고설킨 부모님의 역사는 때로 내 무의식에, 가장 현저하게는 반복되는 꿈의 형태로 떠오르곤 한다. 아버지가 아무리 부재해도 여전히 어떻게 내 무의식의 텍스트를 배회하는지에 말을 거는 각별한 꿈이 있다.

처음에는 평범함을 벗어나는 게 아무것도 없어. 이 꿈은 루틴으로 시작해. 배경은 어느 화창한 한여름 오후, 교외에 있는 어머니의 집이야. 나는 어머니를 위해 식사를 준비하고 있어. 이제 더 이상 어머니는 스스로를 위해 이 일을 하지 않거든. 그러다가 나는 먼저 고기를 도축해야 한다는 사실을 깨닫지. 그래서 마당으로 나가. 나는 다른 생명을 빼앗는다는 게 두렵지만 이건 내 의무이기 때문에 거의 기계적으로 일을 진행하지. 나는 피범벅이 된 채 아버지의 돼지를 도축하고, 그러자 내가 죽이는 동물들은 미군에 학살당한 한국 여자의 몸으로 변신해. 나는 현장에서 도망쳐서 아주 먼 거리처럼 보이는 곳을 걷지. 나는 걷다가 한때는 비옥한 농토였지만 태양이나 화학전 때문에 불에 타서 황량하고 메마르게 변한 어떤 장소에 닿아. 경상도 지방 아니면 미국의 시골에 있는 어떤 작은 농촌 마을이고 1950년이야. 어머니와 아버지의 집에 도착한 거지.

　　　　에필로그　　추모하며

나는 2007년 8월 한국에 두 번째로 돌아가기 전날 이 책을
마무리했다. 처음에는 아버지를 추모하면서, 아버지 역시 이
책을 배회하는 유령 같은 무언가에 연루되어 있음을 인정하면서
후기를 작성해놓은 상태였다. 아버지는 내가 가족사의 모든
함의를 연구하겠다는 생각을 가지고 대학원에 입학하고 몇
주 뒤에 돌아가셨다. 그 이후로 나는 아버지가 내 연구를 볼
수 있을 정도로 충분히 오래 사셨더라면 뭐라고 말씀하셨을까
종종 생각했다. 아버지는 미군 신부에 관한 문헌이 묘사하는
미군과는 여러 가지 면에서 달랐다. 한국 문화를 배우는 데
관심이 있었고, 사회적 불의가 야기한 고통을 나 몰라라 하지
않았다. 아버지는 내가 이런 연구를 해야 하는 이유를 어느 정도
이해하셨다.

내가 이 책을 마무리하는 동안 예상하지 못한 건 출간
직전에 어머니가 갑자기, 그리고 불가사의하게 세상을
떠나시리라는 것이었다. 어머니의 생전 마지막 몇 달 동안
어머니는 나를 만날 때마다 이 책의 출간에 관한 새로운 소식을
물으셨고, 때로는 이 책을 마케팅하는 방식에 관한 당신의
생각을 제안하시기도 했다. 나는 이 책의 부분 부분들을, 특히
내 일생의 연구가 어머니를 향한 나의 사랑과 어머니의 삶을
소명하고자 하는 나의 진심 어린 바람에 얼마나 깊은 영향을
받았는가를 전할 수 있게 해줄 부분들을 정말로 공유하고
싶었다. 표지 디자인을 받았을 때 나는 어머니에게 보여드릴
생각에 흥분을 주체할 수 없었지만 미처 그럴 새도 없이

그로부터 이틀 뒤 어머니가 돌아가셨다. 묘하게도 아버지와 어머니의 죽음은 이 프로젝트의 시작과 끝에 그 표시를 남겼다.

어머니는 많은 것에 관해 절대 입을 열지 않으셨지만 조용한 분은 아니었다. 요구 사항이 대단히 많은 분이었지만 동시에 믿을 수 없을 정도로 부드러움과 사랑이 넘쳤고, 이 조합 덕분에 나는 태생적으로 정의와 공감을 추구하는 성향을 얻었다. 어머니는 잠재력이 어마어마한 여성이었지만 주변 환경 때문에 결국 약해지셨다. 어머니는 당신이 불행했던 탓에 몸을 가지고 일할 필요가 없으려면 마음을 기르는 것이 중요하다는 사실을 나에게 늘 각인시키셨다. 어머니가 얼마나 열렬히, 절박하게 그러셨던지 나는 결국 저술가이자 학자로서 지금의 삶을 살게 되었다. 하지만 사실 어머니는 나에게 마음뿐만 아니라 몸을 사용하는 법을, 어떤 것들은 아무리 숱하게 감추려 해도 정말로 실재함을 내 온 존재와 함께 주장하는 법을 가르치셨다. 나는 내 가족사에서 발설할 수 없는 것을 목격하면서 모든 해체 행위 이면에는, 모든 끔찍하고 폭력적인 상황 이면에는 여전히 보듬을 가치가 있는 생명의 숨결이 있음을 보는 법을 배웠다. 이는 부모님이 나에게 남긴 유산이다.

이 책의 핵심적인 동기는 어머니였지만 여러분이 상상하듯 가족의 비밀을 털어놓는다는 것은 내게 많은 대가를 요구한다. 내가 말들을 무대 위에 올리자 가족 내에서 이견과 분란이 일어났지만 이 드라마가 이어졌을 때 내 글쓰기를 유일하게 지지해준 분은 다름 아닌 어머니였다. 어머니가 반대하셨더라면

에필로그 추모하며

이 책은 결코 세상에 나오지 못했으리라. 결국 어머니는 내가
수년 동안 입 밖에 내고 싶었던 그 말들을 발화할 수 있도록
허락함으로써 내 무의식을 다독이는 선물을 내게 주셨다.
어머니에게 "엄마, 난 어머니에 관한 그 어떤 것도 수치스럽지
않아요. 엄마는 인정받아 마땅해요"라고 말할 수 있어서 대단히
행복했다. 이 책은 책으로 남기지 않았더라면 망각되었을
것들의 기억을 살아 있게 만들려는 의도에서 저술되었다. 이
모든 말들이 종국에는 어머니를 그늘에서 끌어내기를 바라는
마음을 담아, 이 책을 어머니에게 바친다.

유령이 배회하는 역사

김은주 철학 연구자

이것은 고의적으로 망각된 이야기의 조각들을 복원하려는, 그리고
잊힌 것을 보이게 만들려는 집단적인 투쟁에 관한 이야기이다. 이
것은 잃어버린 집과 역사, 기억과 어머니를 찾는 이야기, 그 장소에
서 다른 무언가를 찾는 이야기이다. (⋯) 그 탐색은 태평양 건너 어
딘가에서 만나고 병합되며 나란히 이어지는 경로들을 따라 길게
이어진다(164쪽).

《유령 연구: 비밀에 부쳐진 말들, 삭제된 존재의 배회,
트라우마의 체현》은 그레이스 M. 조가 《전쟁 같은 맛》 이전에
출간한 첫 저서이다. 조의 박사 논문을 바탕으로 한 이 책은
말해지지 않은 것들, 기록되지 못한 것들, 침묵으로만 존재했던
것들이 겹겹이 쌓인 역사에서 출몰하는 유령의 배회를
탐색한다.

유령은 한국전쟁 이후 미군 기지촌 여성들을 칭하는
'양공주'라는 단어에서 출몰한다. 양공주는 문자 그대로는
"서양(미국)을 상대하는 공주"라는 완곡어처럼 보이지만

실제로는 "양갈보(서양 창녀)"라는 대놓고 모욕적인 표현을 덮어 숨기고 있다(25쪽). 이 단어는 한국전쟁 이후 미군을 상대로 성노동을 했던 여성들을 가리켰으며, 한국 사회에서는 입 밖에 내지 말아야 할 말로 여겨져왔다. 저자인 조에게 '양공주'란 단어는 어머니의 삶과 그 자신의 출생과 밀접히 관련된 단어였지만, 가족들은 이를 비밀로 묻어둔다. 그러나 부정되고 삭제된 존재는 침묵 속에 있으나 결코 사라지지 않았다. 오히려 유령의 형태로, 보이지 않지만 계속 현존하는 방식으로 귀환하여 저자의 육체와 삶 전체를 관통하며 맴돌게 된다.

이 책은 이 같은 유령의 배회를 좇아가는 기록이자, 한국과 미국을 연결하는 디아스포라의 그림자 속에서 살아남은 유령의 계보학이다. 계보학은 양공주의 삶과 경험을 단순한 역사적 사실이나 사회학적 범주로 접근하지 않는다. 그 대신 양공주와 연결된 시공간의 선들을 훑어내고, 양립할 수 없는 여러 욕망들이 중첩하는 환상의 대상으로서 양공주가 미친 영향을 추적하면서, 무의식과 트라우마에서 비롯한 유령의 목소리를 쓰는 역사 서사를 제시한다.

이 책은 사회학, 정신분석, 민족지, 페미니즘, 정동 이론, 신유물론, 탈식민주의, 디아스포라 연구를 횡단하며, 형식 면에서조차 전통적인 학술서의 논증과 논리 구조를 따르기보다 저자가 "자문화기술지"라 부르는(48쪽), 파편과 반복으로 엮어내는 실험적 글쓰기 방식을 택한다. 이러한 글쓰기와 친연적인 것이 있다면 저자도 적극적으로 언급하는,

유령의 목소리를 받아쓴다 했던 차학경의 《딕테》일 것이다.
책을 구성하는 다섯 장은 일관되지 않은 서술에 따라 각기
다른 목소리와 서사 들이 겹치고 서로 다른 장르적 형식이
뒤섞이면서, 다층적이며 다중적인 글들의 겹을 만들어낸다.

유령의 배회, 트라우마의 발현

기지촌 여성에 관한 중요한 저서인 캐서린 문의 《동맹 속의
섹스》가 한국과 미국 정부가 기지촌 여성의 몸을 어떻게
비가시적 수단으로 이용해왔는지를 탐구했다면, 이 책이
조명하는 것은 '양공주'라는 유령의 귀환과 배회가 현재에
은폐된 역사를 트라우마로 구축해 이루어진다는 사실이다.
저자인 조는 양공주라는 유령과 얽힌 "트라우마적인 기억을
물려받"은 자신의 경험을 깊숙이 탐구한다(80쪽). 미국에서
자라나는 과정에서 느낀 불안의 감각, 설명할 수 없는 소외의
느낌, 어머니와의 관계에서 반복적으로 있어온 침묵의 순간,
때로는 환각으로 어떤 때는 신체에서 일어나는 발작으로
어머니의 역사를 느끼면서, 그것을 유령의 방문으로 겪어낸다.
　저자는 이 흔적을 더듬어가면서 현존하는 유령을 감각하고,
급기야는 유령에게 잠식되는 글쓰기를 통해 선형적 시간의
질서와 서사의 장치를 파괴한다. 이는 그저 수사학적 전략이
아니라 유령적 트라우마의 발현 방식이기도 하다. 트라우마는

질서 정연한 '정상'의 시간에 기입되지 않는다. 유령이 배회하는 트라우마는 "미래로부터 트라우마가 곧 도착하리라고 감각되는 불안"과 "새로운 트라우마가 예전 트라우마에 방아쇠를 당겨 옛 기억을 다시 불러일으키듯, 전방을 향해 불을 비춰 미래의 배회하는 유령 속으로 현재의 스스로를 투사할" 것이라는 두려움을 동반한다(50쪽). 미래와 과거로부터 달려들어 현재에 특정 사건의 흔적이 솟구치게 하는 트라우마는 시간의 흐름을 관통해 지금 여기의 몸에 침입하며 시간축을 뒤흔드는 비선형적 방식으로 나타난다.

트라우마의 비선형적 시간성은 꿈과 환상, 반은 지어냈지만 절반은 사실인 이야기, 파편적 회상, 이미지를 떠오르게 하는 묘사, 반복되는 이야기들, 각기 다른 목소리들의 중첩과 상충을 통해 구현된다. 트라우마를 써 내려가는 글은 파편성과 반복성을 동력으로 삼아 과거의 기억, 어머니의 침묵과 조현증 경험, 디아스포라의 불안, 미국 사회의 인종적 계층화, 철학적 개념, 민속적 신화 등을 서로 다른 층위에서 교차시킨다.

트라우마의 시간성이 방증하듯, 전쟁은 여전히 끝나지 않았고 기지촌 여성들의 과거는 과거가 아니다. 책에서 등장하는 동일한 이야기의 반복은 과거로 칭해진 이야기와 트라우마가 여전히 진행 중인, 끝나지 않은 사실임을 드러낸다. 부끄러움과 금기, 가족의 침묵, 은폐된 역사라는 외면은 트라우마를 유령적 순환에 묶이게 하며, 이 순환은 트라우마의 당사자뿐 아니라 다른 몸들의 무의식과 신체적 반응에서 나타나

언어 이전의 발생, 이미지의 귀환, 증상적 반복, 꿈과 환각, 신체 감각의 이상으로 나타난다.

양공주의 계보학

이 책이 집중하는 단어 '양공주'는 단순히 피해자의 범주로만 설명될 수 없다. 양공주는 "기지촌 매춘 시스템에 완전히 연루되어 미국적인 모든 것을 향한 갈망에 굴복하는 복잡한 행위자성"을 지닌 "매춘부"이자 "공주"이고 "애국자"이기도 했으며, 곧이어 "미군 기지의 자원을 만끽하는 특권을 가진 여자로, 탐욕과 욕망이라는 병폐에 찌든 양갈보로 탈바꿈"했다(186~187쪽). 양공주는 미군의 점령 전략의 구조에 필요한 존재였으며, 한국 정부의 경제 전략 속에서 충실히 기능한 인물이었고, 한국 사회의 가부장제적 규범 속에서 '오염된 여성성'으로 규정되어온 존재였다. 양공주는 제국주의, 냉전, 군사 점령, 국가 주도 경제 전략, 가부장제의 규율, 인종화된 성 정치가 교차하는 복잡한 위치에 서 있는 것이다.

양공주의 계보는 일본군 '위안부'의 역사와도 맞닿아 있다. 더 거슬러 올라가보면, 이는 "터전을 잃고 그다음에는 늘 집을 잃은 상태로 지내게 된 환향녀의 몸"으로, 시간의 축을 바꾸어보면 "남한에 있는 95곳의 미군 기지와 시설에 주둔하는 미군에게만 배타적으로 성을 판매하는 2만 7000명의

여성들이 존재하는 곳"에 닿는다. 또 "군인 대상 성노동자
부대를 구성하는 여성은 인구학적으로 보았을 때 주로 필리핀과
러시아뿐만 아니라 중국과 태국 출신 이주 노동자들로까지
확대되는 추세"를 살피면 이주 여성들의 몸과 연결될 뿐 아니라,
"이런 여성 가운데 일부인 중국의 조선족에게는 취업을 위해
다시 남한으로 이동을 하는 그 움직임"을 따르다 보면 "남한의
많은 이주 노동자들은 한국인과 같은 혈통의 조선족인데,
이들은 공식적으로 한국인이 아니라 중국에서 온 외국인
노동자로 셈"해진다는 사실에 이른다(174~175쪽). 선형적으로
파악되기 힘든 역사가 품은 다종의 시간선들에서 양공주는
여성의 몸이 제국주의, 냉전, 군사적 점령의 교차지점에서
어떻게 대상화되고 상품화되며 폭력에 노출돼왔는지를
가늠하게 한다.

　이러한 양공주는 기존의 역사 기록에 등장시키는 것이
어려운데, 공적 차원에서뿐 아니라 사적 차원에서도 사실상
양공주의 경험에 관한 은폐와 누락이 계속되어왔기 때문이다.
"미국에서 양공주의 자식들은 이민 성공 신화의 화신이었고,
그들의 역사적·가족적 트라우마는 이 성공 신화 속에서
사라져버렸"으며(43쪽) 양공주 그 자신도 겪은 바를 침묵하고
회피하기에, 그들의 경험은 완전한 서사로 재구성될 수가 없다.

　그럼에도 불구하고, 양공주는 지속적으로 삭제되기에
오히려 더 강하게 귀환하는 유령으로 존재한다. 일관된 서사는
희미하나 어떤 장면들은 끊임없이 되살아난다. 군복을 입은

미국인들, 경찰과 헌병의 단속과 폭력, 여성들의 몸에 남은
상처, 가족이 숨기려 한 과거는 끊긴 필름이 드문드문 재생되는
듯한 장면으로 반복된다. 양공주는 단순한 낙인, 혹은 어떤
사실과 증언으로가 아니라 수많은 이미지적 파편으로 구성되어
배회한다. 이 이미지들은 결코 사라지지 않은 채 지속적으로
재활성되고 변칙적 형태로 등장해, 과거가 현재 안으로 들어와
살을 입고 자리를 잡는다.

디아스포라의 유령들

양공주가 유령으로 등장하는 또 다른 이유는 미국에서
한국전쟁이 '잊힌 전쟁'이기 때문이다. 전쟁을 망각하려는
미국의 시도는 한국전쟁 초기 민간인을 학살하고 여성을
강간한 미군의 행적을 감추고 자신들의 개입을 정당화하는
납작한 서사에서 발견된다. 그러나 전쟁은 말해지지 못한
폭력과 수치의 역사이자 양공주와 같은 유령으로 남아 개인,
가족과 공동체의 기억을 배회하면서 특히 한국계 디아스포라의
삶에서는 결코 잊혀지지 않는다.
　　미국으로 이주한 양공주는 한국에서의 멸칭을 넘어 "GI
bride(전쟁 신부)"와 "Yankee whore(양키 창녀)"라고 불리면서
모순적이며 긴장이 깃든 두 서사의 주인공이 된다. 전쟁
신부와 양키 창녀라는 모순적 어법은 미국 사회가 한국 여성

일부를 '영웅의 아내', '힘든 나라에서 탈출한 아시아 여성'으로 호명하는 동시에 '성적 대상으로서의 아시아 여성'이라는 오리엔탈리즘적 시선으로 고정함을 보여준다.

미국으로 이주한 한국 여성들은 표면적인 성공 신화와는 달리, 미국의 인종적 위계 속에서 취약한 위치에 있으면서 이주 과정에 있는 삭제된 폭력이 새로운 방식으로 반복되는 것을 경험한다. 미국 사회는 이 여성들이 어떤 역사를 지니고 있는지 묻지 않는다. 그들의 고통은 다시 한 번 지워지고, 지워진 만큼 또 다른 방식으로 유령을 만들어내 디아스포라 공동체 전체의 공기 속에 살아 숨 쉰다. 이 여성들은 한국에서는 '오염된 여성'으로 지워지고, 미국에서는 '성적 대상' 혹은 '명예 백인honorary whiteness'으로 상징화를 거치며, 그 여성의 고유한 목소리는 어디에서도 들리지 않는다.

이 책에서 지적하는 바는 디아스포라가 단순히 뿌리가 흩어진 공동체만이 아니라는 점이다. 미군과 결혼한 여성과 혈연으로 이어져 있는 미국 내 한인 디아스포라의 절반은 유령에 의해 배회당한다. 다른 경로로 미국에 도착한 한인들 또한 "한미 관계의 숨겨진 역사에서 파생된, 발설되지 않은 더 큰 트라우마들을 통해 양공주와 정동적으로 연결"될 수 있다. 그리하여 "디아스포라를 묶어내는 것은 바로 알 수 없는 무언가", 기억되지 못한 트라우마와 상실이 야기한 유령의 귀환과 배회이다(83쪽).

유령이 말하는 방법

발설할 수 없고 불확실하나 결코 사라질 수 없는 개인과 집단의 역사가 유령이 되어버릴 때, 결국 그 유령은 말을 토해낼 수 있는 몸을 찾아 시공간을 가로질러 퍼져나간다. 그렇다면 유령은 왜 귀환하여 배회하고 말을 대신할 몸을 노리는가? 이 유령은 저자가 강조하듯 "개체화된 몸이 아니라, 여러 가지 물질적·비물질적 힘들로 이루어진 허깨비 같은 행위자성"을 지닌다. 행위자로서 유령은 "스스로의 퇴마를 목격할 증인"을 찾아나서며 기어코 퇴마의 증인이 될 그 몸을 만든다(84~85쪽). 유령은 침묵을 깨기 위해, 침묵을 거슬러 학살과 강제징용이 일으킨 트라우마를 보고 말하기 위해 몸들이 필요한 것이다.

그러하기에 《유령 연구》는 유령 들린 몸들이 겪어내는 조현증적 환각과 환청을 단순한 병리적 현상이 아니라 퇴마를 요구하는 유령이 말하는 방식, 즉 말해지지 않은 과거가 현재에 말을 거는 형식이자 삭제된 역사가 나타나는 방식으로 이해한다. 유령은 환각의 이미지로 나타나 신체의 반응으로 현전하며 승인된 말과 말의 틈에서 속삭인다.

이 책의 글쓰기는 과거가 종료되지 않은 채 지금 이 순간에도 우리 주위를 배회하고 있음을 상기시키면서 적극적으로 유령을 호출하는 정치적 행위를 실천한다. 이러한 글쓰기는 트라우마에 얽힌 자의 몸을 빌려 유령이 말하게 함으로써 "회복 불가능한 것을 새로운 정치적 행위자성의 조건으로 만드는" 것(97~98쪽), 새로운 몸이 생성되기를 희망하는 것, 그것을 향해 있는 것이다.

주

프롤로그

1   검은색 바탕으로 처리된 이 텍스트는 자문화기술지와 픽션을 결합한 실험적
    글쓰기를 나타낸다. 이 짧은 삽화들은 때로는 나의 가족사에, 때로는 내가 이
    프로젝트를 위해 조사한 학술 저작의 내용에 바탕을 둔다. 이 삽화들은 사실과
    허구, 자아와 타자의 뒤섞임을 드러내고, 그래서 독립적인 화자나 분명한 줄거리가
    늘 존재하는 것은 아님을 보여주기 위한 의도일 때가 많다. 이 삽화들은 비교적
    학술적인 목소리로 논의되는 이 책의 다른 부분들과도 보통은 다시 이어진다. 이
    삽화에 등장하는 고유명사는 달리 언급되지 않은 경우 모두 바꾼 것이다.

2   Nicolas Abraham and Maria Torok, *The Shell and the Kernel: Renewals of Psychoanalysis*,
    vol. 1, Nicholas T. Rand (ed. and trans.), University of Chicago Press, 1994, p. 176.

3   나는 이 텍스트 전반에서 양공주라는 단어를 문자 그대로 사용하지만 경멸적인
    의미를 담지는 않는다. 그보다는 거기에 누적된 다양한 의미들을 탐구함으로써 그
    용어를 불명예나 비극적인 로맨스 같은 함의와는 멀리 떨어진 의미로 근본적으로
    재규정하고자 한다.

4   Abraham and Torok, *The Shell and the Kernel*, 1, p. 176.

5   David Eng and David Kazanjian (eds.), *Loss: The Politics of Mourning*, University of
    California Press, 2003, p. 2. 엥과 카잔지언은 역사의 잔해에 활기를 부여한다는
    베냐민의 개념을 가지고 상실이 어떻게 생산적일 수 있는가라는 문제에 천착한다.
    상실이 남긴 빈 공간은 그저 결핍이라기보다는 "현재를 입증하기 위해 과거를
    불러오는 현장—섬광처럼 지나가는 출현, 찰나처럼 짧은 응급 상황, 생산의
    순간—으로 사고할 수 있다"(5쪽).

6   하군자는 변영주 감독의 다큐멘터리 영화 〈낮은 목소리 3: 숨결〉(기록영화제작소 보임,
    1999)에 등장하는 생존 위안부 여성 중 한 명이다.

7   Chungmoo Choi, "Introduction: The Comfort Women: Colonialism, War, and Sex",
    positions: east asia cultures critique 5, no. 1, 1997, p. v.

8 2007년 3월, 일본 아베 신조 총리는 군대가 그 어떤 강압도 행사하지 않았고 위안부 여성들은 자발적인 유급 매춘부였다고 주장하며 일본 제국 군대가 옛 위안부 여성들에게 그 어떤 악행도 저지르지 않았다는 입장을 공식적으로 밝혔다. 일본 역사학자들의 확신에 찬 주장과 피해자와 목격자 양측 모두의 증언에도 불구하고 아베 총리는 이 입장을 고수했다. 과거사에 대한 공식적 인정과 화해를 쟁취하기 위한 15년에 걸친 노력 끝에, 이 새롭게 재점화된 논란은 강압적인 성노동이 유발한 심리적 상처를 다시 헤집어놓았다.

9 Cho'e Myŏngsun, "Silent Suffering" in Keith Howard(ed.), *True Stories of the Korean Comfort Women*, Cassell, 1995, p. 176.

10 Abraham and Torok, *The Shell and the Kernel*, 1, p. 175(강조는 원저자).

11 Hyun Sook Kim, "Yanggongju as an Allegory of the Nation" in Elaine Kim and Chungmoo Choi(eds.), *Dangerous Women: Gender and Korean Nationalism*, Routledge, 1998, pp. 175-202[일레인 김 외, 《위험한 여성》, 박은미 옮김, 삼인, 2001].

12 기지촌은 '군영 마을military town'로 번역되지만 나는 때로 이 단어를 군 부대 주변의 매춘 시스템과 동의어로 사용한다.

13 아버지의 유년기와 청년기에 관한 이야기 중 많은 부분은 아버지의 가족사진을 통해 알게 된 것을 토대로 구성한 것이다. 내 기억에 대단히 깊은 인상을 남긴 사진으로는, 아직 걸음마도 제대로 못하던 시절 밭갈이용 말의 고삐를 쥐고 있는 아버지의 사진, 돼지에게 먹이를 주던 십대 시절의 사진, 미국 해군 제복을 입고 있는 이십대 초반의 사진, 그리고 서른 살이 되던 해에 자신의 정육점을 개업한 날 찍은 사진이 있다. 나는 아버지가 나에게 물려준 이 사진들을 통해 아버지의 기억에 관한 기억을 갖게 되었다. 반면 나의 어머니는 자신의 초기 삶의 역사를 담고 있는 사진 기록물을 전혀 가지고 있지 않았다.

14 심지어 내가 아버지의 고향에 도착한 1970년대에도, 내가 만난 사람들 중에서 한국이 어디에 있는지 아는 사람은 거의 없었다. 사람들은 "넌 중국에서 왔니, 일본에서 왔니?"하고 묻곤 했고, 내가 "한국"이라고 말하면 혼란스러워했다.

15 이 인용문은 램지 림의 구술사를 바탕으로 한 집단 예술 프로젝트 〈어제 안에 오늘: 잊혀진 전쟁, 살아있는 기억〉에서 가져온 것이다. 이 프로젝트는 2005년 1월 매사추세츠 케임브리지에 있는 케임브리지 다문화예술센터에서 처음 시작되었다. 더 많은 정보는 다음을 보라. http://www.stillpresentpasts.org.

16 나는 브렌트 헤이스 에드워즈Brent Hayes Edwards가 아프리카 디아스포라 연구에서 사용하는 것과 같은 의미로 articulate라는 표현을 사용한다. articulate는 한편으로는 생각을 표현하는 행동을 지칭하지만, 다른 한편으로는 서로 다른 조각들을 연결하는 행동을 지칭하기도 한다[한국어 번역에서 전자는 '표현하다, 드러내다' 등으로, 후자는 '절합하다'로 번역했다]. Brent Hayes Edwards, *The Practice of Diaspora*, Harvard University Press, 2003.

17 여지연은 아시아인에 대한 이민 제한이 1952년까지 한인 전쟁 신부에게도 적용되었다고 지적한다. 1952년 이전에 도착한 이들은 특수한 환경하에서만

이주를 허락받았다. 또한 여지연은 "바로 그 '전쟁 신부'라는 표현 자체가
남성에게 의지하는 여성의 상태, 그리고 전쟁과의 연결 고리를 강조하여 이들에게
인적 전리품이라는 정체성을 부여한다"고 지적한다. Yuh, *Beyond the Shadow of
Camptown: Korean Military Brides in America*, New York University Press, p. 1[여지연,
《기지촌의 그늘을 넘어》, 임옥희 옮김, 삼인, 2007].

18   Lisa Lowe, *Immigrant Acts: On Asian American Cultural Politics*, Duke University Press,
         1996, pp. 16-17.

19   가령 다음을 보라. Elaine Kim, "'Bad Women': Asian American Visual Artists Hanh Thi
         Pham, Hung Liu, and Yong Soon Min", *Feminist Studies* 22, no. 3, 1996, pp. 573-602.

20   Shoshana Felman and Dori Laub, *Testimony: Crises of Witnessing in Literature,
         Psychoanalysis and History*, Routledge, 1992, pp. 64-65(강조는 원저자).

21   Alice Amsden, *Asia's Next Giant: South Korea and Late Industrialization*, Oxford
         University Press, 1989. 이 책에서는 이 표현이 '한강의 기적' 기간 동안 남한에
         부여된 숱한 찬사 이면의 가혹한 조건을 묘사하는 단어로 반복적으로 등장한다.
         가령 1980년대에 남한의 평균 노동시간은 주당 80시간 이상으로, 세계에서 주당
         노동시간이 가장 긴 나라라는 '미심쩍은 명성'을 얻었다. 이런 조건에서 일한
         대부분의 사람들은 어린 여성들이었지만, 미국과 남한 사이의 지정학적 동맹을
         공고히 하는 데 있어서 군인을 대상으로 일했던 한인 성노동자들의 노동이 그랬듯
         한강의 기적 기간 동안 여성들의 노동은 경제적·사회정치적 발전에 관한 남성
         중심의 담론에 의해 가려져서 제대로 조명되지 못했다. 이 문제는 4장에서 더 심도
         깊게 다룬다.

22   Howard, *True Stories of Korean Comfort Women*. 한국의 위안부 여성에 관한 기존의
         이야기들은 이런 지역적 집중을 시사하고는 있지만, (혼외 관계에서 일어나는) 그 어떤
         종류의 성노동에 대해서도 낙인을 찍는다는 사실을 감안했을 때 이는 사실로
         증명하기가 불가능하다. 자신이 과거에 위안부였다고 목소리를 내는 여성이
         상대적으로 거의 없는 실정이기 때문이다. 이와 유사하게 학살 사건을 은폐해온
         온갖 힘들 때문에 대부분의 민간인이 학살당한 정확한 위치를 확인하기는
         불가능하다.

23   노근리 학살 생존자들은 이 전쟁 범죄에 국제적인 관심을 모으기 위해 근 50년
         동안 발언해왔지만 이들의 이야기는 1999년 미국 연합통신사의 한 기자가 한국
         증인들을 취재한 이후에야 신뢰를 얻었다.

24   Lyndsey Stonebridge, "Bombs and Roses: The Writing of Anxiety in Henry Green's
         Caught", *Diacritics* 28, no. 4, 1998, pp. 25-43.

25   2007년 5월 31일, 테드 코펠Ted Koppel은 전미 공영 라디오 〈모닝 에디션Morning
         Edition〉에 출연해 이라크 군대의 한 고위 간부가 미국이 이라크에서 장기 주둔할
         가능성에 대해 언급했다고 전했다. 코펠은 이 간부가 미군의 장기 주둔이 영구화될
         가능성을 시사하며 이라크가 '남한처럼' 될 수 있다고 인정했다며 각별한 관심을
         보였다. 코펠은 이 간부가 미군의 이라크 주둔을 긍정적인 방향으로 전환하는

359

성공적인 개입의 사례로 남한을 거론했다고 시사하기도 했다. 그 이후로 부시 행정부는 이라크에서 '남한 모델'을 이행한다는 말을 숱하게 했다.

26 미국에서 한국전쟁에 관해 얻을 수 있는 일반적인 정보의 출처 대부분은 그 전쟁의 기억을 살아 있게 하려고 고군분투해온 한국전쟁 참전 군인들이다. 참전군인협회가 제공하는 정보는 이 전쟁이 한국의 민간인들에게 미친 비극적인 결과를 인정하면서도, 민간인 살해와 전쟁 포로 처형은 주로 북한군에 의해 자행되었다는 입장을 유지한다.

27 Theresa Hak Kyung Cha, *Dictee*, Tanam, 1982, p. 81[차학경,《딕테》, 김경년 옮김, 문학사상, 2024].

28 Valerie Walkerdine, "Video Replay: Families, Films, and Fantasy," in Manuel Alvarado and John O. Thompson(eds.), *The Media Reader*, BFI, 1990, p. 187.

29 Cha, *Dictee*, p. 4[차학경,《딕테》, 김경년 옮김, 문학사상, 2024].

30 생명과 죽음에의 정치적 투여에 관한 논의는 다음을 보라. Achilles Mbembe, "Necropolitics," *Public Culture* 15, no. 1, 2003, pp. 11-40[아쉴 음벰베,《죽음정치》, 김은주·강서진 옮김, 동녘, 2025]; Joao Biehl, "Vitae: Life in a Zone of Social Abandonment", *Social Text* 19, no. 3, 2001, pp. 131-149; Michel Foucault, *History of Sexuality, vol. 1, An Introduction*, Vintage, 1978[미셸 푸코,《성의 역사 1: 지식의 의지》, 이규현 옮김, 나남, 2020].

31 Mark Seltzer, *Bodies and Machines*, Routledge, 1992.

32 Yuh, *Beyond the Shadow of Camptown*[여지연,《기지촌의 그늘을 넘어》, 임옥희 옮김, 삼인, 2007].

33 Gilles Deleuze and Felix Guattari, *Anti-Oedipus: Capitalism and Schizophrenia*, University of Minnesota Press, 1983[질 들뢰즈, 펠릭스 가타리,《안티 오이디푸스》, 김재인 옮김, 민음사, 2014].

34 탁월한 예로는 다음을 보라. Eng and Kazanjian, *Loss*.

35 John Johnston, *Information Multiplicity: American Fiction in the Age of Media Saturation*, Johns Hopkins University Press, 1998.

36 Judith Butler, "After Loss, What Then?" in Eng and Kazanjian(eds.), *Loss*.

37 Patricia Clough, with Jean Halley(eds.), *The Affective Turn: Theorizing the Social*, Duke University Press, 2007, p. 3.

38 Gilles Deleuze and Claire Parnet, *Dialogues*, Columbia University Press, 1987, p. 84.

1장

1 Jacques Derrida, *Specters of Marx: The State of the Debt, the Work of Mourning, and the New International*, Peggy Kamuf(trans.), Routledge, 1994, p. 11[자크 데리다,《마르크스의 유령들》, 진태원 옮김, 그린비, 2014].

2 Avery Gordon, *Ghostly Matters: Haunting and the Sociological Imagination*, University of Minnesota Press, 1997, p. 8.

3   Ibid., p. 19.

4   Ibid..

5   Nicolas Abraham and Maria Torok, *The Shell and the Kernel: Renewals of Psychoanalysis*, vol. 1, Nicholas T. Rand(ed. and trans.), University of Chicago Press, 1994, p. 169.

6   일본계 미국인들 사이의 초세대적인 배회에 관한 논의는 다음을 보라. David Eng and Shinhee Han, "A Dialogue on Racial Melancholia", *Psychoanalytic Dialogues* 10, no. 4, 2000, pp. 667-700.

7   Jacqueline Rose, *States of Fantasy*, Oxford University Press, 1996, p. 31(강조는 원저자).

8   Abraham and Torok, *The Shell and the Kernel*, 1, p. 168.

9   Gordon, *Ghostly Matters*, p. 8.

10 Karen Barad, "Getting Real: Technoscientific Practices and the Materialization of the Real", *Differences: A Journal of Feminist Cultural Studies* 10, no. 1, 1998, pp. 87-128.

11 Judith Butler, "After Loss, What Then?" in David Eng and David Kazanjian(eds.), *Loss: The Politics of Mourning*, University of California Press, 2003, p. 469.

12 Abraham and Torok, *The Shell and the Kernel*, 1, p. 176.

13 Eve Kosofsky Sedgwick, *Touching Feeling: Affect, Pedagogy, Performativity*, Duke University Press, 2003, p. 140.

14 Mark Seltzer, *Bodies and Machines*, Routledge, 1992, p. 96; Valerie Walkerdine, "Video Replay: Families, Films, and Fantasy" in Manuel Alvarado and John O. Thompson(eds.), *The Media Reader*, BFI, 1990, p. 190.

15 Gordon, *Ghostly Matters*, p. 16.

16 Ibid., p. 27. 고든은 배회에 그렇게 관심을 갖는 학문 역시 자체적인 유령을 양산할 수 있다는 아이러니도 지적한다. 이는 특히 정신분석에 과학으로서의 정당성을 부여하고자 하는 초기 창시자들의 욕구를 검토할 때 두드러진다. 고든의 텍스트 두 번째 장을 배회하는 유령은 프로이트와 융과 같은 시대에 정신분석을 공부했지만 정신분석 영역의 사진만큼 정밀한 기록물에는 부재하는 인물, 사비나 스필라인Sabina Spielrein이다. 스필라인은 이 영역에 관한 대중적인 서사에는 기록되어 있지만 융과 걷잡을 수 없는 사랑에 빠진 융의 환자로 등장할 뿐이다. 이런 설명은 "프로이트가 죽음 본능에 관한 중요한 연구를 발표하기 10년 전에 스필라인이 죽음 충동에 관한 글을 썼다는 사실을 언급하지 않는다"(34쪽).

17 Ibid., p. 22.

18 Bruce Cumings, "Silent but Deadly: Sexual Subordination in the U.S.-Korean Relationship" in Saundra Sturdevant and Brenda Stoltzfus(eds.), *Let the Good Times Roll: Prostitution and the U.S. Military in Asia*, New Press, 1992, p. 170.

19 Ibid..

20 J. T. Takagi and Hye Jung Park, *The Women Outside: Korean Women and the U.S. Military*, Third World News Reel, 1996; Ji-Yeon Yuh, *Beyond the Shadow of Camptown: Korean Military Brides in America*, New York University Press, 2002[여지연, 《기지촌의

그늘을 넘어》, 임옥희 옮김, 삼인, 2007].

21 Eng and Kazanjian, *Loss*, pp. 8-9.

22 Abraham and Torok, *The Shell and the Kernel*, 1, p. 176.

23 Ibid., p. 188.

24 Ibid., p. 167.

25 Ibid., p. 189.

26 가령 다음을 보라. Chungmoo Choi, "Nationalism and Construction of Gender in Korea" in Elaine Kim and Chungmoo Choi(eds.), *Dangerous Women: Gender and Korean Nationalism*, Routledge, 1998, pp. 9-31[일레인 김 외, 《위험한 여성》, 박은미 옮김, 삼인, 2001]; Cumings, "Silent But Deadly", pp. 169-175; Hyun Sook Kim, "Yanggongju as an Allegory of the Nation" in Elaine Kim and Chungmoo Choi(eds.), *Dangerous Women: Gender and Korean Nationalism*, Routledge, 1998, pp. 175-202[일레인 김 외, 《위험한 여성》, 박은미 옮김, 삼인, 2001]; Diana S. Lee and Grace Lee, directors, *Camp Arirang*, Third World News Reel, 1996; John Lie, "The Transformation of Sexual Work in 20th-Century Korea", *Gender & Society* 9, no. 3, 1995, pp. 310-327; Katharine H. S. Moon, *Sex among Allies: Military Prostitution in U.S.-Korea Relations*, Columbia University Press, 1997[캐서린 문, 《동맹 속의 섹스》, 이정주 옮김, 삼인, 2002].

27 Gordon, *Ghostly Matters*, p. 22.

28 가령 다음을 보라. Wendy Chapkis, *Live Sex Acts: Women Performing Erotic Labor*, Routledge, 1997; Kamala Kempadoo and Jo Doezema(eds.), *Global Sex Workers: Rights, Resistance, and Redefinition*, Routledge, 1998.

29 Rose, *States of Fantasy*, p. 5.

30 Brent Hayes Edwards, *The Practice of Diaspora*, Harvard University Press, 2003, p. 11.

31 Ibid., p. 13.

32 Rose, *States of Fantasy*, p. 31.

33 Patricia Ticineto Clough, *Autoaffection: Unconscious Thought in the Age of Teletechnology*, University of Minnesota Press, 2000, p. 17.

34 Ibid..

35 Ibid., p. 69.

36 Jill Bennett, *Empathic Vision: Affect, Trauma, and Contemporary Art*, Stanford University Press, 2005.

37 David Eng, *Racial Castration: Managing Masculinity in America*, Duke University Press, 2001, p. 37. 이와 유사하게 인류학자 마이클 피셔Michael Fischer 역시 사회과학이 무의식 연구에 착수할 것을 제안하고 기억의 한 방법으로 "피타고라스적인 기억 기술의 현대적인 버전"을 제안한다. 이는 바로 미래를 위한 비전을 얻기 위한 회상이다. 그런 식의 생성 속에서 이런 탐색은 일부 현대적인 지배의 수사들을 강력하게 비평하는 수단임이 드러나기도 한다. 다음을 보라. Michael M. J. Fischer, "Ethnicity and the Post-Modern Arts of Memory" in James Clifford and George E.

Marcus(eds.), *Writing Culture: The Poetics and Politics of Ethnography*, University of
California Press, 1986, p. 198.

38   Gordon, *Ghostly Matters*, p. 41(강조는 원저자).

39   Trinh T. Min-ha, *Framer Framed*, Routledge, 1992.

40   가령 다음을 보라. Barad, "Getting Real"; Patricia Ticineto Clough, *The End(s)
of Ethnography: From Realism to Social Criticism*, Sage, 1992; Elena Tajima Creef,
"Discovering My Mother as the Other in the Saturday Evening Post", *Qualitative Inquiry*
6, no. 4, 2000, pp. 443-455; Donna Haraway, *Modest_Witness@Second_Millennium.
FemaleManc_Meets_OncoMouse™*, Routledge, 1997; Karin Knorr Cetina, "Sociality with
Objects: Social Relations in Postsocial Knowledge Societies", *Theory, Culture & Society*
14, no. 4, 1997, pp. 1-30; Jackie Orr, "Performing Methods: History, Hysteria, and the
New Science of Psychiatry" in Dwight Fee(ed.), *Pathology and the Postmodern: Mental
Illness as Discourse and Experience*, Sage, 2000, pp. 49-73.

41   Gordon, *Ghostly Matters*, p. 10.

42   Walkerdine, "Video Replay", p. 186.

43   Gordon, *Ghostly Matters*, p. 26.

44   이 구분에 대한 더 자세한 논의는 다음을 보라. Susannah Radstone, *Memory and
Methodology*, Berg, 2000.

45   Clough, *End(s) of Ethnography*, p. 114.

46   Jennifer C. Hunt, *Psychoanalytic Aspects of Fieldwork*, Sage, 1989.

47   Orr, "Performing Methods", p. 68.

48   Saidiya Hartman, *Scenes of Subjection: Terror, Slavery and Self-Making in Nineteenth-
Century America*, Oxford University Press, 1997, p. 12.

49   Marianne Hirsch, quoted in Alisa Lebow, "Memory Once Removed: Indirect Memory
and Transitive Autobiography in Chantal Akerman's D'Est", *Camera Obscura* 52, no.
18, 2003, p. 47.

50   Clough, *Autoaffection*, p. 16. 여기서 모든 자문화기술지의 전개가 비판적이지는
않음을 짚고 넘어갈 필요가 있다. 이 방법은 종종 그것이 뒤흔들고자 하는 바로
그 논리—밝혀야 하는 진실된 이야기가 존재한다는 식의—를 재생산할 수 있다.
그래서 일부 자문화기술지 학자들에게 이 방법은 개정된 서사로 지배 서사를
대체하는 문제일 뿐이다. 하지만 클러프는 데리다가 말한 '오토어펙션autoaffection',
그러니까 "남자 사람Man에 관한 서구식 근대 담론 안에서 특권을 부여받은
주체에게 자연스러운 근거를 제공하는" 자기 목소리에의 욕구와 관련된 문제를
제법 의식하고 있고, 따라서 무의식적 사고를 자아의 쓰기에 투여하고자 하는
자문화기술지를 제안한다(17쪽).

51   Ann Anlin Cheng, *The Melancholy of Race*, Oxford University Press, 2001, p. 147.

52   Ibid..

53   다음을 보라. Joseph Roach, *Cities of the Dead: Circum-Atlantic Performance*, Columbia

University Press, 1996; Richard Schechner, *Between Theater and Anthropology*, University of Pennsylvania Press, 1985.

54 Diana Taylor, "'You are Here': The DNA of Performance", *Drama Review* 46, no. 1, 2002, pp. 149-169.

55 다음을 보라. Brian Massumi, *Parables for the Virtual: Movement, Affect, Sensation*, Duke University Press, 2002[브라이언 마수미, 《가상계》, 조성훈 옮김, 갈무리, 2011]; Gilles Deleuze, *The Fold: Leibnizand the Baroque*, University of Minnesota Press, 1992[질 들뢰즈, 《주름》, 이찬웅 옮김, 문학과지성사, 2004].

56 Jill Bennett, *Empathic Vision: Affect, Trauma, and Contemporary Art*, Stanford University Press, 2005, p. 56(강조는 원저자).

57 John Johnston, *Information Multiplicity: American Fiction in the Age of Media Saturation*, Johns Hopkins University Press, 1998.

58 Jackie Orr, *Panic Diaries: A Genealogy of Panic Disorder*, Duke University Press, 2006, p. 21(강조는 원저자).

59 차학경의 작품에서 차용된 목소리들에 관한 논의는 다음 책의 6장을 보라. Lisa Lowe, *Immigrant Acts: On Asian American Cultural Politics*, Duke University Press, 1996.

60 이 책에서 들리는 목소리들은 텍스트 내부의 인용문으로, 그리고 텍스트와는 동떨어진 곳에 자리잡은 인용문으로 등장한다. 일부 목소리—프롤로그의 1번 주석에 설명된 자문화기술지적 삽화—는 검은색 바탕으로 표시되고, 이 책의 뒷부분에 등장하는 어떤 목소리는 인용문 형식으로 표시된다. 그리고 일부 중첩되는 목소리들은 구절 내부의 인용문으로 제시된다.

61 Cheng, *Melancholy of Race*, p. 149.

62 Gordon, *Ghostly Matters*, p. 8.

63 Butler, "After Loss, What Then?", p. 467.

64 Clough, *Autoaffection*, p. 20.

2장

1 대니얼스의 생애사에 관한 더 많은 내용은 다음을 보라. Ramsay Liem, "So I've Gone around in Circles(⋯): Living the Korean War", *Amerasia Journal* 31, 2005, pp. 155-177; Ramsay Liem, "Crossing Over: One Woman's Account of a Forgotten War - Interview with Helen Kyungsook Daniels", *Boston College Magazine*, 2004, http://www. bc.edu/publications/bcm/winter_2004/11_koreanwar.html(2004년 5월 12일 접속). 전쟁이 발발했을 때 대니얼스는 중학교를 막 마친 상태였다. 한국전쟁 기간 동안 가장 격렬한 공습 표적이었던 평양에 살았기 때문에 그의 실향과 생존 이야기는 어쩌면 미국에 기록된 개인사 가운데 가장 극적인 부류에 속하는지 모른다.

2   Bruce Cumings, "The Division of Korea" in John Sullivan and Roberta Foss(eds.), *Two Koreas - One Future?*, University Press of America, 1987, p. 13.

3   Sheldon Harris, *Factories of Death: Japanese Biological Warfare, 1932-1945, and the American Cover-up*, Routledge, 1994.

4   Ramsay Liem, "History, Trauma, and Identity: The Legacy of the Korean War for Korean Americans", *Amerasia Journal* 29, no. 3, 2003/4, p. 114.

5   Sahr Conway-Lanz, "Beyond No Gun Ri: Refugees and the United States Military in the Korean War", *Diplomatic History* 29, no. 1, 2005, p. 49. 콘웨이 - 란츠는 브루스 커밍스의 작업이 한국전쟁이 민간인에게 미친 영향에 초점을 두고 있다는 점에서 예외적이라고 지적한다.

6   전쟁 경험을 환기시키는 그림 같은 설명으로는 다음을 보라. Patrick Dowdy, *Living through the Forgotten War: Portrait of Korea*, Mansfield Freeman Center for East Asian Studies at Wesleyan University and the Korea Society, 2003.

7   Saidiya Hartman, *Scenes of Subjection: Terror, Slavery and Self-Making in Nineteenth-Century America*, Oxford University Press, 1997, p. 12.

8   Jill Bennett, *Empathic Vision: Affect, Trauma, and Contemporary Art*, Stanford University Press, 2005, p. 42.

9   많은 삽화들이 픽션의 목소리로 작성되지만 내가 내 가족의 경험에 관해 상상하는 삽화들은 초세대적인 배회를 통해 전승되는 트라우마적 역사에 관한 모호함을 표현하는 수단이라는 의식에 좀 더 방점을 두었다.

10   Patricia Ticineto Clough, *Autoaffection: Unconscious Thought in the Age of Teletechnology*, University of Minnesota Press, 2000, p. 69.

11   월코트 휠러Wolcott Wheeler는 이렇게 단언한다. "(남한 정부는) 미국의 도움을 요청하면서 제주도를 2차 세계대전 이후 최초로 미국이 군사적으로 개입한 지역으로, 우리 최초의 베트남으로 만들었다." 휠러에 따르면 이 때문에 민간인에게 미친 영향을 정리하면, 최소한 3만 명(제주도 인구의 10퍼센트)이 목숨을 잃었고, 추가로 4만 명이 일본으로 몸을 피했으며, 마을의 절반 이상이 1년의 전투를 거치는 동안 초토화 전략을 통해 파괴되었다. 다음을 보라. Wolcott Wheeler, "The 1948 Cheju-do Civil War", http://www.kimsoft.com/1997/43wh.htm(2001년 4월 19일 접속). 이 사건이 일어나는 동안 여성을 어떤 식으로 다루었는가에 관한 정보는 다음을 보라. Oh Gun Sook, "Violation of Women's Rights and the Cheju April 3rd Massacre", http://www.kimsoft.com/1997/43women1.htm(2001년 4월 19일 접속).

12   Bruce Cumings, *Korea's Place in the Sun: A Modern History*, Norton, 1997[브루스 커밍스,《브루스 커밍스의 한국현대사》, 이교선 외 옮김, 창비, 2001]; Wheeler, "The 1948 Cheju-do Civil War"; Yang Han Kwan, "The Truth about the Cheju April 3rd Insurrection", http://www.kimsoft.com/1997/43hist.htm(2001년 4월 19일 접속).

13   Don Oberdorfer, *The Two Koreas: A Contemporary History*(rev. ed.), Basic Books, 2001[1997].

14 Cumings, *Korea's Place in the Sun* [브루스 커밍스, 《브루스 커밍스의 한국현대사》, 이교선 외 옮김, 창비, 2001].

15 I. F. Stone, *The Hidden History of the Korean War* (2nd paperback ed.), Monthly Review Press, 1971 [1952].

16 Cumings, *Korea's Place in the Sun*, p. 238 [브루스 커밍스, 《브루스 커밍스의 한국현대사》, 이교선 외 옮김, 창비, 2001].

17 Stone, *Hidden History*, p. viii.

18 David K. Song, "Dark Days of the Korean War: Mass Murder at Nogunri", http://www. hardboiled.org/3-2/nogunri.html (2002년 10월 15일 접속).

19 Korean Central News Agency of the Democratic People's Republic of Korea (DPRK), "GIs' Mass Killings", http://www.lai-aib.org/lai/article_lai. phtml?section=A3ABBSBD&object_id=7030 (2002년 10월 14일 접속).

20 Park Sung Yong, "Rethinking the Nogun-ri Massacre on the 50th Anniversary of the Outbreak of the Korean War", http://www.kimsoft.com/1997/nogun13.htm (2002년 10월 15일 접속).

21 Green Korea, "U.S. Bombs Korean Village: Puerto Rico Has Vieques; Korea Has Maehyang-ri", *Earth Island Institute: Earth Island Journal*, 2000-2001, http://www. earthisland.org/eijournal/new_articles.cfm?articleID=49&journalID=43 (2002년 10월 14일 접속).

22 International Action Center, "Solidarity between Puerto Rico and Korea", http://www. iacenter.org/pr_korea.htm (2002년 10월 14일 접속). 2004년 4월 18일, 미군 장교들은 쿠니 폭격 연습장을 폐쇄하고 그 관리 권한을 미 공군에서 서울로 이전시키기로 결정했다. 이 결정은 매향리 출신의 원고 열네 명이 육체적 상해, 가옥과 재산에 대한 물리적 피해에 관한 소송에서 승소한 직후 나온 것이었다. 쿠니 폭격장은 그 이후 폐쇄되었고 매향리 주민들은 그 자리에 평화 박물관을 지을 예정이다 [현재 매향리 평화 기념관으로 개관].

23 Jacqueline Rose, *States of Fantasy*, Oxford University Press, 1996, p. 31 (강조는 원저자).

24 Brian Massumi, *Parables for the Virtual: Movement, Affect, Sensation*, Duke University Press, 2002 [브라이언 마수미, 《가상계》, 조성훈 옮김, 갈무리, 2011]. 마수미는 몸에 지각이 기입되는 시간과 주체가 그것을 인식하는 시간 사이에는 0.5초의 간격이 있다고 지적한다. '사라진 0.5초'는 내가 아는 것과 내가 느끼는 것 사이의 공간이며, 그 안에 무엇이 있는지는 가장 엄정한 과학 수단을 동원하더라도 인간의 지식으로는 포착이 불가능하다. 하지만 이는 가능성의 공간이기도 하다. 이 사라진 0.5초 동안 내부로 접혀 들어간 것은 그것이 무엇인지 알아내기 불가능하지만 주체의 의지와 무관하게 언제든 활성화될 수 있다는 점에서 예측 불가능하다.

25 이 고아들이 미국의 군사적 공세가 진행되는 동안 부모를 잃었을 가능성이 높다는 아이러니 외에도, 이 아이들 가운데는 생물학적 아버지가 미국인이어서 혼혈아를 낳았다는 낙인 때문에 어머니에게 버려진 경우도 많았다는 것이 엄연한 사실이다.

일부 사례에서는 고아원이 전쟁 중에 폭격을 당하기도 했다. 미국인과 한국의
전쟁고아의 관계라는 문제를 다루는 예술 작품의 사례로는 〈어제 안에 오늘〉(http://
www.stillpresentpasts.org)에 있는 보르셰 림과 김호수의 작품을 보라.

26 Park, "Rethinking the Nogun-ri Massacre."

27 David Eng, *Racial Castration: Managing Masculinity in America*, Duke University Press
2001, p. 37.

28 Bennett, *Empathic Vision*, p. 41.

29 《노근리 다리》(최상훈 외 지음, 잉걸, 2003)를 읽는 동안 사건 생존자들의 뇌리를 떠나지
않고 배회하는 기억들이 나 자신의 기억에 스며들기 시작했다. 이 이야기에는
유령에게 배회당한다는 포괄적인 감각이 가득한 까닭에, 내가 이 장에 삽입한 많은
짧은 글들은 연합통신사 기자들의 작업에서 영감을 얻었고, 나는 이 학살의 실제
생존자 이름을 남겨두었다. 또한 나는 이 생존자들의 이름 철자를 《노근리 다리》에
등장하는 그대로 유지했다.

30 연합통신사의 보도가 발표된 뒤 펜타곤은 노근리 사건의 공식 조사에 착수했다.
펜타곤 보고서는 그 살상이 우발적이었고 미군이 피난민의 이동을 억제하라는
더 일반적인 정책을 잘못 해석하거나 잘못 이해한 게 틀림없다는 결론을 내렸다.
하지만 미국 퇴역 군인들은 노근리에서 피난민에게 발포하라는 명령을 직접
받았다고 증언했다. 펜타곤의 부인은 모든 목격자가 실제로 일어나지 않은 어떤
것을 감지했다는 식으로 해당 사건을 환각으로 경험한 것이라 결론 내리려는 것
같다. 또한 이 부인은 그 기억을 살아 있게 하고 이 사건에 대한, 그리고 더 폭넓게는
한국전쟁 중 민간인 살상에 대한 더 많은 조사를 촉발하는 역할을 했다. 사르
콘웨이-란츠가 지적하듯 민간인 살상에 관한 펜타곤의 설명은 치명적인 무력을
이용해서 피난민의 이동을 억제하는 행위가 이 사건에서만이 아니라 잘못 해석된
일반 정책으로서 권한을 부여받았다는 사실을 폭로하는 데 도움을 주었다. 이런
행위는 제네바협정을 명백하게 위반한 것이다. 다음을 보라. Conway-Lanz, "Beyond
No Gun Ri."

31 Charles J. Hanley, Sang-Hun Choe, and Martha Mendoza, *The Bridge at No Gun Ri: A
Hidden Nightmare from the Korean War*, Henry Holt and Company, 2001, p. 127[최상훈
외, 《노근리 다리》, 남원준 옮김, 잉걸, 2003].

32 Ibid., p. 126.

33 Kim Soo-hye and Lee Kil-song, "Nogeun-ri Survivors Reconcile with Soldier",
Digital Chosun Ilbo, November 4, 1999, http://www.chosun.com/w21data/html/
news/1999110404021.html(2004년 5월 15일 접속).

34 Rose, *States of Fantasy*, p. 31.

35 Hanley, Choe, and Mendoza, *Bridge at No Gun Ri*, p. 139[최상훈 외, 《노근리 다리》, 남원준
옮김, 잉걸, 2003].

36 Ibid., p. 138.

37 Cathy Caruth, *Unclaimed Experience: Trauma, Narrative, and History*, Johns Hopkins

University Press, 1996, p. 92.

38 Marc Nichanian and David Kazanjian, "Between Genocide and Catastrophe" in David Eng and David Kazanjian(eds.), *Loss: The Politics of Mourning*, University of California Press, 2003, p. 133.

39 Ibid., p. 113.

40 브루스 커밍스에 따르면 무장 갈등과 "한반도 본토에서 조직된 게릴라전"의 시작은 "1948년 11월로 거슬러 올라간다. (…) 1949년 초 CIA는 남한 게릴라의 수를 총 3500명에서 6000명 사이 어디쯤으로 추정했는데, 여기에는 제주도에 있는 수천여 명은 포함되지 않았다"(*Korea's Place in the Sun*, p. 243[브루스 커밍스, 《브루스 커밍스의 한국현대사》, 이교선 외 옮김, 창비, 2001]). 또한 커밍스는 1949년 7월 미군이 철수하고 1950년 6월 전쟁이 시작되는 그 사이에도 미국인들은 사실상 한국을 한 번도 떠난 적이 없다고 단언한다. 이들은 "게릴라전에 간여하는 주요한 대외적 개입 집단"이었기 때문이다"(245쪽).

41 Conway-Lanz, "Beyond No Gun Ri", p. 55.

42 Hanley, Choe, and Mendoza, *Bridge at No Gun Ri*, p. 181[최상훈 외, 《노근리 다리》, 남원준 옮김, 잉걸, 2003].

43 Ibid., p. 102.

44 공식 채용된 군 역사학자 로이 애플먼Roy Appleman의 기록에 따르면 최악의 잔혹 행위 가운데 일부는 북한군에 의해 자행되었다. 이 중 하나가 5000에서 1만 명이 목숨을 잃고 집단 매장된 대전 학살이었다. 존 할리데이Jon Halliday와 브루스 커밍스에 따르면 "대전 사건에서 실제로 무슨 일이 일어났는지 분명한 건 아무것도 없다". 런던의 한 신문은 대전 학살이 "미국 참모들의 감시하에 남한 경찰"에 의해 자행되었다는 것을 시사했다(*Korea: The Unknown War*, Pantheon Books, 1988, p. 90). 커밍스는 《브루스 커밍스의 한국현대사》에서 "그 전쟁에 참여한 모두가 잔혹 행위에 책임이 있었다"면서도 "노획된 북한 문서들은 고위 장교들이 민간인 처형을 하지 말라고 경고했음을 지속적으로 보여주었다"고 주장한다(272~273쪽). 북한군이 잔혹했다는 것은 충분히 기록으로 남아 있지만 핵심은 미국의 공식 역사가 미국인이 자행한 그와 유사한 잔혹 행위에 관한 모든 정보를 말소했다는 점이다.

45 전쟁이 공식적으로 발발한 시점에 고등학생이었던 전순태의 구술사에서 가져옴. 전순태는 인터뷰에서 북한군들이 "무차별적인" 미군 폭격기로부터 자신을 보호하는 생존 팁을 알려주었다고 회상했다. 집단 예술 프로젝트 〈어제 안에 오늘〉에 인용된 전순태의 구술. 더 많은 정보는 다음을 보라. http://www. stillpresentpasts.org.

46 People's Korea, "GIs' Mass Killings and U.S. Germ Warfare in Korea: Joint White Paper", http://www.korea-np.co.jp/pk/181st_issue/2002061503.htm(2002년 10월 14일 접속).

47 Hanley, Choe, and Mendoza, *Bridge at No Gun Ri*, p. 188[최상훈 외, 《노근리 다리》, 남원준 옮김, 잉걸, 2003].

48 Roy Appleman, *South to the Naktong, North to the Yalu: June-November 1950*, Office of the Chief of Military History, Department of the Army, 1961, p. 251. 이는 '한국전쟁 서사'를 자처하는 다섯 권짜리 시리즈의 일부이다.

49 Conway-Lanz, "Beyond No Gun Ri", p. 65.

50 George Barrett, "U.N. Losing Favor by Korean Damage", *New York Times*, March 3, 1951, p. 2.

51 Colonel Turner C. Rogers, "Memo: Policy on Strafing Civilian Refugees", July 25, 1950, declassified June 6, 2000, U.S. National Archives, College Park, Maryland.

52 Jackie Orr, *Panic Diaries: A Genealogy of Panic Disorder*, Duke University Press, 2006, pp. 6-7.

53 Rogers, "Policy on Strafing."

54 Hanley, Choe, and Mendoza, *Bridge at No Gun Ri*, p. 164[최상훈 외,《노근리 다리》, 남원준 옮김, 잉걸, 2003].

55 "Korea Aid Pledges Worry U.N. Agent", *New York Times*, August 9, 1951, p. 2.

56 Stone, *Hidden History*, pp. 256-258.

57 GlobalSecurity.org, "Napalm," http://www.globalsecurity.org/military/systems/munitions/napalm-war.htm(2023년 9월 29일 접속).

58 Cumings, *Korea's Place in the Sun*, p. 290[브루스 커밍스,《브루스 커밍스의 한국현대사》, 이교선 외 옮김, 창비, 2001].

59 Halliday and Cumings, *Korea: The Unknown War*, p. 123.

60 1951년 국방부, 공군부의 한 사진에 딸린 캡션에는 이렇게 적혀 있다. "네이팜 운반 장치 (…) 150갤런짜리 불타오르는 죽음이 (…) 미국의 적진을 향해 속도를 높이고 있다." U.S. National Archives and Records Administration, Washington, D.C.

61 John Ford, *This is Korea!*, videorecording, Uncle Sam Movies, 1951. 이 장면은 존 웨인의 내레이션으로 한국 민간인을 상대로 네이팜을 사용하고 있음을 설명한다.

62 Reginald Thompson, *Cry Korea*, MacDonald, 1951, p. 143, as quoted in Cumings, *Korea's Place in the Sun*, p. 271[브루스 커밍스,《브루스 커밍스의 한국현대사》, 이교선 외 옮김, 창비, 2001].

63 Cumings, *Korea's Place in the Sun*, p. 271[브루스 커밍스,《브루스 커밍스의 한국현대사》, 이교선 외 옮김, 창비, 2001].

64 Halliday and Cumings, *Korea: The Unknown War*, p. 92.

65 Barrett, "U.N. Losing Favor by Korean Damage".

66 Lieutenant Colonel Dave Grossman, *On Killing: The Psychological Cost of Learning to Kill in War and Society*, Little, Brown, 1995, p. 137.

67 Hanley, Choe, and Mendoza, *Bridge at No Gun Ri*, p. 224[최상훈 외,《노근리 다리》, 남원준 옮김, 잉걸, 2003]. 토머스 앤더슨Thomas Anderson의 소설《당신의 사랑하는 아들들Your Own Beloved Sons》에서 가져옴. 이 소설에서 주인공은 북한 수감자 두 명을 죽인 뒤 "오물 몇 마리가 어때서? 망할 오물 몇 마리잖아?" 하고 살인 행위를 가볍게 넘긴다.

68 GlobalSecurity.org, "Napalm".

69 Gilbert Dreyfus, "Classification of Napalm Burns," expert testimony presented at the Vietnam War Crimes Tribunal, session 2, Roskilde, Denmark, 1967, http://www.911review.org/Wget/www.homeusers.prestel.co.uk/littleton/v1201dre.htm (2004년 5월 4일 접속).

70 Harry Truman, "Statement by the President", June 27, 1950, http://www.trumanlibrary.org/whistlestop/study_collections/korea/large/week1/kw_27_1.jpg(2004년 5월 4일 접속).

71 Oberdorfer, *Two Koreas*, pp. 8-9.

72 Hanley, Choe, and Mendoza, *Bridge at No Gun Ri*, p. 225[최상훈 외,《노근리 다리》, 남원준 옮김, 잉걸, 2003].

73 People's Korea, "GIs' Mass Killings".

74 Stone, *Hidden History*, p. 258.

75 People's Korea, "DPRK Foreign Ministry Memorandum on GI Mass Killings", http://www.korea-np.co.jp/pk/135th_issue/2000032902.htm(2002년 10월 15일 접속).

76 Conway-Lanz, "Beyond No Gun Ri", pp. 78-79.

77 "100 Children Reported Killed", *New York Times*, March 30, 1951, p. 5.

78 I. F. 스톤이《한국전쟁의 숨겨진 역사The Hidden History of the Korean War》에서 지적한 대로 미군의 작전 요약서는 자신들의 작전이 민간인의 삶을 얼마나 초토화시켰는지에 관계 없이 "탁월한 결과"라고 보고했다. 그는 심지어 파괴의 규모는 작전의 성공을 판단하는 기준이었다고 시사했다.

79 Dreyfus, "Classification of Napalm Burns".

80 Ibid..

81 Conway-Lanz, "Beyond No Gun Ri", pp. 70, 79.

82 "Korea Aid Pledges Worry U.N. Agent".

83 Hanley, Choe, and Mendoza, *Bridge at No Gun Ri*, p. 180[최상훈 외,《노근리 다리》, 남원준 옮김, 잉걸, 2003].

84 〈어제 안에 오늘〉에 나오는 전순태의 구술사에서.

85 Halliday and Cumings, *Korea: The Unknown War*, p. 144.

86 Ibid., p. 172.

87 Judith Butler, *Antigone's Claim: Kinship between Life and Death*, Columbia University Press, 2000, p. 64[주디스 버틀러,《안티고네의 주장》, 조현준 옮김, 동문선, 2005].

88 Hanley, Choe, and Mendoza, *Bridge at No Gun Ri*, p. 189[최상훈 외,《노근리 다리》, 남원준 옮김, 잉걸, 2003].

89 Ibid., p. 191.

90 Ibid., p. 192.

91 Ibid., p. 244.

92 Massumi, *Parables for the Virtual*, pp. 28-29[브라이언 마수미,《가상계》, 조성훈 옮김, 갈무리, 2011].

93   Catherine Lutz and J .L. Collins, *Reading National Geographic*, University of Chicago Press, 1993, p. 35.

94   국립기록물보관소에 있는 미국의 한국전쟁 개입에 관한 사진 기록물을 분석하는 동안 나는 1950~1954년에 찍은 사진 1000여 장을 보았다. 그중 수백 장은 고아원을 방문하고, 피난민들에게 구호물자를 나눠주고, 무리지어 몰려 있는 아이들에게 사탕을 돌리고, 한국 남자아이들에게 미국 운동경기를 가르쳐주고, 젊은 (보통은 여성) 가수와 무용수들이 제공하는 유흥을 즐기고, 전반적으로 우호적인 한국과의 관계에 참여하는 미국인의 모습을 담고 있었다. 피난민 무리나 죽거나 살아 있는 북한과 중국의 전쟁 포로의 몸을 담은 사진을 발견하는 건 별로 어렵지 않았지만, 미국이나 UN의 폭격이 직접적으로 유발한 부수적인 피해를 담고 있는 사진은 네 장 밖에 발견하지 못했고 다른 두 사진은 부상의 원인은 거론하지 않은 채 부상당한 민간인의 모습을 담고 있었다. 이 여섯 장 가운데 세 장에는 "보안용으로만 제한함"이나 "공식적인 용도로만 사용 가능"이라는 날인이 찍혀 있었다. 추가적으로 나는 UN 한국민간원조사령부의 시리즈물에서 주택이 피해를 입거나 파괴된 가족들과 "불결한 상태의 여성들"을 담고 있는 사진 여러 장을 발견했는데, 그렇다고 해서 이 사람들이 "불결한" 생활을 하게 만든 파괴에 UN 역시 공모했다는 분명한 언급은 어디에도 없었다. 한국인을 돕는 미국인을 담고 있는 사진은 넘쳐나는 데 비해 민간인의 삶에 가해진 피해를 보여주는 사진은 몇 안 된다는 사실은 에이버리 고든의, 사진을 통한 부재의 증거 찾기 개념을 예시한다. 다음을 보라. Gordon, *Ghostly Matters: Haunting and the Sociological Imagination*, University of Minnesota Press, 1997, p. 35.

95   강석경, 〈낮과 꿈〉, 《밤과 요람》, 책세상, 2008.

96   Bruce Cumings, *The Origins of the Korean War: Liberation and the Emergence of Separate Regimes*, 1945-1947, Princeton University Press, 1981, p. xix[브루스 커밍스, 《한국전쟁의 기원 1》, 김범 옮김, 글항아리, 2023].

97   한 한국전쟁 생존자는 한때 한국인에게 속했던 재산이 미군에게 점유되었다는 점을 특별히 언급하면서, 한국전쟁 기간 동안 한국인과 미국인 간의 불평등한 자원 배분에 관해 논평했다. "한국에서 미국인들은 큰 장비에, 큰 자가용에, 큰 집을 갖추고 살아요. 심지어 엠앤엠즈하고 스니커즈도 크잖아요. 그리고 그 사람들은 온 데 있는 큰 건물을 차지하죠. 우린 그냥 길바닥에서 사는데. 작은 국민학교, 중학교, 고등학교가 그 사람들 야영지야. 우린 학교 안에 들어가지도 못해. 전쟁 전에는 우리 학교였는데, 우린 그냥 담 밖에서 지냈지"(〈어제 안에 오늘〉에서 인용됨).

98   캐서린 문은 1960년대와 1970년대에 기지촌 인근에 사는 한국인들은 생계를 미군에 거의 전적으로 의지했다고 주장한다. 1960년대에 의정부 인구의 60퍼센트와 1970년대에 송탄 인구의 80퍼센트는 이런저런 방식으로 미군을 상대했다. Katharine H. S. Moon, *Sex among Allies: Military Prostitution in U.S.-Korea Relations*, Columbia University Press, 1997, p. 28[캐서린 문, 《동맹 속의 섹스》, 이정주 옮김, 삼인, 2002].

99 Hosu Kim, "The Parched Tongue", *The Affective Turn: Theorizing the Social*, Patricia Clough with Jean Halley(eds.), Duke University Press, 2007, p. 40. 김호수의 견해에 따르면 미국인들에게 먹고 남은 음식을 달라고 조르는 전쟁 시절의 대중적인 노래 때문에 이 표현은 모든 한국인들에게 친숙했다. 그 노래는 대략 "헬로, 헬로, 나한테 초콜릿을 주세요. 당신이 먹던 거라도 괜찮아요."라고 번역된다.

100 Chungmoo Choi, "Nationalism and Construction of Gender in Korea", p. 15. 이 표현은 4장에 다시 등장하는데, 박완서의 단편에서는 '색시'로 음역된다.

101 〈어제 안에 오늘〉.

102 흥미롭게도 고위 장성들은 한국인들이 입은 피해에 관해 진술할 때 일반적으로 최상급 표현을 사용한다. UN 한국재건청의 총괄 책임자였던 도널드 킹슬리Donald Kingsley는 남한의 수용소에 있는 피난민이 "1947년의 그리스를 포함해서, 내가 본 최악의 상태에" 있었다고 말했다("Korea Aid Pledges Worry U.N. Agent"). 이와 유사하게 한 국제 구호 기관의 책임자였던 찰스 R. 조이Charles R. Joy는 1952년에 이 전쟁으로 인한 참상을 요약하면서 이렇게 적었다. "세계 여러 지역에서 12년간 쉬지 않고 구호 활동을 해왔지만 나는 이런 궁핍함과 만연한 절망을 그 어디서도 보지 못했다"(Conway-Lanz, "Beyond No Gun Ri," p. 80에 인용됨).

103 Halliday and Cumings, *Korea: The Unknown War*, p. 118.

3장

1 Theresa Hak Kyung Cha, *Dictee*, Tanam, 1982, p. 49[차학경, 《딕테》, 김경년 옮김, 문학사상, 2024].

2 Brent Hayes Edwards, *The Practice of Diaspora*, Harvard University Press, 2003, p. 7.

3 Ibid., p. 15.

4 또한 에드워즈는 아프리칸 디아스포라와 흑인 인터내셔널리즘을 보면서 "이동하지 않는 인구 집단들에게마저" 도시가 일종의 움직임을 상징하는 방식들에 대해서도 언급한다(ibid., p. 4). 이와 유사하게 한반도의 분단과 전쟁의 미해결 상태는 이동을 한 한국인과 이동하지 않는 한국인 모두에게 정신적으로 움직임을 상징한다.

5 Hyun-Yi Kang, "Re-Membering Home" in Elaine Kim and Chungmoo Choi(eds.), *Dangerous Women: Gender and Korean Nationalism*, Routledge, 1998, p. 250[일레인 김 외, 《위험한 여성》, 박은미 옮김, 삼인, 2001].

6 Ibid., p. 250.

7 남한은 미국에 종속된 지위였기 때문에 서명국이 아니었다.

8 David Eng and David Kazanjian(eds.), *Loss: The Politics of Mourning*, University of California Press, 2003, p. 2.

9 Bruce Cumings, "Silent but Deadly: Sexual Subordination in the U.S.-Korean Relationship" in Saundra Sturdevant and Brenda Stoltzfus(eds.), *Let the Good Times Roll:*

Prostitution and the U.S. Military in Asia, New Press, 1992, p. 174.

10 Yoshimi Yoshiaki, *Comfort Women: Sexual Slavery in the Japanese Military during World War II*, Columbia University Press, 2000, p. 180.

11 Keith Howard, *True Stories of the Korean Comfort Women*, Cassell, 1995.

12 Chunghee Sarah Soh, "Women's Sexual Labor and State in Korean History", *Journal of Women's History* 15, no. 4, 2004, p. 171. 최정무 역시 다음에서 환향녀와 결부된 낙인 그리고 그것이 되돌아온 위안부 여성에게 미친 영향을 논한다. Chungmoo Choi, "Nationalism and the Construction of Gender in Korea" in Elaine Kim and Chungmoo Choi(eds.), *Dangerous Women: Gender and Korean Nationalism*, Routledge, 1998, pp. 9-31 [일레인 김 외, 《위험한 여성》, 박은미 옮김, 삼인, 2001].

13 Elaine Kim, "Teumsae-eso: Korean American Women between Feminism and Nationalism" in Arturo Aldama and Alfred Arteaga(eds.), *Violence and the Body: Race, Gender, and the State*, Indiana University Press, 2003, p. 311.

14 Cha, Dictee, p. 57 [차학경, 《딕테》, 김경년 옮김, 문학사상, 2024].

15 Elaine Kim, "'Bad Women': Asian American Visual Artists Hanh Thi Pham, Hung Liu, and Yong Soon Min", *Feminist Studies* 22, no. 3, 1996, p. 575.

16 이 수치의 출처는 다음과 같다. Joan Nagel, *Race, Ethnicity, and Sexuality: Intimate Intersections, Forbidden Frontiers*, Oxford University Press, 2003, p. 178. 하지만 2004년 부시 행정부는 전 세계의 부대를 재배치하여 한국에 주둔하는 부대의 규모(2004년 기준 3만 7000명)를 4년에 걸쳐 3분의 1로 줄이고 2011년까지 한국에 36개의 기지를 되돌려준다는 계획을 발표했다. 이 변화로 사실상 남한에서는 미군 부대의 권력이 축소된 게 아니라 권력이 통합되어 캠프 험프리스가 평택의 농민들을 몰아내는 초대형 기지로 확장되는 결과가 초래되었다. 2006년에는 농민과 군대 사이의 충돌이 연이었다. 이는 가장 최근에 남한 내 반미 저항이 일어나는 현장 중 하나이다.

17 최근 몇 년 동안 동남아시아와 러시아의 성노동자들이 한국으로 들어오게 된 데에는 정치적·경제적 힘도 있지만, 군 기지의 폐쇄 역시 초국적인 노동의 흐름을 유발했다. 예를 들어 필리핀의 반미 저항 운동이 그곳의 미군 기지 폐쇄로 이어졌고 이 폐쇄 이후 필리핀 노동자들이 한국의 기지촌으로 유입되었다. 다음을 보라. Gwyn Kirk and Carolyn Bowen Francis, "Redefining Security: Women Challenge U.S. Military Policy and Practice in East Asia", *Berkeley Journal of Law* 15, 2000, pp. 229-272. 특히 군사주의에 관한 더 넓은 페미니즘적인 비평이 부재한 상태에서 군 기지 폐쇄가 여성의 삶에 미치는 영향에 관한 논의는 다음을 보라. Cynthia Enloe, *Bananas, Beaches, and Bases: Making Feminist Sense of International Politics*, University of California Press, 1989.

18 Jungmin Seo, "Korean Chinese Migrant Workers and the Politics of Korean Nationalism", paper presented at the annual meeting of the International Studies Association, Hilton Hawaiian Village, Honolulu, Hawaii, March 5, 2005.

19 J. T. Takagi and Hye Jung Park, *The Women Outside: Korean Women and the U.S. Military*, Third World News Reel, 1996.

20 Katharine H. S. Moon, *Sex among Allies: Military Prostitution in U.S.- Korea Relations*, Columbia University Press, 1997, p. 155[캐서린 문,《동맹 속의 섹스》, 이정주 옮김, 삼인, 2002].

21 영어판의 역자는 후기를 통해 이렇게 말한다. "이 꽃은 별다른 매력이 거의 없다는 이유로 한국에서 '할머니 꽃'이라는 이름으로 불린다. 그러므로 이 꽃의 이름은 여성으로서 모든 매력을 상실한 나이든 여자의 은유로 종종 사용된다." Park Wan-so, "A Pasque Flower on That Bleak Day", *The Rainy Spell and Other Korean Stories*, J. Suh, M. E.(trans.), Routledge, 1998, p. 204[박완서, 〈그 살벌했던 날의 할미꽃〉,《대범한 밥상》, 문학동네, 2014].

22 박완서, 〈그 살벌했던 날의 할미꽃〉,《대범한 밥상》, 문학동네, 2014.

23 같은 책, 212쪽.

24 같은 책, 209, 212쪽.

25 Charles J. Hanley, Sang-Hun Choe, and Martha Mendoza, *The Bridge at No Gun Ri: A Hidden Nightmare from the Korean War*, Henry Holt and Company, 2001[최상훈 외, 《노근리 다리》, 남원준 옮김, 잉걸, 2003].

26 윤정모,《고삐》, 풀빛, 1988. [그레이스 M. 조는 다음의 논문에 번역, 인용된 자료를 참고했다.] Yoo Chul-In, "Life Histories of Two Korean Women Who Marry American GIs", Ph.D. diss., University of Illinois at Urbana-Champaign, 1993, p. 27. 유철인은 윤정모가 후기에서 이 이야기가 자신의 여동생을 근간으로 삼고 있고 그것을 글로 쓰는 행위가 "내 혈연사나 과거의 늪으로부터 온전하게 빠져나갈 수" 있게 해주었다고 고백한 부분을 언급하기도 한다(12쪽).

27 Moon, *Sex among Allies*, p. 8[캐서린 문,《동맹 속의 섹스》, 이정주 옮김, 삼인, 2002]; Ji-Yeon Yuh, *Beyond the Shadow of Camptown: Korean Military Brides in America*, New York University Press, 2002, p. 34[여지연,《기지촌의 그늘을 넘어》, 임옥희 옮김, 삼인, 2007].

28 Takagi and Park, *The Women Outside*.

29 Ibid..

30 Jacqueline Rose, *States of Fantasy*, Oxford University Press, 1996, p. 5.

31 Nagel, *Race, Ethnicity, and Sexuality*, p. 179.

32 John Lie, "The Transformation of Sexual Work in 20th-Century Korea", *Gender & Society* 9, no. 3, 1995, p. 316.

33 Ibid..

34 Moon, *Sex among Allies*, p. 46[캐서린 문,《동맹 속의 섹스》, 이정주 옮김, 삼인, 2002].

35 Hanley, Choe, and Mendoza, *Bridge at No Gun Ri*[최상훈 외,《노근리 다리》, 남원준 옮김, 잉걸, 2003]; Kang Sŏk-kyŏng, "Days and Dreams" in Bruce Fulton and Ju-chan Fulton(eds. and trans.), *Words of Farewell: Stories by Korean Women Writers*, Seal Press, 1989[강석경, 〈낮과 꿈〉,《밤과 요람》, 책세상, 2008]; Hosu Kim, "The Parched Tongue" in Patricia Clough with Jean Halley(eds.), *Affective Turn: Theorizing the Social*, Duke University Press, 2007,

374

pp. 34-46.

36 Hyun Sook Kim, "Yanggongju as an Allegory of the Nation", *Dangerous Women: Gender and Korean Nationalism*, ed. Elaine Kim and Chungmoo Choi Routledge, 1998, pp. 175-202[캐서린 문,《동맹 속의 섹스》, 이정주 옮김, 삼인, 2002].

37 Nagel, Race, *Ethnicity, and Sexuality*, p. 141.

38 Hong Sung-nam, *A Flower in Hell: Fascinating Inferno of Desire*, http://www.piff. org/eng/program/shin_5_1.asp(2002년 10월 6일 접속).

39 박완서, 〈그 살벌했던 날의 할미꽃〉,《대범한 밥상》, 문학동네, 2014.

40 캐서린 문의《동맹 속의 섹스》에 따르면 1945년부터 1948년까지 미국이 남한을 점령하는 동안 일련의 매춘 금지가 시행되었지만 상충하는 규정과 허점 때문에 미군을 상대로 법을 제대로 집행하기 어려웠고, 1948년 권력을 한국인들에게 넘길 무렵에는 "이미 미군 매춘이 성행할 대로 성행했다"(47쪽).

41 Soh, "Women's Sexual Labor and State in Korean History", p. 174. 정희 세라 서는 일본 사업가와 미국 군인에게 서비스를 제공하는 상업적인 성매매 업소에서 발생되는 소득을 포함한다. 매춘의 두 형태 모두 남한 정부의 지지를 받았고 역사적으로는 해당 국가와의 포스트식민주의적·신식민주의적 관계라는 맥락 속에 위치한다.

42 Young-Ju Hoang, "The Political Power of Mythology: A Feminist Critique of Modern State Practices in Korea", *Social Alternatives* 24, no. 2, 2005, p. 68.

43 Ibid..특히 황영주는 심청 설화를 여성의 노동이 아버지 또는 국가를 구하는 개인적 희생과 결부될 때만 국가주의적 담론에 포함된다는 사고의 우화로 독해하는 시각을 제시한다. 이 설화에서 열한 살의 심청이는 아버지의 시력을 되찾게 해주려고 공양미 300석을 마련해야 했다. 심청은 공양미를 얻기 위해 바다 신에게 자신의 처녀성을 희생하고 아버지와 자신을 구한다. 그리고 그 뒤 황녀의 지위로 승격된다. 황영주는 군사적인 성노동자들은 "자신의 몸을 팔아서 (…) 아버지와 국가를 구하는" 현대판 심청이라고 주장한다. "하지만 이 여성들이 받는 보상은 동화에서 심청이가 받는 보상과는 사뭇 달랐다. 영광도, 행복한 결말도 없었다"(68쪽).

44 Moon, *Sex among Allies*, p. 158[캐서린 문,《동맹 속의 섹스》, 이정주 옮김, 삼인, 2002].

45 Ibid., p. 154.

46 Hoang, "Political Power of Mythology", p. 68.

47 Ibid.. 유철인이 학위 논문 〈두 한국 여성의 생애사Life Histories of Two Korean Women〉에서 밝히듯, 논문에 등장하는 두 여성 모두 자신이 기지촌에서 일자리를 구하기로 결정한 가장 큰 요인 중 하나는 남자 형제의 교육을 뒷바라지하는 것이었다고 말했다.

48 이 주제에 관한 훌륭한 개괄은 다음을 보라. Enloe, *Bananas, Beaches, and Bases*.

49 Seungsook Moon, *Militarized Modernity and Gendered Citizenship in South Korea*, Duke University Press, 2005, pp. 75-76.

50 Ibid., p. 75.

51 Choi Jang Jip, "Political Cleaveages in South Korea" in Hagen Koo(ed.), *State and Society in Contemporary Korea*, Cornell University Press, 1993. 최장집에 따르면 1967~1976년에 남한 역사에서 가장 많은 인구(전체 인구의 20퍼센트)가 농촌 지역에서 도시로 이동했는데 이는 한국전쟁 시기보다 더 많은 수다. 1970년대 중반 무렵에는 "많은 인구가 도시로 이동했고 이 때문에 농촌 인구가 절반으로 감소했다"(28쪽).

52 Moon, *Sex among Allies*, p. 3[캐서린 문,《동맹 속의 섹스》, 이정주 옮김, 삼인, 2002].

53 Yuh, *Beyond the Shadow of Camptown*, p. 238[여지연,《기지촌의 그늘을 넘어》, 임옥희 옮김, 삼인, 2007].

54 Moon, *Sex among Allies*[캐서린 문,《동맹속의 섹스》, 이정주 옮김, 삼인, 2002]; Saundra Sturdevant and Brenda Stoltzfus(eds.), *Let the Good Times Roll: Prostitution and the U.S. Military in Asia*, New Press, 1992.

55 Wendy Chapkis, *Live Sex Acts: Women Performing Erotic Labor*, Routledge, 1997, p. 166(강조는 원저자).

56 Sturdevant and Stoltzfus, *Let the Good Times Roll*, p. 211.

57 Moon, *Sex among Allies*, p. 39[캐서린 문,《동맹 속의 섹스》, 이정주 옮김, 삼인, 2002].

58 사회적 정체성의 불완전한 규율에 관한 논의는 다음을 보라. Rafael de la Dehesa, *Sexual Modernities: Queering the Public Sphere in Latin America*, Durham, N.C. Duke University Press, forthcoming[다음 책으로 추정됨. Rafael de la Dehesa, *Queering the Public Sphere in Mexico and Brazil: Sexual Rights Movements in Emerging Democracies*, Duke University Press, 2010].

59 Moon, *Sex among Allies*, p. 153[캐서린 문,《동맹 속의 섹스》, 이정주 옮김, 삼인, 2002].

60 캐서린 문과 그가 인터뷰한 여성들에 따르면, 기지촌 매춘부들은 끈질긴 감시하에 놓여 있을 뿐만 아니라 보통 빚에 묶여 있다. 클럽 직원은 첫 손님을 만나기도 전에 이미 큰 빚이 쌓인 상태이고, 보통은 경비를 충당할 정도로 충분한 돈을 벌지 못하기 때문에 빚은 점점 불어나서 계속 많은 손님을 받지 않을 수가 없다. 하지만 여성이 혼자 힘으로 빚을 모두 갚을 가능성은 별로 없다. 이 때문에 여성은 나이가 들어서 쫓겨날 때까지 이런 식으로 계속 일하거나, 자신의 돈 문제를 해결해줄 자애로운 미국 고객을 물색하거나, 아니면 도망치는 선택을 할 수밖에 없는 상황에 놓이게 된다. 기지촌 노동자가 돈을 다 갚기 전에 떠나려고 하면 "슬리키보이slicky boy[한국전쟁 시기 미군을 대상으로 좀도둑질을 하던 한국 남자들을 일컫는 표현]"를 보내서 (클럽의 빚을) 갚지 (않은) 여자들을 두들겨 팬다"(*Sex among Allies*, p. 21[캐서린 문,《동맹 속의 섹스》, 이정주 옮김, 삼인, 2002]).

61 Yoshiaki, *Comfort Women*, p. 180.

62 Moon, *Sex among Allies*, p. 153[캐서린 문,《동맹 속의 섹스》, 이정주 옮김, 삼인, 2002].

63 Sturdevant and Stoltzfus, *Let the Good Times Roll*, pp. 213-214.

64 Giorgio Agamben, *Homo Sacer: Sovereign Power and Bare Life*, Stanford University Press, 1998, pp. 168-169[조르조 아감벤,《호모 사케르》, 박진우 옮김, 새물결, 2008].

65 Ibid., p. 171.

66 Ibid., pp. 170-171.

67 불평등한한미SOFA개정국민연대, 미발표 교육자료. SOFA(주한미군지위협정) 개정국민연대는 한국의 많은 반미 운동 집단 중 하나다. 이들은 주한 미군 기지에 의한 환경 피해에 관한 우려를 꾸준히 제기했고 매향리 폭격장을 폐쇄하는 데 중요한 역할을 했다.

68 한국 내 공식 통계는 매년 미군이 한국인에게 저지른 범죄를 수백 건씩, 때로는 수천 건씩 기록하고 있음에도 SOFA 때문에 한국 정부는 미군을 상대로 사법권을 행사하지 못한다. 본질적으로 SOFA는 범죄 혐의가 있는 미군을 보호하지, 범죄 피해자인 한국인을 보호하지는 않는다. 이런 범죄는 대부분 기지촌에서 저질러지는 까닭에 피해자 대다수는 성노동자이지만 통계는 이런 사실까지 정확하게 포착하지 못한다.

69 Kim, "Yanggongju as an Allegory", p. 189.

70 Choi, "Political Cleavages", p. 24.

71 Kim, "Yanggongju as an Allegory", p. 191.

72 1980년 5월, 광주 시민들이 계엄에 저항하는 움직임을 자발적으로 대거 조직하면서 최초의 중대한 민중 운동이 일어났다. 이후 수백 명, 어쩌면 수천 명의 시위대가 군대에게 학살당했고 미군 지휘관의 재가 아래 치명적인 무력이 사용되었다. 1980년대의 중요한 두 번째 사건은 1987년의 6월 항쟁으로, 이때는 헌법 개정과 대통령 직선제를 요구하는 학생과 노동자들의 시위가 전국적으로 이어졌다.

73 정선,《21세기 역사이야기》, 코리아미디어, 2005, p. 59. 번역은 김호수가 해주었다.

74 Ibid..

75 Kimsoft, "U.S. Military Personnel Commit More Than 600 Crimes a Year in Korea: None of the Crimes Committed 'While on Duty' Has Been Prosecuted in Korean Courts", http://www.kimsoft.com/2002/us-sofa.htm(2005년 11월 15일 접속).

76 Go Yoo-gyeong, "Present and Past of Crimes Committed by the U.S. Forces in South Korea", Afghan Tribunal, 2002, http://afghan-tribunal.3005.net/english/presentandpas tofcrimescommitedbytheusforcesinsk.htm(2005년 11월 17일 접속).

77 다음도 보라. "The National Campaign for the Eradication of Crimes by U.S. Troops in Korea", available at the Web site for the National Campaign for the Eradication of Crimes by U.S. Forces in Korea(USKF), http://usacrime.or.kr/ENG/introduction- main.htm(2005년 11월 17일 접속); K. N. Kim, "Rising U.S. Army Crimes", Asian Human Rights Commission-Human Rights Solidarity, 1994, http://hrsolidarity.net/mainfile. php/1994vol01no01/1937/(2005년 11월 17일 접속).

78 Kim, "Rising U.S. Army Crimes".

79 정선,《21세기 역사이야기》, 60쪽.

80 Rose, States of Fantasy, p. 24. 여기서 로즈는 대상에 감정이 과잉 투여된 나머지 그 대상이 정치적 전투에서 논란의 주제가 된다는 생각을 논한다. 로즈는 팔레스타인 작가이자 변호사 라자 셰하데Raja Shehadeh의 '토지 포르노' 개념을 차용하여—

"추방과 상실이 스스로 가장 격렬한 형태의 민족주의적 강박으로 탈바꿈하는 방식"(24쪽)을 통해—초세대적인 배회가 어떻게 물성을 갖게 되는지를 설명한다.

81 Rolando Tolentino, "Mattering National Bodies and Sexualities: Corporeal Contest in Marcos and Brocka" in Arturo J. Aldama and Alfred Arteaga(eds.), *Violence and the Body*, Indiana University Press, 2003. 톨렌티노는 필리핀에서의 폭력과 민족주의를 논하면서 "국가적인 몸들의 부각에는 몸을 헤게모니적으로 사용하려고 정치화하는 행태가 관련되어 있다"(121쪽)고 주장한다. 이런 부각의 핵심 수단은 스펙터클의 사용인데, 톨렌티노는 이것이 일국의 정치와 초국적 정치에서 특권이 부여된 몸과 주변화된 몸, 특권이 부여된 지위와 주변화된 지위를 구분 짓는 메커니즘이라고 말한다. 그는 전략적 용도로 몸을 창조하는 행위, 그리고 국가의 정치에 더 이상 유용하지 않을 때 이 같은 몸들을 사라지게 만드는 행위를 언급한다.

82 Kim, "Teumsae-eso", p. 317.

83 Kim, "Yanggongju as an Allegory", p. 190.

84 Ibid..

85 김민정은 반체제 민족주의의 핵심 관심을 "종속 집단 경험의 재기입을 통해 공식 역사를 다시 쓰기"로 설명하지만, 종종 지식인에 의해 수행되는 이런 다시 쓰기 행위는 "민중 개념을 활용하여 대중이 직접 정치에 개입할 진입로를 마련할 수도 있다"고 말한다. Kim, "Moments of Danger in the (Dis)continuous Relation of Korean Nationalism and Korean American Nationalism", *positions: east asia cultures critique* 5, no. 2, 1997, p. 365.

86 Inderpal Grewal, "On the New Global Feminism and the Family of Nations: Dilemmas of Transnational Feminist Practice" in Ella Shohat(ed.), *Talking Visions: Multicultural Feminism in a Transnational Age*, MIT Press/New Museum, 1998, p. 503.

87 Sara Ahmed, "Affective Economies", *Social Text* 22, no. 2, 2004, p. 117.

88 Ibid..

89 Cha, *Dictee*, p. 4[차학경, 《딕테》, 김경년 옮김, 문학사상, 2024].

90 Ch'oe Myŏngsun, "Silent Suffering" in Keith Howard(ed.), *True Stories of the Korean Comfort Women*, Cassell, 1995, p. 176.

91 Katharine Moon, "South Korean Movements against Militarized Sexual Labor", *Asian Survey* 39, no. 2, 1998, pp. 310-325.

92 Ibid., p. 316.

93 Ibid., p. 313.

94 선택이냐 강제냐라는 문제는 인신매매금지법이 생계 때문에, 또는 사기나 무력 이외의 어떤 이유로든 성 산업에 진입한 이들은 보호해주지 않고 자기 의사와는 반대로 어쩔 수 없이 일하게 되었음을 입증할 수 있는 사람들만을 보호한다는 사실에 관심을 갖는 성노동 운동가와 여성의 권리 옹호론자들 사이에서 꾸준히 논란을 일으키는 주제이다. 이 논쟁의 한 사례로 한국의 성매매방지법에 반대하는 성노동자들의 저항이 있다. 해당 법은 성 산업의 '피해자'에게만 보호 조치와

서비스를 제공하고 자발적으로 일자리를 얻은 것으로 보이는 사람은 누구든 처벌 대상이 된다. 이 논란에 관한 더 많은 정보는 다음을 보라. Sealing Cheng, "Korean Sex Trade 'Victims' Strike for Rights", *Asia Times Online*, December 22, 2004, http://www.atimes.com/atimes/Korea/FL22Dg01.html(2007년 7월 5일 접속); Kim Moonhee, "A Declaration", Kim Young Mi(trans.), *Inter-Asia Cultural Studies* 7, no. 2, 2006, pp. 338-340; Ko Gaphee, "Sex Work in Asia and Voices from the Spot: Sex Trade/Sex Work in Korea and Asia", *Inter-Asia Cultural Studies* 7, no. 2, 2006, pp. 319-321. 인신매매 담론에 관한 더 일반적인 논의는 다음을 보라. Melissa Ditmore, "In Calcutta, Sex Workers are Organizing" in Patricia Clough with Jean Halley(eds.), *Affective Turn: Theorizing the Social*, Duke University Press, 2007, pp. 170-186; Melissa Hope Ditmore, "Feminism" in Melissa Hope Ditmore(ed.), *Encyclopedia of Prostitution and Sex Work*, Greenwood, 2006, pp. 154-160.

95 Soh, "Women's Sexual Labor and State in Korean History", p. 170.

96 Kim, "Bad Women", p. 574.

97 나는 두 소녀가 사망한 시기에 한국에 있었지만 이 사건은 당시 월드컵 열기에 휩싸인 한국 상황 탓에 미디어에서 그렇게 많이 다뤄지지 않았다. 나는 한국어 실력이 제한적인 까닭에 영어로 방송되는 텔레비전 채널을 주로 시청했는데, 그중 하나가 주한 미군 채널이었다. 해당 채널은 미군 인력에게 "성난 한국인 군중"을 조심하라고 주의를 주었다. 아무리 주한 미군 채널을 오래 시청해도 한국 축구팀의 경이로운 승리로 온 나라에 환호성이 끊이지 않는 와중에 어째서 그런 분노가 일어나고 있는지 그 이유를 알 수 없었다. 나는 미국으로 돌아온 뒤에야 의정부에서 일어난 그 터무니 없는 비극에 대해 알게 되었다.

98 범죄 현장과 수사에 관한 사진 갤러리는 여러 사이트 중에서도 다음을 보라. http://voiceofpeople.org/new/photo/index.htm.

99 Hosu Kim, 개인적 소통, 2005.

100 Ann Anlin Cheng, *The Melancholy of Race*, Oxford University Press, 2001, p. 145.

101 Edwards, *Practice of Diaspora*, p. 12.

102 '청중의 꿈'은 캘리포니아 버클리대학교 아트뮤지엄이 2001년부터 2003년까지 투어 형식으로 마련한 차학경의 생애와 작품 회고전의 제목이었다. 이 문단에 인용된 표현의 출처는 차학경의 《딕테》이다.

103 2002년 가을, 나는 몬테 울먼Monte Ullman의 집단 꿈 해석 과정을 활용하는 빌 스팀슨Bill Stimson의 꿈 모임에 참여했다. 성인이 된 이후 처음으로 한국에 다녀온 직후이자 이 프로젝트를 시작하기 직전 나는 이 꿈을 꾸었다. 이 꿈은 집단 무의식을 검토하는 방법에 처음으로 발을 들인 사건 가운데 하나였고, 내가 배회당하는 역사에 관한 글을 쓰게 된 계기로 작용했다.

4장

1 Katharine H. S. Moon, *Sex among Allies: Military Prostitution in U.S.-Korea Relations*, Columbia University Press, 1997[캐서린 문,《동맹 속의 섹스》, 이정주 옮김, 삼인, 2002]; Kang Sŏk-kyŏng, "Days and Dreams" in Bruce Fulton and Ju-chan Fulton(ed. and trans.), *Words of Farewell: Stories by Korean Women Writers*, Seal Press, 1989, p. 22[강석경, 〈낮과 꿈〉, 《밤과 요람》, 책세상, 2008].

2 Alexandra Suh, "From 'A Short Time' to 'A Way Out'": Race, Militarism, and Korean Sex Workers in New York", *Colorlines* 2, no. 1, 1999, p. 30.

3 "A War Bride Named 'Blue' Comes Home: Johnie Morgan Returns to the U.S. with a Korean Wife Who Once Walked 200 Miles to Be with Him", *Life Magazine* 31, no. 19, November 5, 1951, p. 41.

4 Ibid..

5 Yoo Chul-In, "Life Histories of Two Korean Women Who Marry American GIs", Ph.D. diss., University of Illinois at Urbana-Champaign 1993, p. 33. '양공주'라는 표현에 대해 유철인은 어떻게 "한국 사회가 서양의 공주가 된 '신데렐라'처럼 그가 가난으로부터 그리고 한국의 순결과 정조 관념으로부터 탈출한 것으로 상상"하고 있는지를 드러낸다고 해석한다(33쪽).

6 Yoo, "Life Histories of Two Korean Women", p. 142.

7 강석경, 〈낮과 꿈〉, 《밤과 요람》, 책세상, 2008.

8 같은 책.

9 같은 책.

10 같은 책.

11 한국의 군인 대상 성노동자에 관한 사회과학과 사회복지 계통의 많은 연구에서와 달리 우리는 강석경의 작품에서 비록 지쳐 있기는 하지만 자신의 일에서 어떤 즐거움을 얻는 양공주의 초상을 본다. 나는 여성이 기지촌 매춘에 발을 들이겠다는 결정을 내리는 데 있어서 욕망이 어느 정도 역할을 하는지 질문을 받곤 한다. 나는 먼저 '선택'이라는 개념을 해체하지 않고서는 이 질문에 답하는 걸 싫어하지만, 기지촌 매춘에 관해 입수 가능한 정보의 출처들은 대부분의 여성이 강압이나 성욕보다는 경제적 필요 때문에 이 일로 흘러들어오게 된다고 전한다. 하지만 매춘, 특히 군인 상대 매춘을 향한 낙인이 워낙 심해서 사실 성욕이 주요 동기 중 하나라고 실제로 인정하는 여성은 거의 없다. 내가 이 장에서 제시하듯 미국을 향한 집단적인 욕구는 개별화된 성욕을 넘어서는 동력이다.

12 Hyun Sook Kim, "Yanggongju as an Allegory of the Nation" in Elaine Kim and Chungmoo Choi(eds.), *Dangerous Women: Gender and Korean Nationalism*, Routledge, 1998[일레인 김 외, 《위험한 여성》, 박은미 옮김, 삼인, 2001].

13 Yoo, "Life Histories of Two Korean Women", p. 33.

14 David Eng and David Kazanjian(eds.), *Loss: The Politics of Mourning*, University of

California Press, 2003, p. ix.

15 양공주 1부터 양공주 7에 관한 삽화들의 기본 줄거리는 집단 예술 프로젝트 〈어제 안에 오늘〉(http://www.stillpresentpasts.org)에서 제시된 램지 림의 한국전쟁 생존자 구술사 작업, 그리고 다음에 발표된 내용을 바탕으로 하고 있다. "History, Trauma, and Identity: The Legacy of the Korean War for Korean Americans", *Amerasia Journal* 29, no. 3, 2003/4, pp. 111-129; 《기지촌의 그늘을 넘어》에 서술된 여지연의 군인 신부 구술사 작업; 유철인의 학위 논문 "The Life Histories of Two Korean Women Who Married American GIs"; J. T. 타카기와 박혜정의 다큐멘터리 영화(*The Women Outside: Korean Women and the U.S. Military*, Third World News Reel, 1996)에 등장하는 여성들; 구타당하는 한인 이민자 여성에 관한 사회복지 계열의 문헌; 혼혈 한국계 미국인들을 대상으로 한 미디어 인터뷰; 자신의 자녀를 살해한 혐의로 기소된 한인 군인 신부인 종순 프랑스Chong Sun France와 윤금이 같은 세간을 떠들썩하게 한 양공주에 관한 해설들; 한인 군인 신부와 그 자녀들과의 개인적인 소통; 그리고 혼혈 가정에서, 한국인 어머니가 미군과 결혼한 다른 여러 아이들 사이에서 성장기를 보낸 내 어린 시절의 기억들.

16 〈어제 안에 오늘〉.

17 Jong Yeon Brewer, "Language Loss in Korean-American Biracial/Bicultural Military Families", Ph.D. diss., University of Arizona, Tucson, 2003, p. 13.

18 Yoo, "Life Histories of Two Korean Women", p. 110.

19 Kim, "Bad Women", p. 577.

20 이 학교는 최근 다문화학교로 이름을 바꿨지만 나는 김양향이 1996년 영화에 등장하던 시기에 사용되던 이름을 쓰기로 했다. 이 학교의 역사 대부분에 해당하는 1971년부터 2000년까지 이 서비스는 '신부 학교'라고 불렸고 미군과 결혼 또는 약혼한 한인 여성이 그 대상이었다. 이름이 바뀐 것 이외에도 예비 신부만이 아니라 커플을 모집하려는 노력도 있었지만 이 학교의 책임자인 이본 박의 지적처럼 대부분의 미군 남성은 자기 배우자와 약혼자의 문화를 배우는 데 관심이 없다. "그 사람들 생각은 이런 식이에요. '우린 한국에 갈 일이 없어. (…) 그냥 아내를 가르쳐야지.'" 다음을 보라. Jacob Adelman, "Bride School Prepares Korean Women for Challenges of Married Life Stateside", 1999, http://jacobadelman.com/clips/kh/brd. html(2004년 3월 2일 접속).

21 Michael Baker, "The Perfect American Wife, Korean-Style", *Christian Science Monitor*, November 17, 1998, http://search.csmonitor.com/durable/1998/11/17/p1s4.htm (2004년 3월 2일 접속).

22 Yuh, *Beyond the Shadow of Camptown*, p. 12[여지연, 《기지촌의 그늘을 넘어》, 임옥희 옮김, 삼인, 2007].

23 Robert E. Park and E. Burgess, *Introduction to the Science of Sociology*, 1921, University of Chicago Press, 1969; Herbert Gans, "Symbolic Ethnicity: The Future of Ethnic Groups and Cultures in America", *Ethnic and Racial Studies* 2, 1979, pp. 1-20.

24 Ann Anlin Cheng, *The Melancholy of Race*, Oxford University Press, 2001, p. 28.

25 사회학계 내부에서 특히 의미 있는 도전은 다음에서 찾을 수 있다. Mia Tuan, *Forever Foreigners or Honorary Whites? The Asian Ethnic Experience Today*, Rutgers University Press, 1998.

26 A. Williams, "Sisters Think Parents Did O.K.", *New York Times*, Style, October 16, 2005, p. 1.

27 Richard Alba and Victor Nee, "Rethinking Assimilation Theory for a New Era of Immigration", *International Migration Review* 31, no. 4, 1997, p. 839.

28 Pyong Gap Min(ed.), *Asian Americans: Contemporary Trends and Issues*, Sage, 1995.

29 포너가 발표를 한 시점은 9.11테러가 일어나고 일주일 정도 지났을 때였다. 이 발표에서 그는 남아시아인과 동아시아인을 모두 같은 '명예 백인'으로 취급하며 아시아계 내부의 차이를 지워버렸다. 질의 응답 시간에 나는 만일 모든 아시아인이 사실상 '명예 백인'이라면 어째서 9.11 테러 이후 남아시아인과 '아랍인처럼 보이는' 사람들을 향한 공격이 대대적으로 일어났다고 생각하는지 질문했다. 그리고 9.11 테러 이후 일어난 사건들이 아시아계 미국인이 이주를 연구하는 사회학자들이 생각하는 것만큼 백인에 가까운 상태가 아님을 보여주는 증거라 할 수 있고, 우리가 살고 있는 그 시점은 사회학자들이 미국 내 아시아인의 동화에 관한 서사를 수정할 기회를 제공한다는 의견을 밝혔다. 그러자 세미나의 진행자가 포너에게 내 의견에 대답할 기회를 주지 않고 다음 질문으로 넘어갔다. 몇 개의 질문이 이어진 뒤 다른 아시아계 미국인 학자가 "나는 그레이스가 했던 질문에 대답을 듣지 못했기 때문에 그 질문을 다시 하고 싶다"고 말했지만 이번에도 다시 어물쩍 넘어가버렸다. 미국 내 아시아인에 관한 이야기를 수정하는 일은 어쩌면 '명예 백인'이라고 불리는 사람들만큼이나 사회학자들이 많은 투여를 해온 사회학의 판타지에 파열구를 내는 작업이기도 한 것 같다.

30 Cheng, *Melancholy of Race*; David Eng, *Racial Castration: Managing Masculinity in America*, Duke University Press 2001; David Eng and Shinhee Han, "A Dialogue on Racial Melancholia", *Psychoanalytic Dialogues* 10, no. 4, 2000, pp. 667-700; Lisa Lowe, *Immigrant Acts: On Asian American Cultural Politics*, Duke University Press, 1996; Jasbir Puar and Amit Rai, "The Remaking of a Model Minority: Perverse Projectiles under the Specter of (Counter) Terrorism", *Social Text* 22, no. 3, 2004, pp. 75-104.

31 Lowe, *Immigrant Acts*, p. 17.

32 Alba and Nee, "Rethinking Assimilation Theory" in Pyong Gap Min and Rose Kim(eds.), *Struggle for Ethnic Identity: Narratives by Asian American Professionals*, AltaMira, 1999.

33 Min, *Asian Americans*, pp. 219-220.

34 Ibid., p. 220.

35 Brewer, "Language Loss in Korean-American Families", p. 10.

36 Yoo, "Life Histories of Two Korean Women", p. 132.

37 Eng, *Racial Castration*, p. 37.

38 Cheng, *Melancholy of Race*, p. 10.

39 Ibid., p. 7.

40 Takagi and Park, *Women Outside*.

41 Lowe, *Immigrant Acts*, p. 33.

42 Nicolas Abraham and Maria Torok, *The Shell and the Kernel: Renewals of Psychoanalysis*, vol. 1, Nicholas T. Rand(ed. and trans.), University of Chicago Press, 1994, p. 176.

43 Ishle Park, *The Temperature of This Water*, Kaya, 2003.

44 Heinz Insu Fenkl, *Memories of My Ghost Brother*, Dutton, 1996, p. 267.

45 이 투여가 어떻게 한인 생모와 해외 입양아들을 국가 발전의 몸들로 생성하는지에 관한 분석은 다음을 보라. Hosu Kim, "Mothers without Mothering: The Emergent Figure of the Birthmother in South Korea" in Kathleen Ja Sook Bergquist, E. Vonk, and Dongsoo Kim(eds.), *International Korean Adoption: A 50-Year History of Policy and Practice*, Haworth, 2007.

46 Fenkl, *Ghost Brother*, p. 229.

47 Bruce Cumings, "Silent but Deadly: Sexual Subordination in the U.S.-Korean Relationship" in Saundra Sturdevant and Brenda Stoltzfus(eds.), *Let the Good Times Roll: Prostitution and the U.S. Military in Asia*, New Press, 1992, p. 171.

48 자아 성찰면에 있어서, 커밍스는 자신의 1968년 일기에 '우월자적' 어조가 있음을 인정하면서도 1992년 독자들과 이 묘사를 공유할 필요를 느꼈다.

49 Nora Okja Keller, *Fox Girl*, Penguin, 2002, p. 11 [노라 옥자 켈러, 《여우 소녀》, 이선주 옮김, 솔출판사, 2008].

50 Ibid., p. 81.

51 Ibid..

52 Ibid., p. 111. 한국의 혼혈 자녀의 삶에서 사라진 미국 아버지라는 문제의 측면에서 켈러의 작품은 혼혈 베트남 안무가 마우라 응우엔 도너휴-Maura Nguyen Donahue의 작품과 공명한다. 도너휴의 작품은 미국 군사주의가 베트남전쟁 기간 동안 미군을 아버지로 둔 베트남 아이들에게 미친 영향을 다루기 때문이다. 도너휴의 춤 작품 "표면을 벗겨냄SKINning the SurFACE"에 제시된 통계 중 하나에 따르면 아메라시안 어린이 가운데 자신의 생부를 만나본 아이는 단 한 명이다. 이 작품들은 아시아 내에서 미국이 참전한 전쟁이 세대 초월적으로 미친 영향뿐만 아니라 미국이 침략하여 미군이 아버지로서의 책임을 다 하지 않은 아시아 국가들과 미국 간의 불평등한 역사적 관계를 향해서도 말을 건다. 이는 단순히 전쟁 또는 미군 주둔의 문제만은 아니다. 가령 독일에 주둔하는 미군을 대상으로 한 SOFA 규정 안에는 미군은 자기 자녀의 아버지를 확인하고 그 소재를 파악하려고 하는 독일 여성에게 협조해야 한다는 요구 사항이 있지만 미국과 남한 사이의 SOFA 규정에는 그런 조항이 없다.

53 Terry Hong, "The Dual Lives of Nora Okja Keller", Asianweek.com, April 5, 2002, http://www.asianweek.com/2002_04_05/keller.htm(2002년 5월 23일 접속). 다른

인터뷰에서 켈러는 자신이 한국인 어머니와 미국인 아버지 사이에서 태어난 혼혈이라고 이야기한 적이 있었지만, 내가 알기로 그는 자신의 부모가 어떻게 만났는지 상세히 밝힌 적이 없다. 어쩌면 다른 혼혈의 한국계 미국인들처럼 켈러 역시 가족사에 관해 제대로 이야기를 들어본 적이 없거나, 아브라함과 토록의 작품에 나오는 배회당하는 내담자들처럼 트라우마가 있는 비밀을 표출해야 하는 필요와 어머니에게 의리를 지켜야 하는 필요 사이에서 긴장을 느꼈을 수도 있다. 내가 개인적으로 소통한 혼혈 한국계 미국인 학자와 작가들 가운데는 자신의 가족사를 '커밍아웃'하고 싶지는 않지만 부모들이 밝히지 않으려는 것에 의해 '배회당한다'고 실제로 느낀다고 말한 경우가 많았다.

54 Abraham and Torok, *The Shell and the Kernel*, 1, p. 182.

55 꾸준히 시사하고 있듯 사실과 픽션 사이에는 뚜렷한 경계가 존재하지 않는다. 특히 무의식의 힘과 매춘의 낙인을 설명하려고 할 때는 더더욱. 심지어 실증주의적인 사회 연구에서도 인터뷰어가 자신에 대해 하는 이야기에서, 그리고 인터뷰 정보가 일관된 사회학적 서사로 변형되는 방식에서 픽션화라는 요소가 존재한다.

56 명예 백인성에 투자하는 데는 심리적 결과만 있는 게 아니라 정치적 비용 역시 있다. 푸아르Puar와 라이Rai의 지적처럼 어떤 아시아의 몸들은 "모범적인 소수자 구조물의 양가적인 시험대"가 되었다. 더 자세한 논의는 다음을 보라. Jasbir Puar and Amit Rai, "The Remaking of a Model Minority: Perverse Projectiles under the Specter of (Counter) Terrorism", *Social Text* 22, no. 3, 2004, pp. 75-104. 남아시아인들이 9.11테러 이후 모범적인 소수자에서 잠재적인 테러리스트로 전락했듯, 9.11 이후 미국 내 한국계 미국인과 남한 운동가에 대한 조사가 강화되었다는 점에서 악의 축과 북한 공산주의라는 망령 역시 명예 백인성을 궁지로 몰아넣었다. 가령 뉴욕을 기반으로 한 한인 커뮤니티 조직인 노둣돌이 개최한 반전 행사는, 한국계 미국인들이 '반미' 성향으로 보일지 모른다는 우려 때문에 한국 영사관과 한국의 정보기관에 의해 중단되었다. 아직도 '명예 백인'이고자 하는 포부가 있는 사람들은 미국에 꾸준히 충성심을 표출하고 북한에 공감하지 않음으로써 '착하고' '고마워할 줄 아는' 한국인 역할을 수행해야 하는데, 이는 비평 행위가 백인보다는 비백인에게, 그리고 심지어는 '명예 백인'에게 훨씬 위험함을 보여준다.

57 Michael M. J. Fischer, "Ethnicity and the Postmodern Arts of Memory" in James Clifford and George E. Marcus(eds.), *Writing Culture: The Poetics and Politics of Ethnography*, University of California Press, 1986, p. 198.

58 Eng and Kazanjian, *Loss*, p. 13.

59 John Johnston, *Information Multiplicity: American Fiction in the Age of Media Saturation*, Johns Hopkins University Press, 1998, p. 45.

5장

1   Toni Morrison, *The Bluest Eye*, Plume, 1970, p. 204[토니 모리슨, 《가장 파란 눈》, 정소영 옮김, 문학동네, 2024].

2   W. E. B. Dubois, *The Souls of Black Folk,* Bantam Books, 1903, p. 2.

3   Ann Anlin Cheng, *The Melancholy of Race*, Oxford University Press, 2001, p. 7.

4   Morrison, *Bluest Eye*, p. 201(강조는 원저자)[토니 모리슨, 《가장 파란 눈》, 정소영 옮김, 문학동네, 2024].

5   Jackie Orr, *Panic Diaries: A Genealogy of Panic Disorder*, Duke University Press, 2006, p. 18.

6   Nicolas Abraham and Maria Torok, *The Shell and the Kernel: Renewals of Psychoanalysis*, vol. 1, Nicholas T. Rand(ed. and trans.), University of Chicago Press, 1994, p. 171.

7   문학비평가 데이비드 엥과 임상 정신분석가 한신희의 공동 연구는 초세대적인 배회가 동화의 증상임을 보여주는 사례를 제시한다. 이들은 자신의 연구에 등장하는 아시아계 미국인 내담자, 픽션과 영화 같은 반쯤 자전적인 작업의 주인공들뿐만 아니라 치료를 원하는 환자들이 부모의 발화되지 않은 트라우마와 무의식적인 욕망을 물려받는다는 인종적 우울증 이론을 전개한다. 엥과 한신희는 '문화적 차이'라는 정신요법 패러다임을 뛰어넘어서, 아시아계 미국인을 치료할 때는 대물림된 트라우마가 경제적·인종적 불의 같은 집단적인 트라우마와 연결되어 있는 경우가 많음을 인정하며 개입 방식을 정치화할 필요가 있다고 주장한다. 이들이 제시하는 가장 극적인 사례는 일본계 미국인들의 억류이다. 트라우마라는 유산 앞에서 아시아계 미국인들의 동화라는 개념은 정신 질환으로 이어지지는 않아도 문제적이다. 임상의 측면에서 이는 정신적 배회는 초세대적으로만 해소 가능하다는, 그리고 "초기적인 치유 과정"에는 종종 타자의 트라우마 현장으로 되돌아가기가 개입된다는 함의를 갖는다. Eng and Han, "A Dialogue on Racial Melancholia", *Psychoanalytic Dialogues* 10, no. 4, 2000, p. 354.

8   내가 정신 질환의 구성적인 성격에 질문을 던지기는 해도 여기에는 정신적 고통에 시달리는 한인 군인 신부와 성노동자와 함께 일하는 사회서비스 제공자들의 노력을 깎아내리거나 좌절시키려는 그 어떤 의도도 없다.

9   Dwight Fee(ed.), *Pathology and the Postmodern: Mental Illness as Discourse and Experience*, Sage, 2000, p. 3.

10 Ivan Leudar and Phillip Thomas, *Voices of Reason, Voices of Insanity: Studies of Verbal Hallucinations*, Routledge, 2000, p. 6.

11 Ibid., pp. 83, 13. 루다르와 토머스는 이어서 말한다. "대부분의 정신과 의사들은 '목소리'를―기침, 통증, 홍역처럼―억눌러야 하는 증상으로 보고 정신의학 서비스를 이용하는 많은 사람들 역시 실제로 목소리를 없애고 싶어 한다. 하지만 다른 목소리는 그들의 예외적인 경험에 관해 공개적으로 이야기하고 싶어 하는 건지도 모른다"(52~53쪽). 이는 목소리를 듣는 사람들에게서 낙인을 거두는 것이

약물 치료만큼이나 중요함을 시사한다.

12 Johnston, "Machinic Vision", *Critical Inquiry* 26, no. 1, 1999. p. 44. 다음도 보라.
Gilles Deleuze and Felix Guattari, *Anti-Oedipus: Capitalism and Schizophrenia*,
University of Minnesota Press, 1983 [질 들뢰즈, 펠릭스 가타리, 《안티 오이디푸스》, 김재인 옮김,
민음사, 2014].

13 이 장은 공연 텍스트의 각색이기도 하다. 그 일부는 2002년 12월 13일
뉴욕시립대학교 마틴시걸시어터의 〈몸을 공연하기: 인간과 그 너머Performing Bodies:
Human and Beyond〉에서 첫 선을 보인 〈혀로 꿈꾸기Dreaming in Tongues〉(김호수와 함께)로,
그리고 2005년 1월 29일 케임브리지 다문화예술센터에서 〈어제 안에 오늘〉이라는
예술 전시의 일환으로 첫 선을 보인 〈6.25: 피부 아래의 역사6.25: History beneath the
Skin〉[캐롤리나 맥닐리Carolina McNeeley 감독, 김호수와 이현과 공동으로]로 공연되었다. 현장
공연에서 나는 음향 녹음을 이용해서 청중이 디아스포라의 트라우마에 관해
말하는 목소리의 다중성을 들을 수 있게 했다.

14 Abraham and Torok, *The Shell and the Kernel*, 1, p. 176.

15 반쯤 픽션을 가미해서 우키시마호 사건을 다룬 이 영화에서 우리는 두 생존자밖에
보지 못한다. 하지만 실제 사건의 생존자라고 스스로 밝힌 사람은 최소 80명이다.

16 우키시마호는 많은 수의 위안부를 비롯, 조선 징용자들을 한국으로 송환하는
일련의 일본 해군 함대 중 첫 번째 배였다.

17 〈살아있는 영혼들〉이 역사적 사실을 얼마나 정확하게 다루고 있는지는 논란의
여지가 있지만, 그 이야기는 우키시마호 사건 생존자들의 목격담을 바탕으로
하고 있다. 여기서 생존자들은 일부 일본 선원이 폭발 직전에 배에서 대피했다고
증언했다.

18 Rea Tajiri, *History and Memory*, videorecording, Women Make Movies, 1991. 여기서
화자는 2차 세계대전 기간 동안 일본계 미국인 억류 수용소에서 자기 어머니가
겪은 경험을 이야기한다. 어머니는 이 경험을 한 번도 이야기하지 않고 어쩌면
심지어 기억할 수도 없지만 딸은 꿈, 스크린 이미지, 배회당한다는 느낌의 정동을
통해 그 기억들을 물려받는다.

19 Hwang Jang - jin, "South Koreans Urge Japan to Take Full Responsibility for 1945 Ship
Blast", *Korea Herald*, August 25, 2001, http://www.koreaherald.co.kr/servlet/kherald.
article.view?id=200108250034(2002년 6월 6일 접속).

20 Richard Lloyd Parry, "Korea Rallies round Kim Jong Il's 'Titanic' Tale of Slave
Ship", *Asia Times*, August 24, 2001, http://www.archk.net/news/mainfile.php/
ahrnews_200108/1818(2002년 6월 6일 접속).

21 "Japan/Korea: 15 South Koreans Awarded 45 Million Yen over Ship Blast",
Japan Times, August 24, 2001, http://www.archk.net/news/mainfile.php/
ahrnews_200108/1818(2002년 6월 6일 접속).

22 Chung Hye-Jean, "Two Films Shed Light on 1945 Ship Tragedy", *Korea
Times*, September 17, 2001, http://www.koreatimes.co.kr/kt_culture/200109

/t200109171718084611O.htm(2002년 6월 6일 접속).

23 "Korean 'Titanic' Amazes Moscow and Hong Kong Audience; To Be Exported to West", *People's Korea*, July 25, 2001, http://www.korea-np.co.jp/pk/165th_issue/2001072515. htm(2002년 6월 6일 접속).

24 Ibid..

25 Tajiri, *History and Memory*.

26 옛 위안부 여성과 일본 여성 예술가들이 그린 그림은 역사 기록에서 누락된 것들을 증언한다. 그 그림에 담긴 세상에서는, 특히 익사한 몸들이 위안부 여성의 몸이었을 때 우키시마호 이야기가 그냥 정확하기만 한 게 아니라 평범할 지경이다. "잔혹 행위의 증거를 인멸하기 위해 일본군이 익사시킨 셀 수 없이 많은 위안부 여성을 기리는"(276쪽) 강덕경 할머니의 ⟨익사한 여자Drowned Woman⟩와, 무당이 태평양을 횡단하던 중 사라진 실종 위안부 여성들의 영혼을 달래는 의식을 하던 와중에 해저에 있던 인체의 잔해와 침몰된 해군 선박과 조우하게 되는 상황을 그린 토미야마 태코Tomiyama Taeko의 ⟨바다의 기억Memory of the Sea⟩은 다음에 수록돼 있다. *positions: east asia cultures critique* 5, no. 1, 1997.

27 Tajiri, *History and Memory*.

28 Johnston, "Machinic Vision", p. 46.

29 Slavoj Žižek, "'I Hear You with My Eyes,' or The Invisible Master" in Renate Salecl and Slavoj Žižek(eds.), *Gaze and Voice as Love Objects*, Duke University Press, 1996, p. 93.

30 Jill Bennett, *Empathic Vision: Affect, Trauma, and Contemporary Art*, Stanford University Press, 2005, p. 68.

31 Ibid..

32 Leudar and Thomas, *Voices of Reason, Voices of Insanity*, p. 6.

33 다음에 나오는 사례이다. Alexandra Seung Hye Suh, "Military Prostitution in Asia and the United States" in Joy James(ed.), *States of Confinement: Policing, Detention, and Prisons*, Palgrave, 2000.

34 Ibid., p. 157.

35 강제 성노동이 생존 위안부 여성에게 미친 심리적 영향에 관한 논의는 다음의 도입부를 보라. Chungmoo Choi, the comfort women: *colonialism, war, and sex*, special issue, *positions: east asia cultures critique* 5, no. 1, 1997.

36 Kyung Hyun Kim, "Post-Trauma and Historical Remembrance in Recent South Korean Cinema: Reading Park Kwang-su's A *Single Spark*(1995) and Chang Son-u's *A Petal* (1996)", Cinema Journal 41, no.4, 2002, p. 109. '한국의 천안문 사태'라고 불리기도 하는 광주 항쟁 또는 광주 학살에 대한 다양한 설명에 따르면, 시위에 참가했다가 한국 군대에게 목숨을 잃은 사람의 수는 200명에서 2000명 사이로 추산된다. 김경현이 언급하는 경합 상태의 역사 쓰기는 시신의 수에서 나타나는 차이, 그리고 미국이 학살에 개입한 정도에 관한 다양한 해석 모두에 해당한다. 가장 관대한 해석에 따르면 남한군은 지위가 미국에 종속되어 있다 보니 미국의 사전 승인이

없으면 광주에서와 같은 정도의 무력을 움직일 수 없긴 하지만, 많은 사람이 한국
정부가 미군으로부터 직접적인 명령을 받아서 발포했다고 믿는다.

37 Kim, "Post-Trauma and Historical Remembrance", p. 109.

38 Žižek, "I Hear You with My Eyes", p. 92.

39 Tajiri, *History and Memory*.

40 Abraham and Torok, *The Shell and the Kernel*, 1, p. 173.

41 Alisa Lebow, "Memory Once Removed: Indirect Memory and Transitive Autobiography
in Chantal Akerman's D'Est", *Camera Obscura* 52, no. 18, 2003, p. 37.

42 Leudar and Thomas, *Voices of Reason, Voices of Insanity*, p. 2.

43 Abraham and Torok, *The Shell and the Kernel*, 1, p. 166.

44 Ibid., p. 175.

45 Tajiri, *History and Memory*.

46 서로 몰래 의사소통을 하기 위해 개발한 비언어적인 소통 시스템을 설명하는 옛
위안부 여성들의 증언은 다음을 보라. Howard, *True Stories of the Korean Comfort
Women*.

47 Žižek, "I Hear You with My Eyes", p. 93(강조는 이 책의 저자가 한 것임).

48 Leudar and Thomas, *Voices of Reason, Voices of Insanity*, p. 82.

49 Bennett, *Empathic Vision*, p. 69.

50 Ibid..

51 Abraham and Torok, *The Shell and the Kernel*, 1, p. 179.

52 포획된 신민 만들기에 관한 흥미로운 논의는 다음을 보라. Hortense Spillers,
"Mama's Baby, Papa's Maybe: An American Grammar Book", *Diacritics* 17, 1987,
pp. 65-81. 스필러스에게 있어서 노예를 가득 싣고 항해하는 선박의 이미지는
'대양'에서의 부유를, 아기가 자신이 어머니, 가슴, 모유로부터 분리된 존재임을
감지하지 못하는 오이디푸스 이전 단계를 연상케 하는 감정을 시사한다. 개별
정체성이 발달하기 전 이렇게 신생아와 주변 환경과의 하나됨은 프로이트식의
오이디푸스화 서사에서 보편적인 것으로 상정된다. 하지만 스필러스는
정상화를 가능하게 만들기 위한 조건이 부재한 상황에서도 정상화의 도구로서
오이디푸스적인 픽션에 종속되었던 아프리카 노예들의 역설적인 상황에 주목한다.
노예제는 아이들을 그 어머니와 떨어뜨려놓음으로써 혈연관계를 모호하게
만들었고 때문에 혈통은 늘 불확실했으며, 이로써 비오이디푸스적인 정신분석
자서전, 서양의 심리학이라면 온전하지 못하다고 할 만한 그런 자서전을 쓸
만한 토대가 마련되었다. 또한 노예선이라는 맥락에서 우주 또는 어머니와의
하나됨과 연결된 대양의 느낌은 "토착 문화와 땅에서 멀어진 차별화되지 않은
정체성"의 대양으로 대체된다. 이 포로들은 그 운명이 "미지의 경로에 (…)
노출된" "문화적으로 미형성된" 존재들이었다(72쪽). 하지만 스필러스의 문헌에
나오는 노예선과는 달리 우키시마호는 노예를 미지의 땅으로 운반하는 게 아니라
귀환자들이 전에 알긴 했지만 유령처럼 존재하던 집으로 이들을 되돌려보내는

388

것이었다.

53   Abraham and Torok, *The Shell and the Kernel*, 1, p. 176.

54   Brian Massumi, Parables for the *Virtual: Movement, Affect, Sensation*, Duke University Press, 2002[브라이언 마수미, 《가상계》, 조성훈 옮김, 갈무리, 2011].

55   Abraham and Torok, *The Shell and the Kernel*, 1, p. 176.

56   Ibid., p. 176.

57   Sigmund Freud, *Beyond the Pleasure Principle*, quoted in Cathy Caruth, *Unclaimed Experience: Trauma, Narrative, and History*, Johns Hopkins University Press, 1996, p. 2.

58   Caruth, *Unclaimed Experience*, p. 3.

59   Ibid., p. 8.

60   Theresa Hak Kyung Cha, *Dictee*, Tanam, 1982[차학경, 《딕테》, 김경년 옮김, 문학사상, 2024].

61   Leudar and Thomas, *Voices of Reason, Voices of Insanity*, p. 209(강조는 원저자).

62   Žižek, "I Hear You with My Eyes", p. 91.

63   Tajiri, *History and Memory*.

64   Johnston, *Information Multiplicity*, p. 224.

65   Ibid., p. 230.

66   Daniel Paul Schreber, *Memoirs of My Nervous Illness*, New York Review of Books, 2000[1955].

67   Yi Yŏngsu, "Return My Youth to Me" in Keith Howard(ed.), *True Stories of the Korean Comfort Women*, Cassell, 1995, p. 91.

68   Cho'e Myŏngsun, "Silent Suffering" in Keith Howard(ed.), *True Stories of the Korean Comfort Women*, Cassell, 1995, p. 173.

69   Yi Yŏngsuk, "I Will No Longer Harbour Resentment" in Keith Howard(ed.), *True Stories of the Korean Comfort Women*, Cassell, 1995, p. 54.

70   Yi Okpun, "Taken Away at Twelve" in Keith Howard(ed.), *True Stories of the Korean Comfort Women*, Cassell, 1995, p. 101.

71   Yi Sangok, "I Came Home, but Lost My Family" in Keith Howard(ed.), *True Stories of the Korean Comfort Women*, Cassell, 1995, p. 133.

72   Yi Okpun, "Taken Away at Twelve", p. 101.

73   Yi Sunok, "It Makes Me Sad That I Can't Have Children" in Keith Howard(ed.), *True Stories of the Korean Comfort Women*, Cassell, 1995, p. 120.

74   Heinz Insu Fenkl, *Memories of My Ghost Brother*, Dutton, 1996, p. 35.

75   Leudar and Thomas, *Voices of Reason, Voices of Insanity*, p. 89.

76   Kim T'aeson, "Death and Life Crises" in Keith Howard(ed.), *True Stories of the Korean Comfort Women*, Cassell, 1995, p. 157.

77   Yi Sunok, "It Makes Me Sad That I Can't Have Children", p. 120.

78   Yi Okpun, "Taken Away at Twelve", p. 101.

79   Leudar and Thomas, *Voices of Reason, Voices of Insanity*, p. 89.

80 Ibid., p. 77.

81 이 절은 청중에게 중첩되는 여러 목소리를 들려주는 공연의 오디오를 텍스트로 바꾼다. 이 목소리들 중에는 (정자체로 표현된) 리 타지리와 (이탤릭체로 표현된) 차학경의 텍스트를 읽는 내 녹음된 목소리도 있다. 나 자신의 표현은 ( ) 안에 있다. Tajiri, *History and Memory*; Cha, *Dictee*[차학경,《딕테》, 김경년 옮김, 문학사상, 2024].

82 Chul-In Yoo, "Life Histories of Two Korean Women Who Married American GIs", Ph.D. diss., University of Illinois at Urbana-Champaign, 1993, p. 9.

83 Ibid., p. 10.

84 Ibid., p. 12.

85 Žižek, "I Hear You with My Eyes", p. 103.

86 Jacques Derrida, *Specters of Marx: The State of the Debt, the Work of Mourning, and the New International*, trans. Peggy Karnuf, Routledge, 1994, p. 9(강조는 원저자)[자크 데리다, 《마르크스의 유령들》, 진태원 옮김, 그린비, 2014].

87 Johnston, *Information Multiplicity*, p. 230.

88 Brian Massumi, *A User's Guide to Capitalism and Schizophrenia: Deviations from Deleuze and Guattari*, MIT Press, 1992, p. 8.

89 Petar Ramadanovic, "When 'To Die in Freedom' Is Written in English", *Diacritics* 28, no. 4, 1998, pp. 54-67, 인용문은 62쪽에 있음.

90 Derrida, *Specters of Marx*, p. 47[자크 데리다,《마르크스의 유령들》, 진태원 옮김, 그린비, 2014].

91 Avery Gordon, *Ghostly Matters: Haunting and the Sociological Imagination*, University of Minnesota Press, 1997, p. 22.

92 Leudar and Thomas, *Voices of Reason, Voices of Insanity*, p. 53(강조는 원저자).

93 Bennett, *Empathic Vision*, p. 50.

94 Shoshana Felman and Dori Laub, *Testimony: Crises of Witnessing in Literature, Psychoanalysis and History*, Routledge, 1992, p. 64. 블랙홀 보기의 역설에 대한 또 다른 논의는 멜라니 클라인Melanie Klein에 관한 재클린 로즈의 연구를 보라. 클라인은 인간 지식의 한계를 시험하는 용도로 우주의 블랙홀 은유를 사용한다. 너무 멀리 떨어져 있으면 블랙홀은 거기 없는 것처럼 보이기 때문에 관찰되지 않는다. 반대로 너무 가까우면 관찰자를 파괴할 위험이 있다. 그러므로 다른 사람의 트라우마와 대면하려면 너무 가까이 다가가지 않고, 그 안으로 빨려들지 않을 정도의 선에서 최대한 가까이 다가가야 한다. Jacqueline Rose, *Why War? Psychoanalysis, Politics, and the Return of Melanie Klein*, Blackwell, 1993.

95 Bennett, *Empathic Vision*, p. 50.

96 Jacqueline Rose, *States of Fantasy*, Oxford University Press, 1996, p. 31.

97 Ramadanovic, "When 'To Die in Freedom' Is Written in English", p. 63.

98 Ibid., p. 58.